経理

人事

法務

総務

から経営企画・DXまで

バックオフィス業務のすべてがわかる本

植西 祐介
UENISHI YUSUKE

カバーデザイン／山之口正和＋齋藤友貴（OKIKATA）
本文ＤＴＰ／一企画

まえがき

■本書の特徴・伝えたいこと

　本書は、経理・人事・法務・総務といった「バックオフィス」をテーマに、その機能と業務内容を伝える本となります。バックオフィス業務に直接従事する人や、バックオフィス組織をつくり上げようとする人を主な対象としており、お伝えしたい内容・特徴は以下の通りです。

- 新しくバックオフィスや管理部門に配属された人が、やるべき業務を理解できるようにする
- 少人数ないしは１人バックオフィスで、業務を広く担当する際に、漏れのない視点で、やるべき仕事とその全体像を伝える
- 各領域での専門知識だけではなく、「バックオフィス全体」から見える視点や提供価値を伝える
- バックオフィスに携わる方々にとっての、経験や成長のきっかけを伝える
- 経営者や他部署の人たちのバックオフィスに対する理解を深め、組織づくりや関係性構築の一助となる情報を提供する

　本書は、バックオフィスの初級者から中級者に手に取ってもらいたい本となりますので、内容はバックオフィスの基本業務を網羅するように心がけています。会社によっては、専門家やアウトソース先にバックオフィス業務を一部依頼している会社もありますが、できる限り社内のバックオフィスで業務解決ができるよう、基本理解と業務ポイントの全体を記載しています。

　本書のもう１つの特徴としては、**バックオフィスという仕事を、個別領域ではなく全体視点でその機能を伝えている**点です。経理や人事、法務といった各バックオフィス単体領域での知識や情報については、個別に数多くの専門書が刊行されています。そのため本書では、個別領域の解説だけではなく、管理部門やバックオフィス部門全体に通ずる共通項を見つけ出

し、そこで働く人すべてに共通で伝えたいメッセージを発信するよう心がけています。

■著者自身のバックオフィス業務の経験

　ここで私の自己紹介をさせてください。公認会計士・税理士・社会保険労務士の資格を持ち、コンダクトグループの代表を務めている植西祐介と申します。

　コンダクトグループは、「経営コンサルティング会社」「会計事務所」「社会保険労務士事務所」からなる会社群で、バックオフィス領域のワンストップサービスをグループ全体で提供しています。スタートアップから大企業、伝統的事業から最先端事業まで、さまざまな企業のバックオフィス業務に対して専門サポートを展開しています。

　代表である私自身は、新卒で上場企業の化学メーカーの管理部門として、経営企画や経理の経験を積んできました。いわゆる伝統的な日本の大企業の管理実務を、本社と工場現場の前線で学んできた人間です。

　メーカー工場勤務時代に公認会計士試験に運よく合格したこともあり、その後は大手監査法人で会計監査・内部統制監査を経験しました。

　さらに公認会計士として監査経験をした後は、もともとは経営企画業務から私のキャリアが始まったこともあったので、監査法人グループ内の総合コンサルティング会社や外資系戦略コンサルティングファームといった、経営コンサルティングの世界へと飛び込みました。

　直近では、スタートアップのCFO・コーポレート室長として、会社が社員数一桁のゼロイチ状態から100人以上の規模まで急拡大するフェーズでの、広範にわたるバックオフィス業務の実務とマネジメントの両面を経験しています。

- 大企業、中小企業、スタートアップのそれぞれの規模の会社で勤務した実態
- 経営企画・会計・人事・法務・総務といった各領域での活動
- 社内実務者と社外士業専門家、コンサルタントとしての複合的な視点

　私の経験をまとめるとこのようになります。バックオフィス領域につい

ての、ハイブリッドかつ広い範囲での実経験をベースにした課題解決力を強みに、現在は同じ考えを持つ同志たちが集まって、コンダクトグループという専門ファームが形づくられています。

■「バックオフィス」としての価値を高めるために

　一般的にバックオフィスは会社の中核となる部署ではないことのほうが多いでしょう（経理や人事といった管理系部署が中核となり動かしているような会社ですと、それはそれで事業活動が進んでいるか不安にもなります）。私のこれまで出会ってきた数多くの会社での実体験で申し上げますと、バックオフィスは他部署から以下のような不満を抱かれることが多いようです。

　「誰でもできる事務仕事で、プレッシャーがなくてラクそう」
　「どんな仕事をしているか見えてこないし、わからない」
　「現場のビジネスのことをわかっていない」
　「堅いことや保守的なことばかり言ってくる」
　「売上を生み出さず、コストばかりかかっている」

　わかりやすく伝えるために、少し強調した極端な物言いも含まれていますが、これがバックオフィスがよく置かれている状況です。
　バックオフィスが軽視される理由は明確です。「**本来持つべき機能を果たしていない、ないしは、果たしていると見られていない**」からです。
　その解決のためのキーワードは「**経営との接続**」です。実はバックオフィスと一言でいってもその定義は広く、上を見ればキリがありません。バックオフィスの最高位はCFO（最高財務責任者）やCHRO（最高人事責任者）などであり、それらの職務の必要性は年々高まっています。最近ではCLO（最高法務責任者）やCAO（最高総務責任者）を設置している企業も増えています。
　こういったバックオフィスのCXOの人たちも、もともとはプレイヤーとしてバックオフィス業務を行っていたはずです。プレイヤーとの違いは何かというと、それこそ「経営への関与」になります。
　例えばCFOならば財務・ファイナンス視点から、M&Aなどの戦略手法

も用いて、全社目線で資金リソースの配分を最適化するのがミッションです。CHROであれば、最強のパフォーマンスを生み出す組織集団をつくるために、制度設計・採用・カルチャーづくりを推進します。戦略や経営に紐づくからこそ高い価値が生まれるのです。

　バックオフィス業務は実は替えが効きづらい業務です。創業したての小さな会社は、社長自身やその近親者がフロント業務を兼務しながら、経理や採用といった各種バックオフィス業務も行っているケースがほとんどです。この業務を気軽に誰かに任せてしまうと、たちまち重要な数値が見えなくなったり組織づくりに支障が出たりしかねません。バックオフィス業務を任せる人選は、元来極めて重要な意思決定を伴うものなのです。

　つまり、本来のバックオフィス業務は、経営者が大事にしている「会社の経営管理という心血の一部をわたす行為」であり、その責務は重く、寄せられる期待も高いものなのです。であれば、経営者の意図を理解して同じ視点で業務を回すこと＝「経営者との接続」がバックオフィス業務の本質であり真のミッションであるべきなのです。これこそが本書で展開する大きなテーマでもあります。

　バックオフィスという存在の価値を高めていくというのは、現在私が経営する会社のミッションであり、私自身にとっての生涯のライフワークにもなっています。
バックオフィスが持つ力やポテンシャルを強く感じ、この領域でキャリアを積み上げることの楽しさや人間的成長といった側面を実際に享受してきた人間として、バックオフィス業務の魅力を、この本を手に取っていただく皆様に少しでも伝えることができましたら、これ以上ない幸いです。

2024年6月
植西祐介

まえがき

第1章 バックオフィスを取り巻く環境を知ろう

第2章 バックオフィス業務：経理財務編

第3章 バックオフィス業務：人事労務編

第4章 バックオフィス業務：法務編

第5章 バックオフィス業務：総務編

第6章 バックオフィス業務：経営企画編

第7章 バックオフィスDX

CONTENTS

第8章 「戦略型バックオフィス」の実現へ

※本書の内容は、2024年6月時点の法令等に基づいています。

第 1 章

バックオフィスを取り巻く環境を知ろう

バックオフィス業務とはどんな仕事？

≫ バックオフィスとは？

　バックオフィスとは、経理や人事、総務、法務といった業務を総称した部署や業務のことを指し、「**管理部門**」や「**間接部門**」「**コーポレート部門**」とも呼ばれています。営業部門や開発部門のことを**フロントオフィス**や**フロント業務**と呼ばれるのと対比されて、バックオフィスは会社の裏方の仕事を行う部署を示すために使われる言葉です。そこで行われるのがバックオフィス業務です。

◎フロントオフィスとバックオフィスの関係◎

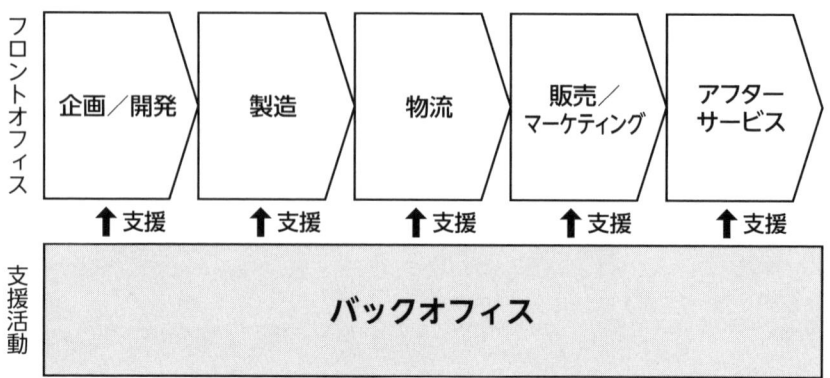

　バックオフィス業務には、大きく以下の3つの特徴があります。

バックオフィス業務の特徴

① 非定型業務よりも定型業務の占める割合が高い
② 法律や会計ルールなどの専門知識を必要とする仕事である
③ 会社全体の経営管理を司る業務である

それぞれの特徴についてみていきましょう。

≫ 特徴①：非定型業務よりも定型業務の占める割合が高い

バックオフィス業務は、**日次・週次・月次・年次といったまとまった単位で行う業務が多くを占めます**。

例えば、支払業務を例にとってみましょう。バックオフィス担当者は、仕入先から月初に請求書を受け取り、その月に支払うべき金額をまとめてリスト化し、月末に銀行振込を行い、最後に支払結果を会計帳簿に記帳する、という一連の業務を行います。

この支払業務は、請求書の内容や支払先などに多少の違いはあれ、毎月定期的に発生するルーティン業務です。

そのため、「**事務職**」と呼ばれる事務処理を専門で行う人材をまとめて雇い、ルーティン業務を繰り返し行う部署を設けて、バックオフィス業務の効率化を図っている会社も多く存在しています。

≫ 特徴②：法律や会計ルールなどの専門知識を必要とする仕事である

バックオフィス業務においては、**会社経営にまつわる法令やルールを知らなければなりません**。

例えば、法律であれば会社法や労働法、税法などが存在しますし、それ以外にも会計基準や簿記、さらには人材マネジメント、ビジネスモデルなど、会社経営をするうえで経営者が求められるレベルの知識も吸収し理解しなければ、本当の意味での業務遂行はできません。また、その知識も一度覚えればいいわけではなく毎年変更されるため、自身を常にアップデートしなければなりません。

膨大な知識が求められるため、個人や自社だけではカバーできない業務も存在します。各バックオフィス領域の専門家の力も活用しながら、バックオフィス業務全体を設計していくことが求められます。

≫ 特徴③：会社全体の経営管理を司る業務である

バックオフィス業務は、事務処理だけを行う部署ではありません。バックオフィスが果たすべき価値は、「ヒト・モノ・カネ」の視点から経営者

の意思決定をサポートし、**課題解決へ導く**ことです。

フロントオフィスが日々、汗水を流して事業をつくり上げていくなかで、バックオフィスの仕事は、フロントオフィスには見えない視点＝会社全体の視点から分析し、フロントオフィスや経営者に情報を提供し、現状抱えている課題を把握し、将来に向けて一緒に課題解決を行うことです。

つまり、バックオフィスはそれ単体だけでは機能することができません。経営管理機能として、常に会社全体を見渡し、短期的にだけではなく長期的に会社が発展していくために何を行うべきかを考える業務であるということです。

➤➤ バックオフィス人材に対する変革へのニーズ

これら3つの特徴を正しく理解し、業務活動へ体現できるバックオフィス人材は実は多くはいません。一方、2010年代前半から直近の10年間においては、バックオフィス業界において無視できない、**デジタル化という大きな変革が起こっています**。

では具体的にどのような変化が私たちの周りで起こっており、バックオフィス人材がどう変化し対応しなければいけないのかについて、次項でより深く解説していきましょう。

デジタル化が待ったなしの
バックオフィス業務

≫ バックオフィス業務のデジタル化

これまでの日本企業におけるバックオフィス業務のイメージ・実態としては、前項の①で説明した定型業務・ルーティン業務の事務処理を行う集団としての位置づけが強く、本来持つべきバックオフィス機能である②の専門知識や③の経営管理機能が不十分な会社が多く存在していました。

しかし、この傾向が近年では打ち崩されるような環境変化が起きています。その大きな流れの1つが、バックオフィス業務のデジタル化、DX化です。デジタル化がもたらした大きな変化としては、以下の2つが挙げられます。

❶ 手作業でしかできなかった業務を、システムが自動処理できるようになった

今まで人が人力で1つひとつ入力していた作業を、業務フローを標準化してシステムに記憶させることで自動処理が可能になったり（**RPA**：ロボティクス・プロセス・オートメーション）、システム内にデータを取り込むと画像認識（**OCR機能**：Optical Character Recognition機能）や**AI学習**を行うことで、入力の手間を大幅に省略したりするような機能が急速に普及・浸透しています。

❷ システム間の連携が容易になり、複雑なシステムを扱う必要性がなくなった

従来は企業独自にカスタマイズしたシステムを用いることが多くありました。システムの硬直性が高かったり企業特有のシステム処理が必要だったりして、使う側にも熟練度が必要であったため、通常のバックオフィス担当者では扱えないシステムも存在してました。

一方、近年急速に普及しているクラウド型バックオフィスシステ

ムでは、ユーザー側のUI／UX（ユーザーの体験や見やすさ／使いやすさのこと）を重要視して使い勝手を追求し、システム間の連携もAPI連携（アプリケーション・プログラミング・インターフェース：システム間のデータ連携）が標準機能として搭載されているため、システム間の連携の効率化が実現されています。

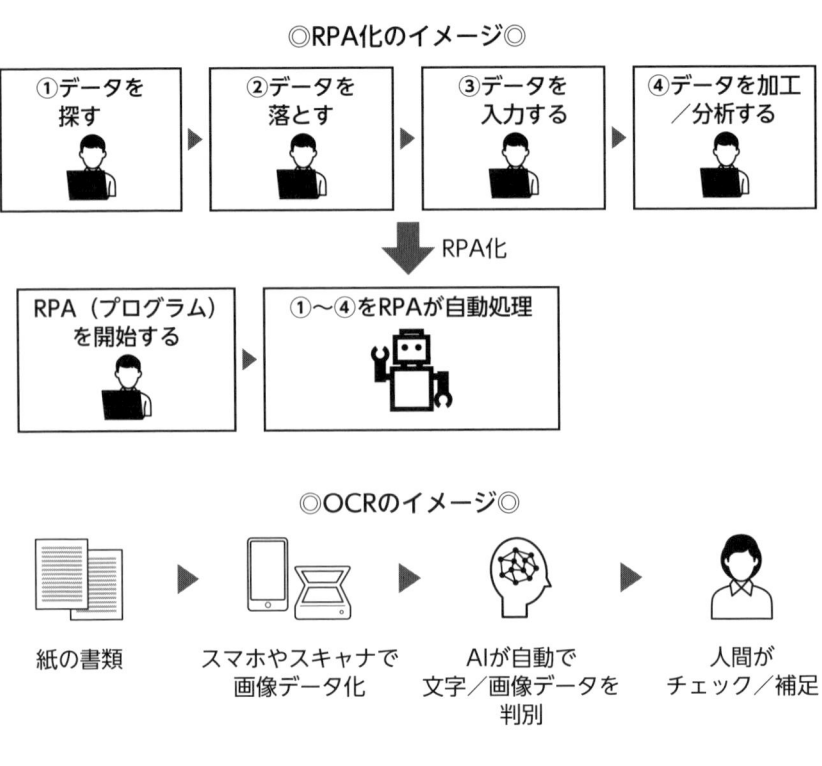

◎RPA化のイメージ◎

①データを探す　②データを落とす　③データを入力する　④データを加工／分析する

RPA化

RPA（プログラム）を開始する　①～④をRPAが自動処理

◎OCRのイメージ◎

紙の書類　スマホやスキャナで画像データ化　AIが自動で文字／画像データを判別　人間がチェック／補足

≫ デジタルシフトに向き合うバックオフィス

　これからの時代のバックオフィスは、システムを避けて通ることはできません。これまでバックオフィスが持っていた事務処理機能はシステムでその大部分が代替されてきています。デジタル化によって、今までの事務職の方々が入力していた作業は大部分が効率化され、人的作業が不要になります。

　デジタル化の変化に向き合い、会社としても個人としても生き残ってい

くためには、バックオフィス担当者は「**システムを使いこなす側の人間**」にならなければなりません。そのためには、次のようなスキルが求められます。

バックオフィスがデジタル化で求められるシステムスキル

- 会社がDX化することによって達成したい目的を理解すること
- これまでの定型業務を再整理して、システム化できないか考えること
- 世に出回っているシステムの比較検討・機能検討ができるようになること
- システム導入を担当者として推進できるようになること
- システムの内部処理やマスタ設計といった仕組みを知ること
- エラー対処において、システム会社や社内情報システム部と連携できること

　もちろん、バックオフィスの本職はシステム開発ではないので、システム自体を構築したり改修したりするスキルは必要はありません。しかし、**システムを使いこなすためには、入力した内容（インプット）と、その結果どう処理が動くかの挙動（アウトプット）の関係性を知ることが非常に大事**です。これからは業務知識の1つとして、システムに対する正確な理解も問われていくのです。なお、このようなバックオフィスのDXについては、第7章にて詳細を解説しています。

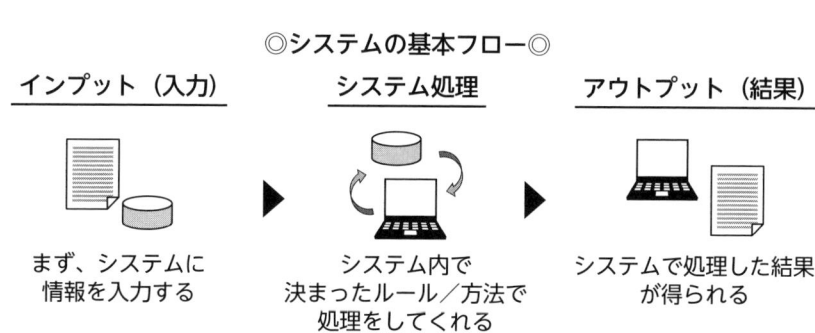

◎システムの基本フロー◎

インプット（入力）	システム処理	アウトプット（結果）
まず、システムに情報を入力する	システム内で決まったルール／方法で処理をしてくれる	システムで処理した結果が得られる

どんな情報を入れれば、どういう処理が行われ、どんな結果が得られるかという仕組みを理解することが重要！

たび重なる法改正への対応と法令遵守の意識

≫ バックオフィスが押さえておくべき法令はとても多い

　法令・ルールを理解せずにバックオフィス業務を行うことはできません。法務であれば、会社法・独占禁止法・下請法・景品表示法・特許法など、非常に多くの法律を理解している必要があります。

　法務以外のバックオフィス業務においても法令理解は必要です。経理であれば、税法・会計基準の理解がなければ、適切な会計処理や税務申告はできないでしょう。また、人事であれば、労働基準や労働契約法といった各種労働法、さらには健康保険法・厚生年金保険法といった社会保険関連についての理解も求められます。経営企画業務を行う場合は、新規事業を進めるうえで、新たな進出業界における特有の法制度が絡んでくることもあります。

　このように、バックオフィスではたくさんの法令を知り、事業展開や経営管理を行ううえでのリスクマネジメントを行わなければなりません。

◎バックオフィスに関する主な法令やルール◎

経理	人事労務	法務
会計基準	労働基準法	会社法
法人税法	労働安全衛生法	独占禁止法
消費税法	雇用保険法	特許法
所得税法	労災保険法	商標法
地方税法	健康保険法	製造物責任法
印紙税法	厚生年金保険法	景品表示法
金融商品取引法	育児・介護休業法	下請法
	労働者派遣法	

⫸ 法改正への対応と法令遵守・コンプライアンス

　法令は、毎年のように頻繁に改正が行われています。バックオフィス業務と法令の関係性は非常に密接なものであり、法改正がバックオフィス業務に与える影響が大きく、理解が浅いまま進めると、知らず知らずのうちに法令違反してしまったというケースもよく見られます。

　一方で、近年では法令遵守・コンプライアンスの重要性は年々増しています。SNSで企業の不祥事が簡単に拡散されるご時世ということも相まって、今や法令違反が、以前に比べて非常に大きな損失を企業に与えるケースが増えてきました。

　バックオフィス担当者が法令にまつわるリスクマネジメントを適切に行うためには、以下のようなアクションを行っていく必要があります。

法令遵守のためのバックオフィス・アクション

- 法令に関するバックオフィス情報を定期的に収集する仕組みをつくること
- 各バックオフィス領域の専門家（弁護士・税理士・公認会計士・社会保険労務士・弁理士など）と連携し情報をアップデートすること
- 法改正や制度改正が自社に与える影響を正しく評価すること
- その影響度合いに応じて、プロジェクト組成などの対応策を考えること
- フロント部門や経営者など、社内の適切な部署を巻き込み、法令情報を伝えること

バックオフィス人材の不足

❯❯ バックオフィス人材市場の特徴

　近年のデジタル環境の変化や法令理解などの背景が相まって、バックオフィスに求められる水準が徐々に上がってきています。一方で、環境が変わったからといって、高い専門性を持ったバックオフィス人材がいきなり増えるわけではありません。環境の変化に対して、必要とされる人材は当初のうちは満たされないのです。

　人材不足の理由の１つは、バックオフィス人材の固定化です。一般的に、バックオフィスで働く従業員は退職率が低く在籍年数が長くなる傾向にあります。なぜなら業務が固定化・定型化しやすく、長く在籍すればするほど作業が最適化され、少ない人材・少ないコストで業務を回すことができるからです。会社も人材の新陳代謝を後回しにでき、従業員自身も決して高収入ではないけれど安定収入を得られる職種だったからです。

　しかし、人材市場において流動性が少ない・新たな人材が流れてこないことは、大きな問題点として、人材市場に出回る人々の質が上がってこないということを意味します。これまでのバックオフィス人材市場は、お世辞にも高い品質・高年収で企業に採用される状況ではありませんでした。

❯❯ 企業の雇用条件と求める業務スキルのミスマッチ

　環境が急速に変わったことで、人材に関して大きなミスマッチが起こります。バックオフィス業務をしっかりと遂行するためには、これまで企業がバックオフィス人材に求めていた水準よりも高い業務レベル・スキルレベルが求められることになり、年収をはじめとする雇用条件と、求められる業務内容にズレが生じることとなります。

　結果として、経理や人事、法務などのバックオフィス領域において、一定以上のITリテラシーも含めて幅広くカバーできる人材が見つからず、人材市場全体が供給不足となっているのが現状です。

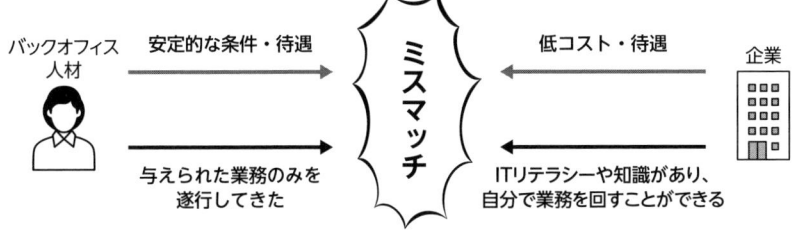

◎バックオフィス人材市場のミスマッチ◎

≫ BPO会社や専門家の活用

　こういった人材不足下における１つの解決策が、**BPOを行う外部サービスと専門家の活用**です。BPOは、Business Process Outsourcingの略称で、会社の業務プロセスの一部をアウトソーシングすることです。近年ではバックオフィス業務のBPOを請け負ってくれる会社も増えています。特に、経理や人事労務といった領域においてはBPOによる外注化を行いやすい業務が比較的多いため、どうしても人材を採用できない場合に足りないリソースを、外部から補うことはよく選択されます。

　また、バックオフィス領域には専門家も多く存在します。具体的には、法務領域であれば弁護士や弁理士がいます。経理領域であれば税理士や公認会計士、労務領域であれば社会保険労務士がいます。

◎外部サービス／専門家を活用できる領域◎

	経理	人事労務	法務	総務	経営企画
BPO会社	○	○	△	○	△
税理士	○				
公認会計士	○				△
社会保険労務士		○			
弁護士			○	△	
経営コンサルタント					○

※△は、外部サービス／専門家によっては対応できる場合もあり

▷▷ 外部サービス活用時のメリット・デメリットと注意点

　バックオフィス業務に外部サービスを用いる場合のメリット・デメリットは以下の通りです。

外部サービスを用いるメリット
- 会社が内部では足りない知識や専門性をカバーできる
- リソース不足を補うことができる
- 必要なときにだけ必要な知識・リソースを選択して活用できる

外部サービスを用いるデメリット
- 外部とのコミュニケーションコストがかかる
- 良いパートナーを探すためのコストや判断力が必要
- 外部にお願いする部分と内部で行う部分の判断・線引きが必要
- 内部で実施するよりもコストが高くなる

　特に、デメリットのなかでも**外部とやり取りを行う際のコミュニケーションについては注意しなければなりません。**BPO会社や専門家は、あなたの会社の内情や組織体制について理解が浅いことも多く、丸投げするのは危険です。バックオフィスのことが多少でもわかる内部人材が、指示役や仲介役として外部パートナーとの調整を図らなくてはならず、どうしてもそのスキルや手間がかかってしまいます。

　ですので、自社のバックオフィス業務の特徴を適切に理解し、外部化する業務と内部化する業務を設計することが必要です。それをおろそかにすると、せっかくコストをかけて外部パートナーの協力を得ても、良いバックオフィス体制を構築することは難しくなってしまいます。この点については十分に注意しましょう。

バックオフィスという専門性を追求する

▶▶ バックオフィスは事務作業なのか？

　「バックオフィス業務＝事務仕事」と思われている方も、一定数いらっしゃるかもしれません。たしかに一昔前は、事務職と呼ばれる単純作業を中心に行う仕事が、バックオフィス業務の多くを占めていました。昔のドラマなどで、オフィスで制服を着た女性が取引先へのお茶出しや紙の書類のコピーといった内勤業務をしているシーンを見たことがある方もいらっしゃるでしょう。事務職や制服姿の女性が伝票の記入、書類印刷や郵送業務など、バックオフィス業務にかかわりのある仕事を行っていたので、「バックオフィス業務＝誰でもできる雑務仕事」と軽んじられている風潮が少なからずありました。

▶▶ バックオフィスの社内分業体制の崩壊

　バックオフィス業務の特徴として、ルーティン業務が多く、かつ、事務処理業務の比重が高いということが挙げられます。そのため、上述のように簡単な事務作業は「事務職」に任せ、専門性の高い業務をキャリア組である「総合職」に任せる、というように業務分担を明確にしている会社も多く存在します。さらに、総合職のなかでもマネジメント業務については、部署内で内部昇進を重ねていった人が、「管理職」や「役員」として管理をしていくというような役割分担となります。

▶▶ バックオフィス業務の再定義

　しかし、このような、バックオフィス業務を事務業務と専門業務に分けるという考え方が近年なくなりつつあります。これまで説明してきた通り、デジタルシフト、法改正や法令遵守、人材不足といった環境変化があり、バックオフィス業務自体が近年大きく見直されているため、そこに携わる人々の意識や業務範囲も合わせて変化してきているのです。

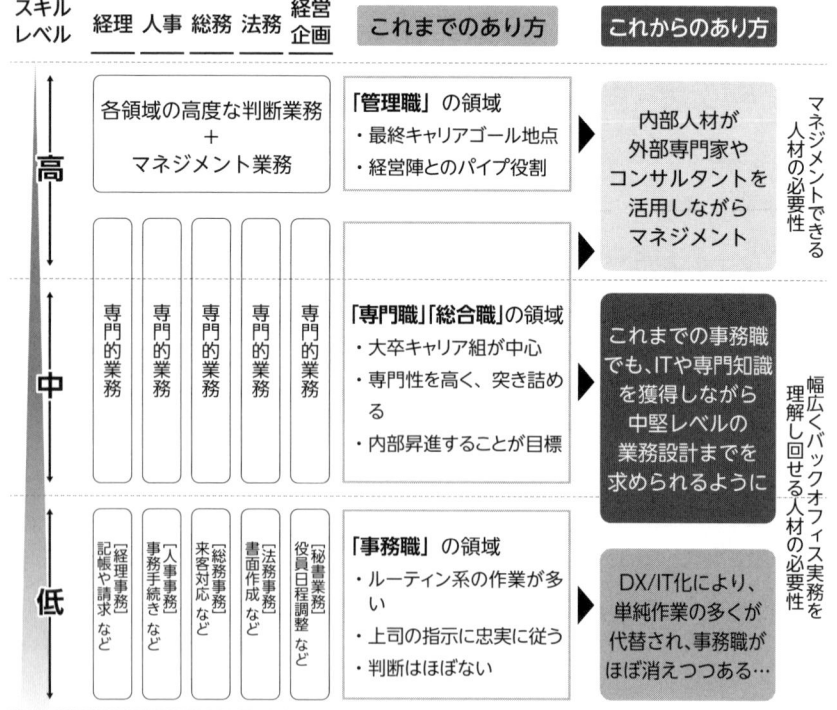

◎「事務職」から「バックオフィス」への変遷◎

スキルレベル	経理	人事	総務	法務	経営企画	これまでのあり方	これからのあり方	
高	各領域の高度な判断業務 ＋ マネジメント業務					「管理職」の領域 ・最終キャリアゴール地点 ・経営陣とのパイプ役割	内部人材が外部専門家やコンサルタントを活用しながらマネジメント	マネジメントできる人材の必要性
中	専門的業務	専門的業務	専門的業務	専門的業務	専門的業務	「専門職」「総合職」の領域 ・大卒キャリア組が中心 ・専門性を高く、突き詰める ・内部昇進することが目標	これまでの事務職でも、ITや専門知識を獲得しながら中堅レベルの業務設計までを求められるように	幅広くバックオフィス実務を理解し回せる人材の必要性
低	【経理事務】記帳や請求など	【人事事務】事務手続きなど	【総務事務】来客対応など	【法務事務】書面作成など	【秘書業務】役員日程調整など	「事務職」の領域 ・ルーティン系の作業が多い ・上司の指示に忠実に従う ・判断はほぼない	DX/IT化により、単純作業の多くが代替され、事務職がほぼ消えつつある…	

管理部門・間接部門のあり方の変化とともに、「バックオフィス」業務を担う人材の必要性が高まっている

　例えば、これまで経理事務として、請求書の作成作業や記帳作業をしていた方は、自身の仕事がIT導入によって代替されていくという変化を目の当たりにしています。そのため、自身の生き残りをかけて、その変化を起こさせる原因であるITシステム自体を否応なくマスターしなければならない立場になりました。

　そして、ITシステムをマスターするためには、当然ながら業務への正しい理解が必要になってきます。システムは、決まった動きを、早く、効率的に、正確に処理することは得意ですが、その処理自体を指示するのはやはり人間です。処理を指示・修正するためには、その大元となる業務理解や関連知識を蓄えなければいけません。

　一昔前までの、上司に言われるがまま、指示された事務仕事さえこなしていれば問題なく業務が回っていた状態から、自分がスキルアップしてITへ指示を出す立場に急にならなければならなくなったのです。

　つまり、デジタル化の流れにより、バックオフィス業務に携わる人々は「専門性や知識を持つこと」と「正しい業務を理解し設計する力」の両方を求められることとなったのです。

≫ 業務を設計する力＝マネジメント能力

　特に注目したい能力が、「正しい業務を理解し設計する力」です。これは、DX／IT化を中心とする環境変化に合わせて、業務フローを理解して業務を再設計する力のことで、つまり「どんな業務を」「誰が」「いつ・どんなスケジュールで」などの仕事の内容と進め方を再定義する力になります。

　実際に業務フローの設計をやってみるとわかりますが、これらを再定義するということは、バックオフィスにおいてはマネジメントを行うことと近しい意味になります。

どんな業務を→業務を見える化・言語化することで、誰がやっても同じ結果になるような仕組み・マニュアルをつくること

誰が→内部人材や外部パートナーが持つ得意領域・スキル・ノウハウを正しく理解して、どの業務を誰に渡すかの役割分担を決めていくこと

いつ・どんなスケジュールで→業務の分量や各人の能力を理解しながら、成果物を完成させるために必要な目標期限を理解したうえで、どういうスケジュールで各業務の予定を組むかを決めること

　これらは、実は中間管理職が行っている業務そのものです。定型化された業務が多いバックオフィスにとっては、業務フローの理解・整備は、業務効率化に直結する活動であるため、「**業務を設計する力**」＝「**マネジメント能力**」を一部なりとも身につけなくてはならないということになります。

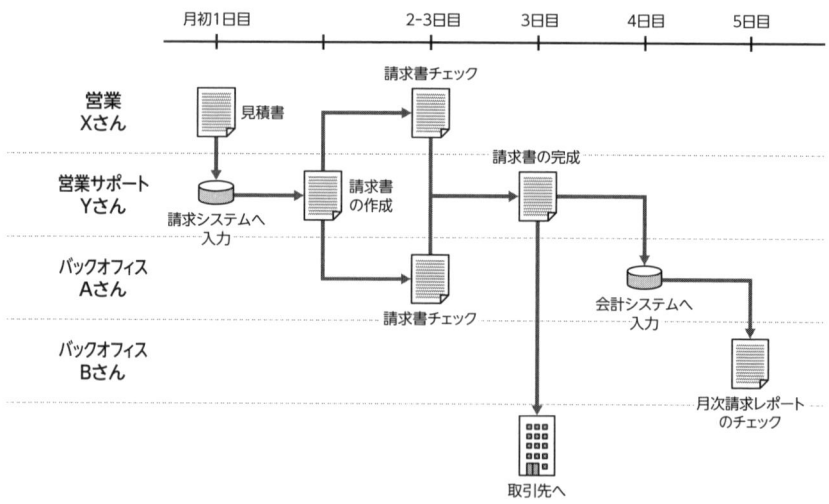

◎バックオフィスの業務を設計する力◎

①どんな業務を、②誰が、②いつ・どんなスケジュールで、という業務フローを設計する力が求められている

❯❯ これからのバックオフィス人材の目指すべき像

　以上を踏まえて、これからのバックオフィス人材は、以下に挙げる3つを充足させた人材を目指すことになります。

バックオフィス人材の理想像

1. DX/IT化により代替されるバックオフィス業務に対し、ITを使いこなし、
2. 中級レベルまでの知識や業務を幅広く理解し、
3. 内部や外部人材を活用し、全体をマネジメントできる

　今後、デジタル化のさらなる加速が進むなかで、バックオフィス領域の業務も変化し続けていきます。事務業務が多くの比率を占めていたバックオフィス領域の業務に携わる人々にとって、今はまさに変革が求められる時代なのです。

1-6　バックオフィス業務の特徴と役割分担①

バックオフィス業務の仕事内容

　これまで「バックオフィス業務」と一言で括って話していましたが、実はバックオフィス業務といってもその領域は広く、各領域の実態は全く異なります。バックオフィス業務はその果たすべき役割に応じて、大きく以下の領域に分かれます。

≫ 経理財務

　会社経営にとって欠かせない「ヒト・モノ・カネ」のうち、「カネ」を司る業務です。会社は最終的に利益などの業績結果を生み出さなければいけませんが、その結果は決算書に表現されることになります。経理はお金のエキスパートであり、日々の帳簿を管理し、年間では決算書を作成することで会社の業績結果を内外に伝える役割を担ってます。

　また、会社資金が十分に回るかどうかという視点で、資金管理も行います。日々の資金繰りの予測を立てたり、銀行や投資家から資金調達を行ったりと、短期的かつ長期的な視点で、お金の流れを管理します。

≫ 人事労務

　「ヒト・モノ・カネ」のうち、「ヒト」を司る業務です。昨今では労働力人口の減少に伴い人材不足が課題となっていますが、良い人材を獲得・育成し、従業員が常に最大限のパフォーマンスを発揮できることを目的に活動します。人事労務の人たちは、人材採用、教育開発、人事制度づくり、労働法の遵守、入退社時の社会保険手続きなど、人に関する業務を一手に引き受けるエキスパートです。

≫ 法務

　法務は、会社が事業活動に関するさまざまな法的リスクを認識し、コントロールを行うために存在します。主に「ビジネス法務」と「コーポレー

ト法務」の2つの業務があります。ビジネス法務は、社外の得意先や仕入先との契約書を締結する際に契約書作成やチェック・交渉を行う業務です。一方、コーポレート法務は、株主総会や取締役会、登記変更など、主に会社法で定められている事項を管理します。

また、最近ではハラスメント防止といったコンプライアンス対策や社内ガバナンス体制などについても、法務が強化すべきテーマとして対応します。

≫ 総務

総務は会社運営に関する全般業務を司り、社内全体が円滑にコミュニケーションを行い、気持ち良く仕事をするために、社内環境や行事を整備することを目的として業務を行います。

例えば、会社の行事・イベントの実行、取引先への挨拶・贈答、オフィス移転、OA機器や備品管理など、その仕事内容は多岐にわたり、縁の下の力持ちとして活動します。

≫ 経営企画

経営企画は、経営者の両手両足となって社内各部署をつなぐ役割を果たすことで、会社が目指し達成すべき経営理念やビジョンに向かって進んでいくことをサポートします。

経営者が行う業務のサポート役となるため定型的な業務は少ないのですが、中期経営計画や事業計画の策定、予算管理、M&Aの推進、特命プロジェクトの推進などが、代表的な業務内容となります。

バックオフィス業務の組織づくりと役割分担

≫ バックオフィス機能ごとの役割分担とパターン

　人事労務や経理などのバックオフィス業務は、どんな会社でも大なり小なり存在しています。そして、一定規模の会社であれば、これらの業務を、1人ないしは1つの部署ですべてカバーすることは現実的にはあり得ず、実際は各業務をそれぞれの人間や部署が分担することによって、バックオフィス組織ができ上がることになります。

　バックオフィスの組織づくりや役割分担は常に同じ分け方ではなく、実は会社によって全く異なります。バックオフィスの組織づくりに影響を与える要因には以下のようなものがあります。

バックオフィス組織構成に影響を与える要因

- **会社のビジネスモデル**
  どのような業界・収益構造なのか、環境変化の速度や大きさが影響

- **将来の成長計画**
  将来に向けての成長速度＝ヒト・モノ・カネの投資をどう考えているかが影響

- **全社的な組織設計ポリシー**
  組織ポリシーやカルチャーをつくるうえで、バックオフィス機能がどの程度重要かが影響

- **大企業か、中小企業か、スタートアップか**
  投資家や銀行といった外部ステークホルダーからの要求の強さが影響

バックオフィス組織設計としては、以下のようなパターンが存在します。

ケース1：1人バックオフィスのパターン

バックオフィスが1人だけしかおらず、1人でバックオフィス領域の業務を幅広くカバーしています。中小企業やスタートアップのシード～アーリーフェーズにおいて多いパターンです。

領域は広いものの、1人でカバーできる分量や深さには限界があるため、専門性の深さはそこまでなく、顧問税理士や社労士といった外部専門家がサポートすることで専門知識をカバーしていることが多いです。

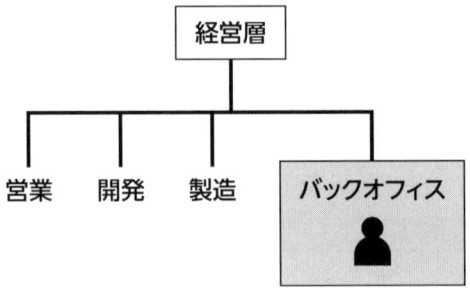

◎1人バックオフィスの例◎

ケース2：ヒトとカネを分けるパターン

ヒトを司る人事労務機能と、カネを司る経理機能の2つに大きく分けて、役割分担します。組織成長と事業成長をそれぞれミッションとして明確化させて、定性的・人的・モチベーション的側面を中心に業務を行う人事労

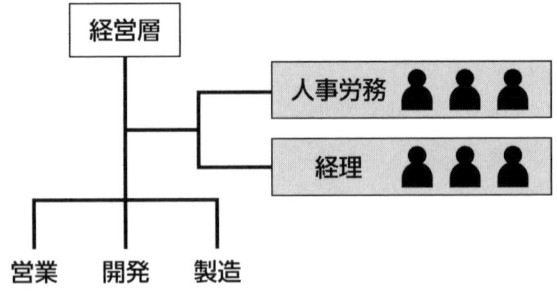

◎人事と経理を分ける例◎

務機能と、定量的・資金的・合理的側面を中心に業務を行う経理機能に分けます。

　人員の多い経理と人事労務を中心に部署編成がなされており、総務・法務・経営企画の機能は、いずれかの部署に集約されます。

ケース3：戦略企画機能と管理機能を分けるパターン

　事業を成長させるために直接的にマネジメントしなければならない部署と、より間接的なサポートを行う部署に分けるケースです。

　戦略企画機能として、経営企画と人事（労務は切り離した組織採用機能）をセットにして独立させることで、バックオフィスだけではなくミドルオフィスとしての役割も持たせて、より事業成長を意識した「攻め」の部署をつくります。

　一方で、経営管理部門には経理・総務・労務・法務の機能を集中させることで、リスクマネジメントに特化した「守り」の部署をつくります

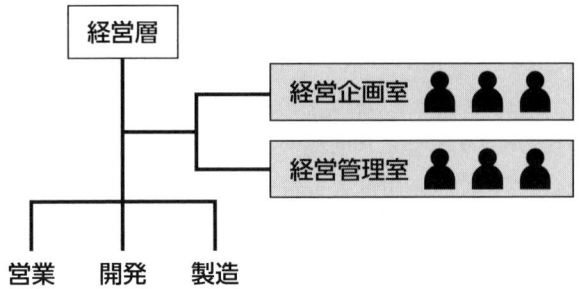

◎経営企画と経営管理を分ける例◎

ケース4：それぞれの機能ごとに部署編成をするパターン

　中規模以上の企業でバックオフィス人員が増加している場合は、それぞれの機能ごとに部署編成がなされる場合が多いです。

　全社の人員数で100名規模、バックオフィスで10〜15人規模になった場合は、経理部、人事部、総務部、法務部、経営企画部といった形で各部署が独立して存在し、各バックオフィス部署間で連携を取りながら業務を進めていくことになります。

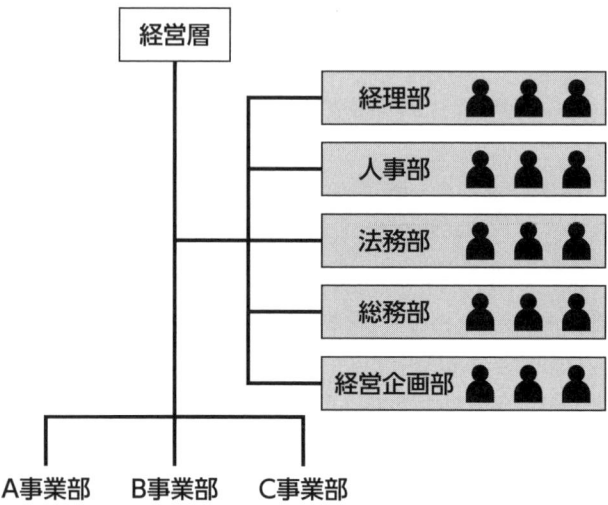

◎機能ごとに部署を分ける例◎

経営層

経理部

人事部

法務部

総務部

経営企画部

A事業部　　B事業部　　C事業部

▶▶ バックオフィス組織設計＝バックオフィスカルチャーの形成

　バックオフィス組織の全体設計方針は会社ごとにさまざまなバリエーションを持つため、例に挙げたケース以外の組織設計方法ももちろん存在します。

　重要な点は、バックオフィス組織をどのように設計するかによって、バックオフィスに求められる機能と提供価値も決まり、バックオフィスメンバーのカルチャーが生まれるということです。

1-8 バックオフィス業務の特徴と役割分担③

各バックオフィス領域の特徴

≫ バックオフィス業務は一括りにできない性質がある

　バックオフィス業務は人事労務・経理・法務・総務・経営企画と分かれており、各領域ごとに当然その性質も異なります。各バックオフィス領域を1つひとつを見るのではなく、その特性ごとに理解していくと、組織づくりや自身の能力把握にとても役に立ちます。

　バックオフィス領域を理解するための方法として、大きく2つの軸に分けてマッピングする方法を紹介します。

◎各バックオフィス領域の特徴◎

「バックオフィス」と一言で言ってもさまざまな業務領域が存在する

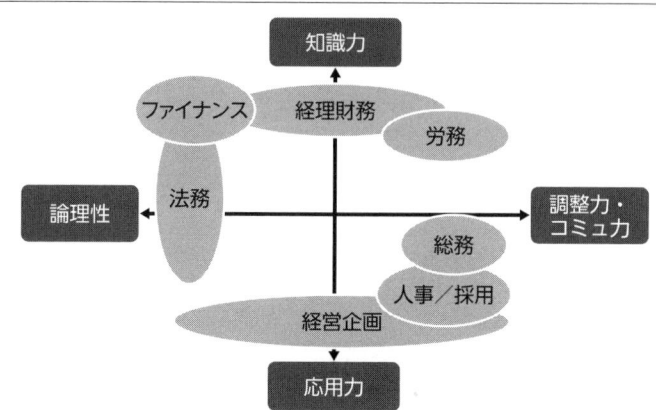

マッピングする際の視点・考え方

①4象限の中で自分がどこに向いているかを位置づける
- ・全部やろうとせずメリハリをつける
- ・外部専門家の活用を検討する

②各領域とは別の、バックオフィス共通の価値を付加する
- ・スピード感、柔軟性
- ・仕組み構築力、業務フロー理解
- ・ITリテラシーなど

≫≫ 軸①：ベースとして必要とされる基本能力

　1つ目の軸は、その業務を行うために中心的に必要とされる能力になります。バックオフィス業務の基本的に必要とされる能力は、大きく分けて、「**知識力**」と「**応用力**」の2つがあります。

　知識力は、知識を前提に業務を組み立てる力です。その領域での知識を知っているか・知らないかによって、品質やパフォーマンスが変わる業務があるとすると、知識力重視の業務になります。

　例えば、経理の業務は基本的に会計基準や簿記がわかっていないと、どんなに地頭が良かったとしても仕事をこなすことはできません。通常の経理パーソンであれば、まずは簿記の勉強をしたり、業務中に簿記相当の知識を積み上げたりすることで、初めて一人前に業務をこなすことができます。

　応用力は、知識力を前提に業務を組み立てる力です。さまざまな領域の知識や経験を、点と点をつなげて面をつくっていくように組み合わせることで、品質・パフォーマンスが変わるような業務があります。このような業務は応用力重視になります。

　例えば、経営企画の仕事は、広くビジネス全般のことを知らないと、業務ができません。その会社や事業の、市場規模・自社の強み・人材・法令など、さまざまな領域の知識と業務を、調べながらでもいいので組み合わせていくことで、一人前の仕事ができるようになります。

≫≫ 軸②：意思決定の方法・プロセス

　2つ目の軸は、意思決定において重視される方法・プロセスになります。その決定方法に応じて、「**調整・コミュニケーション**」「**論理性**」の2つに分けられます。

　調整・コミュニケーションに位置する業務は、意思決定の結果が、その会社が置かれている背景や業界、競合、文脈によって大きく変わるような業務になります。

　例えば人事業務についていえば、評価規程や賃金規程を新たにつくる場合は、会社のなかにいる従業員の考え方やこれまで培ってきた歴史によってもつくるべき規程の内容が変わるので、人の感情といった曖昧な部分も

理解し、合意・調整しながら進めないと、正しい規程はつくれません。

　論理性とは、意思決定をする際に、合理的に因果関係をつなぎ合わせることで答えが導かれる領域の業務になります。

　例えば、法務の業務は論理的に徹底的に思考をめぐらせれば答えが導きやすい領域の業務になります。ビジネス契約を交渉・合意する場面では、自社の戦略や目的に照らし合わせて、他社の目的を理解すれば、"win-win"の契約条件をつくることが可能で、ロジカルシンキングやビジネス構造の理解と整理が何より重要になります。

❯❯ 特徴を踏まえた、組織づくり・人員配置を

　これら４つの領域は人材が成長していく方向そのものを意味しています。すべて兼ね備えたスーパーマンのような人材はいないので、誰しもがこの４つの領域のどこかの方面に強いという傾向・特性を持ちます。また、会社のビジネスモデルや成長ステージによっても、どのバックオフィス業務の重要性が高いかが変わってきます。

　バックオフィス人材の１人ひとりの個性・特性を理解し、会社の状況に合わせて、バックオフィスチームを配置・構成していくことが重要です。

❯❯ 人員を完璧に埋めようとせず、BPO会社や専門家の活用を

　1-4（24ページ）にて、バックオフィス人材が不足するケースにおいては、アウトソーシングを請け負うBPO会社や専門家を活用できることを解説しました。バックオフィスの組織設計を行った際に、必要なスキルを埋める人材が不足する場合においては、外部リソースを活用することは有効な手段となります。

　経営者のなかには、どうしても自社で完璧なバックオフィス機能をそろえようと一生懸命に人材を集めようとする方もいますが、**バックオフィスの組織づくりにおいては、会社の成長ステップや今いる事業環境に合わせながら進めていくことが重要です。**

　必要とする機能をきれいに埋めてくれる人材をすべて独力で探すことは困難であり、バックオフィスのメンバーごとに成長したい方向性も成長速度も異なるため、柔軟に体制や業務分担を変えていくほうが、現実的にはうまく管理できるケースが多いです。

バックオフィス・ポリシーの設計

▶▶ バックオフィスをまとめる羅針盤＝バックオフィス・ポリシー

現代経営において、経営環境変化への迅速で柔軟な対応は欠かすことができない要素の1つです。1-2（19ページ）でも伝えた通り、デジタル化がバックオフィス業務の変革を進めた要因の1つであることは明らかであり、バックオフィスにとっても経営環境変化への対応力はその業務パフォーマンスに大きな影響を与えます。

例えば、経営企画として事業戦略をつくる、人事として人材を採用する、経理として業績分析を行う、総務としてコミュニケーションを図る、法務としてビジネススキームを検討する……このようなバックオフィス業務は、会社の成長や発展にとっては欠かせない根源的活動であり、会社自体の地力となる業務になります。ただし常に**経営環境の変化に応じてそのやり方をゼロベースで見直していく必要があります**。

これら業務活動をバックオフィス組織が回していく際に、高い理想・ポリシーを掲げ、各バックオフィスメンバーが変化に対応し、自発的・自律的に成長し、互いにパフォーマンスを高め合い、フロントオフィスや経営陣に対してポジティブな影響を与えられるような組織をイメージしてみてください。会社全体がどんな環境変化や苦境にあっても、乗り越え発展できる姿がきっと想像できるでしょう。

バックオフィスが組織を回し、会社の発展に寄与していくためには、バックオフィスにとってのビジョン＝「**バックオフィス・ポリシー**」が必要です。バックオフィスに限らず、会社が経営戦略をつくる際、戦略・組織づくりをする前に、まず最も重要な概念としてミッション・ビジョンを掲げて浸透させることは経営の鉄則です。

▶▶ バックオフィス・ポリシーの具体例

バックオフィス・ポリシーの具体例として、著者の携わった会社で作成

◎バックオフィス・ポリシーの例◎

コーポレートポリシー

"攻めて守る"、"Versatile"、"ゼロベース思考"、"プロフェッショナリズム"

Do's & Don'ts

	Dont's	Do's
攻めて守る	ルーティンは絶対こなさないといけない	▶ ルーティンを一時的に捨て、中長期的な構造変化が大事なときもあり
	"つまらないルーティン作業ばかりで…"	▶ "このルーティンをどうやったら仕組みで解決できるかな?"
	"つまらないルーティン作業ばかりで…"	▶ "たまにはでっかい/面白いことができないかな? 同僚と議論してみよう"
Versatile	"(なんで自分が○○の仕事やらないといけないの…)"	▶ "(これも経験の幅。いつか自分に返ってくるはず…)"
	"○○さんは、がんばってるな〜"(外野感覚)	▶ "○○さんの仕事分担できますか? 議論つき合いましょうか"
	"この仕事って俺がやりたいことと関係なくない?"	▶ "この仕事の○○部分は、他の仕事のやり方に活かせるな"
ゼロベース思考	"前回○○って言いましたよね? 困るんで変えないでください"	▶ "前回○○って結論でしたけど、今は背景が□□に変わりました?"
	"○○さんが言ってるから/他社がやってるので、やりました"	▶ "○○さんが言っていたのをもとに調べたら□□だったので仮説出しました"
	半日かけて悩み、アウトプットが出ない	▶ 他社の事例や人の意見をもとに、自分の限界を超えた一歩まで思考
プロフェッショナリズム	"時間がない/他のことやってたので、できませんでした"(他責)	▶ "すみませんでした。今回は○○が原因でした"(自責)
	メールだけ、チャットだけ、口頭だけなど、コミュニケーション方法が偏っている	▶ コミュニケーション方法は定めず、課題解決を優先して何でも使う
	相談なく突っ走るorモヤっている部分をなあなあにする	▶ モヤったらとにかく相談する=自分の強さ/弱さを認識する

したポリシーを提示しましょう。

　皆さんの会社において、どんなバックオフィス・ポリシーをつくるかということ自体に、正解・不正解はありません。ただ、重要な点は、「**チームが大事にすべき基準を何かしらつくってあげることで、"このチームのなかにおいての"正しい道を示す**」ということです。

　上の事例では、Do's & Don'ts（褒められるべきことと褒められないこと）としてポリシーに基づいた行動例を表現していますが、一緒に働くメンバーが、ともに業務を行っていくなかで出会うシチュエーションに対しての、正解・不正解を示したものになります。

≫ バックオフィス・ポリシーの効果

　会社全体には目標があったとしても、なぜバックオフィスにも個別にポリシーをつくらなければならないのでしょうか？

　それはこれまで伝えてきた通り、バックオフィスには以下に挙げるような固有の課題があり、それを乗り越えて1つになるための手段としてポリシーが必要だからです。

① 各バックオフィス領域の特徴があり、組織設計方法も異なるから

　バックオフィスの特徴として、各業務領域の性質が違えば、中で働く人も違うという説明をしました。同じような業務を行っている人たちならば、業務を行っている間に自ずと共通認識が生まれることもありますが、それぞれが違う性質の業務を行い、違う性格を持つ人たちが一致団結する場合には、大きな1つの目標が必要となります。

　1つの目標を持てば、チーム感・帰属意識を生むことができます。

② 目標が立てにくい・実感しにくい組織だから

　バックオフィスは自ら収益を生みにくい部署であって、コストセンター（＝収益を生まずコストを生む部署のこと）と呼ばれることもあります。どうしても個人やチームの目標が定量化できなかったり、曖昧なものになることも多いです。

　明確なポリシーを掲げ、達成に向けた充実感を明示していくことで、バックオフィスで働く人たちの成長目標・キャリア形成にポジティブな影響を与えることができます。

③ 会社の重要な機能・部署としての存在感を示す

　バックオフィスが軽んじられている会社では、特に経営管理機能が育っておらず、成長スピードや環境変化への対応力が弱くなりがちです。バックオフィス機能は、事業計画策定や資金調達・上場準備・M&Aといった重要な場面でその能力が発揮されます。

　バックオフィスが経営戦略上、重要な機能であることを社内の各部署や社外へ伝えていくにあたって、明確なポリシーをつくることで、その存在

感の強調が可能となり、ダイナミックな経営戦略の遂行が可能となります。

≫ バックオフィス・ポリシーのつくり方

バックオフィス・ポリシーは会社全体やバックオフィスごとの方針によってその内容自体は変わりますが、良いポリシーづくりのためには、以下のポイントを押さえることが重要です。

良いバックオフィス・ポリシーをつくるポイント

• **全社戦略と連動したポリシーづくり**

　自社バックオフィスの理想に沿った行動が、必ずフロントオフィスや経営全体にポジティブな影響を与えるような目標にすること。会社全体のミッション・ビジョン・経営戦略といった全社目標とちぐはぐになる目標を立てないこと。

• **情熱と論理を組み合わせたビジョン**

　フロントオフィスや経営陣を理解した生々しさや現場感と、全体を俯瞰する冷静さを合わせた組織目標を設計すること。

• **自社ならではの「らしさ」を出すこと**

　立てられた目標は、各メンバーの解釈によって微妙な違いが生まれる場合がある。わかりやすくシンプルな言葉で力強く記述するほうがメンバーからの共感を得やすく、チーム全体の一体感につながる。

• **バックオフィス業務とマネジメントの両面に豊富な知見・経験のある人材の存在**

　バックオフィスの業務内容とマネジメントの2つを理解しているリーダーが存在していること。バックオフィスチームを真に会社の屋台骨たるチームとして育て上げ、複雑なコーポレート課題を課題解決する力を持ち、ビジョンを浸透させるにふさわしい器たる存在がいること。

やるべき業務を
スケジュールとともに理解する

≫ バックオフィスには定期的な仕事が数多くある

　バックオフィス業務においては、法令や会社ルールに定められ、定期的に行わなければならない業務が数多くあります。具体的な業務をマスターしていく際には、以下のようなポイントを押さえて、それぞれの業務がどのような枠組みで行われているかを理解することが大事です。

① どのようなスケジュールで行われているか
- 年間単位で行うべき業務
- 1 カ月単位で行うべき業務
- 日々発生するたびに行う業務

② 提出先・届け出先はどこなのか
- 税務署や労働基準監督署といった官公庁
- 取引先や得意先といったビジネス関係者
- 株主や金融機関といった資金調達先

③ どんな書類を作成、提出する必要があるのか
- 添付書類を取りそろえることも忘れない

　このなかでも①の**スケジュールの理解はバックオフィス業務にとっては特に重要**です。数多くの定期業務があるなかで、スケジュール化して計画的に仕事をこなさないと、漏れやミスが多くなりがちだからです。
　さらに、それぞれの業務はバックオフィス内単独で処理できないことも多く、会社の各部署の従業員から情報を入手しながら進める業務がほとんどです。ですので、定期的にバックオフィス内でミーティングを開くなどして各業務の期限を「見える化」しておきましょう。

チームメンバー間で分担を行い、それぞれの業務ごとに事前準備や各部署とのやり取り・段取りに要する時間も含めてスケジュールを確認し、前もって対応していきましょう。

▶▶ バックオフィス業務の年間スケジュール

年間単位で行うバックオフィス業務は以下の通りです。主に法令で期限が定められている業務が多く、月単位で行う業務よりも重要なので、事前のスケジュール把握を意識して取り組みましょう。

なお、経理系の業務については、決算月によって対応時期が変わる業務も多いので、自身の会社の決算月を必ず確認しましょう（下の図表では3月決算の会社を例としています）。

◎バックオフィス業務の年間スケジュールの例◎

	4月	5月	6月	7月	8月	9月	10月	11月	12月	1月	2月	3月
経理財務	年次決算	法人税・消費税の申告納付		四半期決算対応			四半期決算対応	法人税の中間申告納付		法定調書の提出／償却資産税の申告納付／四半期決算対応		実地棚卸の実施／現金預金実査
人事業務	新入社員への入社手続・研修／昇給・昇進対応／定期健康診断の実施		社会保険定時決定／労働保険の年度更新／賞与計算					年末調整	賞与計算	給与支払報告書の作成・提出／源泉徴収票の交付／人事評価対応・配置移動検討／有給休暇の消化管理		36協定届の更新
法務・総務		株主総会・準備と開催		取引先へのお中元対応				取引先へのお歳暮対応／年賀状対応	年末納会の実施			社内年間カレンダーの作成
経営企画										新年度予算の策定		

年間スケジュールに従って、バックオフィス部門の繁閑も決まります。特に、経理や人事労務系の業務は、法令などで対応時期が明確に決められていることも多く、繁忙期と閑散期が予想しやすいので、あらかじめ部署全体の業務負担を考えながら、各メンバーが休暇を取る時期を計画的に決めたり、残業時間の予測を立てていくといいでしょう。

≫ バックオフィス業務の月間スケジュール

　1カ月単位で行うバックオフィス業務は以下の通りです。月次業務は、法令で定められている業務もありますが、それとは別に、取引先に請求書を発行したり、社内で経営者やマネジメント層に業績報告をしたりするなど、会社が独自に定めている期限も多いので、自社ルールにおける期限をしっかりと把握しておきましょう。

◎バックオフィス業務の月次スケジュールの例◎

	月	火	水	木	金
第1週	1 取引先への請求書発行 / 従業員立替経費の申請 / 勤怠入力・上長への申請&承認 / 入社手続対応　社会保険手続 / 帳簿への仕訳入力	2	3 給与計算の実施	4	5
第2週	8 月次決算の確定 / 決算報告資料の作成と経営陣への報告 / 翌月入社する社員との連絡　契約書や入社書類の手配 / 翌月入社する社員の貸与品&システムアカウントの準備	9	10 仕入先・支払先への振込	11	12 消耗品の棚卸と発注
第3週	15	16	17	18	19 仕入先　支払先への振込
第4週	22	23	24	25 給与振込	26 消耗品の棚卸と発注
第5週	29	30	31 仕入先　支払先への振込 / 取引先からの入金払込管理		

□ : 経理財務
▨ : 人事労務
■ : 総務

　また、年間業務に比べて、それぞれの業務分量は少なく、ルーティン性・反復性が高い業務が多いので、1つひとつの業務の時間を毎回個別で考えながら対応するよりも、できるだけ分担を決め、仕組み・マニュアルをつくって、効率的に業務をこなすことがポイントです。

Column　決算業務って忙しい？

　決算業務はバックオフィス業務のなかでもウェイトが大きい業務の1つです。私は上場会社と非上場会社の経理や、監査法人や税理士といった外部専門家として、数多くの会社の決算を内外ともに経験していますが、「決算って大変だなあ……」と毎回思います。

　ひと昔前だと、決算時期は休日出勤当たり前で、毎日終電まで残業する、下手すればタクシー帰りという働き方も多く、本当に憂鬱でした。大企業の決算であれば、勘定科目や論点ごとに担当者も分かれていて、分業が進んでいるのですが、誰か1人が終わらないと決算が締まらず、皆が休日返上でフォローし合ったりする光景もよく見られました。

　また、決算処理の方法もルーティンのように見えて、実は毎年会計基準が変わったり事業変化が起こったりと、少しずつ変わっていて一筋縄ではいきません。毎年、決算を締めて乗り切れたときの達成感は素晴らしいものでした。

　今でこそ働き方改革やIT化などで1人ひとりの業務負荷も減っている傾向にありますが、決算業務というのは今なお経理パーソンが一人前になるための大イベントであることは間違いありません。

第2章

バックオフィス業務：
経理財務編

業務の分類

　経理財務の業務とは、一言で言えば「お金」に関する業務です。ただし、「お金」がキーワードといっても、会社が行う活動のほとんどにお金が関係するので、それだと何でも経理財務の仕事になってしまいます。

　経理財務の仕事を以下の図のように分類してみると、これがそのまま実務内容や部署分けにもつながります。まずは、これらの分類を理解することから始めてみましょう。

◎経理財務の仕事の分類◎

仕事の分類		仕事内容
決算	単体決算	・単体決算作成&報告 ・帳簿作成/会計方針
	連結決算	・連結決算作成&報告 ・グループ会社管理
財務	ファイナンス	・資金調達 ・資金繰り管理
	債権債務	・入金/支払管理 ・与信管理
管理会計	全体	・予算/中期経営計画 ・業績分析 ・KPI管理 ・投資意思決定
	現場 (営業所／工場)	
税務会計		・税務申告 ・税金対策

第6章で詳しく解説

経理財務の特徴②

経理財務業務を行ううえでのポイント

　経理財務に携わる皆さんが最低限理解しておかなければいけないポイントは、大きく、「法令・ルールの理解」「ステークホルダーの理解」「ビジネスの理解」の3つです。

≫ 1. 法令・ルールの理解

　まず1つ目のポイントは、会社法や金融商品取引法、会計基準、税法といった法令やルールを理解することです。それぞれが主に定めている内容と、経理財務にとって影響する項目は下表の通りになります。

◎経理財務が主に対象とする法令やルール◎

法令・ルール	対象	主なルール内容	バックオフィス業務への影響
会社法	すべての会社	会社の形や機関設計、意思決定などの基本的なルールを定める法律	・決算までのスケジュール ・決裁規程や経理規程 ・資本金や配当といった純資産項目のルール
金融商品取引法	上場企業	決算書の開示ルールや、内部統制（業務プロセス・ガバナンス体制）のルールを定める法律	・決算までのスケジュール ・各種規程を含む内部のガバナンスづくり ・監査法人／公認会計士とのコミュニケーション
会計基準	すべての会社	勘定科目や会計処理の方法などを定めたルール	・会計仕訳を打つ際の処理方法 ・自社の勘定科目の定め方 ・経理規程
税法	すべての会社	税金計算に関するルールを定める法律	・税務処理と申告書作成 ・役員報酬や経費処理などの細かなルール

なぜ法令やルールを理解する必要があるかというと、経理財務の業務の多くはこれらの枠組みに基づいて業務が行われるからです。

　例えば、「決算書をなぜつくらなければならないのか？」という疑問に対する回答としては、

- 会社法において、債権者や出資者への保護のために、会社の財産状況を伝えなければいけないと定められているから。
- 金融商品取引法において、株主に対して適切な投資判断をしてもらうために、過去や将来の業績（予想）を正確に伝えなければならないと定められているから。
- 税法において、税金計算をして納税を行うために、税務署に報告しなければならないと定められているから。
- 経営者が、適切な意思決定判断を行うために、情報提供をしなければならないから。

　このような目的が思いつくでしょう。そして、このうち最初の3つは法令・ルールが決算書を作成する理由になっています。

　つまり「決算書をつくる」という業務1つをとっても、その目的は法令・ルールに基づくことが多く、会社がどういうルールで具体的に縛られているかを知ることは、自身の業務を理解するうえで非常に重要な一歩となるのです。

≫ 2．ステークホルダーの理解

　1つ目の法令・ルールのにもかかわってくるのですが、会社にはさまざまな「**ステークホルダー**」＝利害関係者が存在することを理解しておく必要があります。

　なぜステークホルダーの理解が経理財務にとって重要なのかというと、**ステークホルダーの存在やそれぞれの重要性・位置づけによって、会社の資金の使い道や業績管理の方法に影響をもたらすからです。**

　例えば、ほぼオーナー1人で回している企業や従業員10人以下の中小企業であれば、必然的にステークホルダーは少なくなります。より具体的に言えば、株主はオーナーやその家族だけであり、銀行から融資を受けている金額も少なく、融資自体がないこともあり得ます。また、従業員や取引先も少ないため、日々やり取りをする取引関係者もそこまで多くはありま

◎企業を取りまくステークホルダー◎

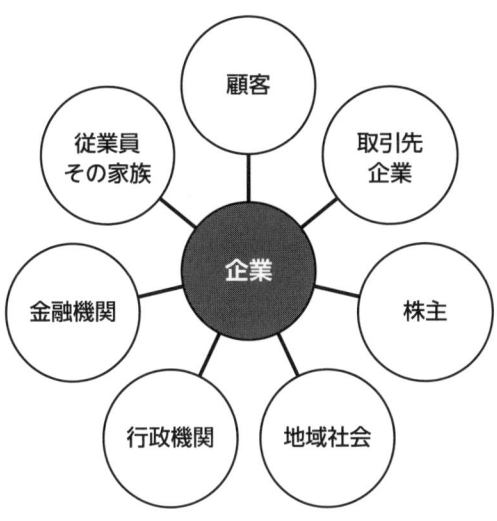

せん。

　そういった小さな企業の場合は、オーナーが自由にお金の使い方を設計できる余地が大きくなり、それによって経理財務の方針がよりオーナーに向いたものになります。

　例えば、新たに人を雇用する・設備を購入するなど、事業をさらに急拡大させるための事業投資より、オーナー個人の資産形成のための、節税対策や相続対策といった施策に、より多くの資金や人的リソースを注入して

◎オーナー企業と上場企業のステークホルダーの違い◎

	オーナー企業	⇔	上場企業
目的・方針	オーナー利益の最大化	⇔	持続的な事業成長と株主還元
経理処理の方針	税務署向けに税金計算が正しいかが中心になる	⇔	税務署だけでなく、株主・銀行・従業員などあらゆる人が見て公平な処理を行う
銀行との関係	融資がほとんどないため、特段の考慮をしない	⇔	信用力を構築するために、銀行と密にコミュニケーションと財務開示を行う
株主への情報開示	特段の配慮は不要（オーナー＝経営者のため）	⇔	適切な情報開示・コミュニケーションに常に配慮

いくことが考えられます。事業を大きくする方針でなければ、融資を新た
に受けることもないので、銀行に対して良い顔をす見せる必要もありません。

　このように、**会社の周りにどんな利害関係者がいるのかによってさまざ
まな方針が変わることにもなる**ので、経理業務の全体像の把握という視点
で理解を進めておきましょう。

⨠⨠ 3．ビジネスの理解

　経理財務は「お金」を司る業務ではありますが、忘れてならないのは「**お
金の動きとは、ビジネスが進む過程での結果に過ぎない**」という視点です。
つまり、**どんな経理処理にも必ずその原因となるビジネスの中身が存在し、
実際のビジネスの取引をイメージしないと良い経理処理はできない**、と考
えることが大事なのです。

　私は専門家として経理処理の相談を受けることも多くありますが、「経
理処理を考える際には、必ず事実関係＝ファクトを把握しましょう」とよ
く伝えます。例えば、以下の例を考えてみましょう。

会社では新たにオフィス移転の検討をしており、オフィス探しをして
いた総務部から以下の請求書が送られて処理をお願いされました。
さて、あなたはどんな経理処理を考えますか？

請求書には以下の内容が書いてあります。
- 賃料（当月分）：100,000円
- 敷金：600,000円
- 礼金：200,000円
- 賃料（契約月分）：50,000円

　この請求書を見てそのまま仕訳が打ててしまった方は、おそらく事実関
係の理解が浅く、経理として思考をもう一段深める必要があります。一方
で、この請求書を見て、例えば以下のような疑問を持った人は、経理とし
て正解に近い思考を持っているといえます。

疑問

- そもそもこの賃貸借契約は、いつから開始されているのだろうか？　契約期間は何年だろうか？　フリーレント期間などの特別な条件はあるのだろうか？
- 賃料は、前払い？　当月払い？　後払い？
- 敷金と書いてあるが、これは解約時に全額返還されるのだろうか？
- 不動産代理店への仲介手数料はなかったのだろうか？　別に請求書があったり漏れはないだろうか？
- オフィス移転なら他にも内装工事費用があるはずだが、その内容はどうなっているだろうか？

　オーナーや管理会社との交渉結果や契約書が具体的にどうなっているのか、他にも仲介手数料や内装工事費用まで思考を膨らませて考えることこそが、ビジネス自体の理解になります。

　「そんな細かい部分までをすべて確認できない」と思われる方もいらっしゃるかもしれませんが、経理財務が1人ですべて把握しておく必要は全くありません。実際にビジネスを動かしている現場部署の人から情報収集できるように、円滑なコミュニケーションが取れる関係性をつくっておくことが何よりも大事なのです。ですので、「**ビジネスの理解＝フロント業務を行う部署とのコミュニケーション・関係性づくり**」といっても過言ではありません。

　その点で、経理財務はあらゆるビジネス行為の結果である「お金」を扱う関係上、バックオフィスの部署のなかでも特に多くのビジネス情報に触れておかなければいけない部署でもあるのです。

　経理処理＝仕訳を打つことになるため、「勘定科目を決める」「日付を決める」「消費税区分を決める」といった仕訳に必要な情報だけに執着してしまいがちですが、本当に正しい処理をするためには、ビジネスを理解することが必要で、そのためには良い部署間コミュニケーションが求められる、ということを考えて行動していくといいでしょう。

経理財務の登場人物と役割分担

経理財務においては、以下で挙げるように内部と外部にさまざまな関係者が存在し、日々やり取りを行いながら業務を進めていきます。

◎経理財務業務の主な関係者◎

税務署	主に法人税や消費税、源泉税の申告・納税時にやり取りを行います。最近は電子申告も増えており、電話や書面でなく一方向でやり取りが完結する場合も増えています。 数年に一度、税務調査が入る場合には、経理財務の担当者の調査対応の負担も増え、税務署とより多くのコミュニケーションが発生します。
都道府県 (県税事務所)	法人住民税・法人事業税といった地方税の納付で主にやり取りを行います。 事業所が複数ある場合は、それぞれの都道府県に対して申告納税が必要となります。 都道府県が主体的に実施している補助金などがあれば、それについて担当部署とやり取りすることもあります。
市区町村	法人住民税の申告納付に加えて、固定資産税や個人住民税(特別徴収)の申告納付でもやり取りが発生します。 都道府県と同様に、事業所が複数ある場合は、それぞれの市区町村に対して申告納税が必要となります。 市区町村ごとに申請方法のルールが微妙に異なることも多く、細かいやり取りが多くなる傾向にあります。従業員が多い会社では市区町村との調整だけでもかなりの時間を使うことがあります。
税理士／ 公認会計士	主に税務申告や決算帳簿の作成でアドバイスをもらい、業務のサポートをしてくれる、税務や会計のスペシャリストです。 自社の経理財務体制によってどこまで支援範囲となるかは変わりますが、基本的には会社の味方となって動いてくれる存在であって、税務調査時や決算書作成時には強い味方となってくれます。

金融機関	銀行や信用金庫のことで、口座開設・資金繰り融資でお世話になります。 金融機関を利用しない会社はほぼないため、すべての会社にとってのステークホルダーになりますが、その関与度合いは会社によって大きく異なります。 メインバンクとそれ以外が存在します。特にメインバンクは口座開設・融資だけではなく、会社によってはM&A支援や投資運用といった、幅広いサポートを行う場合もあります。
外部投資家	スタートアップ企業で上場前からベンチャーキャピタルから出資を受けていたり、上場して一般投資家から出資を受ける場合に、コミュニケーションが発生します。 ベンチャーキャピタル（VC）は、スタートアップ企業の成長フェーズ、すなわちシード～アーリー～ミドル～レイターのそれぞれのフェーズで出資が得意なVCが存在します。 会社の事業成長という視点で評価をしてくれ、資金面以外で支えてくれることもある存在であり、良好な関係づくりのためには、会社の事業状況・財務状況を常に伝えておく必要があります。
監査法人	上場や上場準備を行う段階において、経理だけではなく業務プロセスやガバナンス体制といったさまざまな視点で会社が正しく機能しているかをチェックします。 監査法人内には公認会計士が在籍しており、主に公認会計士とコミュニケーションを取ることになります。 なお、一定の規模を超えていると非上場の場合でも監査法人による監査が必要となるので留意しましょう。
取引先	販売・仕入取引を行う際に、取引先に対する連携も必要となります。 得意先に対しては掛売する場合の与信判断を行ったり、仕入先に対しては反対に自社の与信情報（財務状況）を提供したりすることもあります。

　この表の通り、多くの関係者たちが存在するなかで、担当者は各関係者の視点に合わせてコミュニケーションを取っていくことが求められます。相手がどの法令・ルールに基づいて、どういった視点・目的でそれぞれが行動しているかを理解することが、経理財務業務のクオリティを高めていくことにつながります。

経理財務で求められる
能力とスキル

≫ 経理財務で求められる基本的能力と応用的能力

　経理財務は、取り扱う「お金」という対象自体が広いため、求められる能力も広くなります。ここでは、必ず必要とされる「**基本的能力**」と、ベテランになるにつれて求められる「**応用的能力**」の2つに分けて考えていきます。

≫ 基本的能力

1. 正確性

▶計算や会計仕訳処理を行ううえで、必ず求められる能力になります。仕訳を打つ際には、1円単位での正確性を求められることもあり、細かい計算が苦にならなかったり、きれいに整理したりすることが得意な人のほうが、相性が良いです。

▶また、例えば請求書発行業務であれば、取引先に発行した請求書の金額や内容を間違えると、会社の信用問題にもつながってしまいます。正確な業務遂行は経理財務の基本能力の1つです。

2. 処理スピード

▶会計データが膨大になることがよくあるため、最低限の処理スピードがあることが求められます。

▶スピードを上げる手段は、会計ソフトや請求システムといったITツールを扱う処理速度の向上と、Excelやスプレッドシートでの分析・集計処理速度の向上の2つに大きく分かれます。

どちらも一朝一夕では身につかないものですが、普段から単にITツールやExcelを使うだけではなく、どうやったら処理が正確さを保ちつつ速くなるかを考えながら経験していくことで、徐々にスキルが積み上がっていきます。

3．誠実性

▶お金や財務情報を扱う経理財務にとって、誠実であることは絶対に必要な基本的能力です。経理財務の持つ重要情報は、もしそれが悪用されれば、会社の信用を揺るがす可能性があり、誠実でない人にこの業務を任せることはできません。

▶「むやみに社内外に重要情報を流さない」「機密情報を社内政治の道具に使わない」「お金に目が眩んで不正に加担しない」「社内のインサイダー情報（公開前の情報）を利用しない」など、自分を常に律して、自己利益ではなく組織全体の信用を考えて行動できることがマストです。

4．簿記の知識

▶「簿記＝会計の言葉」です。日本の会社で働くなら、日本語を知らなければ円滑な業務が難しいことと同様に、経理財務にとっても、簿記を知ることは業務の第一歩になります。

▶後述するように、簿記資格を持っていなくても実務経験があれば問題はないですが、まずは貸借の概念を理解することから始まります。

❯❯ 応用的能力

5．情報収集力

▶コミュニケーションスキルの一環になりますが、経理財務はさまざまなステークホルダーとコミュニケーションを取りながら、ビジネス現場を理解するために社内各部署と連携する必要があります。

▶適切なタイミングで適切な情報収集ができれば、スケジュールに余裕をもって、業務を円滑に進めることができます。

6．知識吸収力

▶会計基準や税法は毎年、目まぐるしく変化・アップデートされます。加えて、自社の業務プロセスや業績・キャッシュフローに大きな影響を与えるような改正であることも少なくありません。

▶自社に関係する改正情報を収集するだけではなく、自身が積極的に吸収し整理することで、自らが社内に対する発信源となり、業績貢献・価値提供ができる機会も多くなります。

　経理財務はお金に厳しいという印象もあり、管理系業務＝優秀な人が集まっているというイメージを持つ方もいます。大手企業の経理なら、計算がとんでもなく速くて地頭がものすごく良い人や、公認会計士や税理士のような国家資格ホルダーがゴロゴロいるようなイメージもあるのかもしれません。

　経理財務にとっての必要な能力はこの項で説明した通りですが、経理財務に必要そうだと思えても、実際はその力がなくても業務を問題なく回せてしまう能力があります。

　その代表例が「計算の速さ」です。「経理財務といえば計算が速そう！」というイメージがありますが、実は計算が速くなくても回せます。最近は会計ソフトが足し算や引き算など簡単な四則演算なら自動で行ってくれますし、会計ソフト以外でもExcelなどの表計算ソフトが計算をしてくれます。ですから「計算ができるツールに、正しく・正確に入力する力」のほうが求められているといってもいいのかもしれません。

　また、「論理的思考力」も必ずしも必要ではない能力の１つです。経理財務は財務諸表や会計基準という論理的な構造のなかでの仕事であることから、何もない所から論理的思考で構造を生み出すというよりも、すでに存在している論理構造の枠組みのなかにしっかりと収めていく力のほうが圧倒的に重要です。

　計算の速さや論理的思考力というのは、もともとの地頭の良さにつながりますが、ベテラン経理の方々を見ていると、地頭がもともと良いというより、丁寧かつ誠実に仕事をこなせる方が多く、そういった傾向・性格があることのほうが大事なのかもしれませんね。

2-5 会計基準と仕訳①

身につけるべき基本知識

　経理財務業務を行ううえでは、まずは「仕訳を打てる」ようになることから始めましょう。

　ここでは、仕訳を打つにあたって必ず知っておかなければいけない会計のルールや概念をいくつかお伝えします。

必ず知らなければならない会計のルールや概念

■ **仕訳の基本ルール**
- 複式簿記とは？　単式簿記との違い
- 借方と貸方：貸借の概念

■ **会計基準の前提概念・ルール**
- 費用収益対応の原則
- 発生主義と現金主義
- 継続企業の前提（ゴーイングコンサーン）

　手っ取り早く仕訳を理解・勉強したい方は、**簿記3級**を自主学習することをおススメします。経理や簿記に対する向き・不向きを簡単にセルフチェックできますし、簿記の資格を取得しておくことは今後の人生にとってもプラスになり業務に直結するので、取得しておいて絶対に損はありません。

仕訳の基本ルールその1
複式簿記とは？

　仕訳は、すべて「**複式簿記**」のルールに則って、仕訳が計上されます。複式簿記の説明をする前に、その反対語である「**単式簿記**」との違いを紹介して、理解を深めましょう。

≫ 単式簿記とはどういうもの？

　単式簿記に基づいた帳簿というのは、最も身近なものでいうと、小遣い帳や家計簿のことです。

　小遣い帳というと、お金が日付順でどれくらい増えたか・減ったかの記録をイメージする人が多いでしょう。つまり小遣い帳（単式簿記）での大事な項目は、「収入」と「支出」およびその差額である「収支」なのですが、言い換えると「キャッシュフロー＝現金の流れ」に着目しているのです。

　つまり、そのときどきでのキャッシュフローを中心に見て、その変化を把握するのが単式簿記です。

≫ 単式簿記の問題点

　一方で、単式簿記には大きな問題点があります。ある年に大規模な設備投資をしたことで大きな支出があったり、大きな融資を受けたことで収入があったりすると、「長い目でその収支が正しい状態なのか？」ということがわからなくなってしまうという点です。

　ビジネスを長い目で考えると、例えばある年に大規模な設備投資をして、一時的な支出としては大きなマイナス（大赤字）になったとしても、その後の設備投資による収入で徐々に回収できれば問題ないはずです。しかし単式簿記では、大規模な投資をした年は大幅なマイナスになって低評価が下される結果となってしまいます。

▶▶ 複式簿記とはどういうもの？

　このような単式簿記のデメリットに対して、**複式簿記は、中長期的な目線を加えることでより精度の高い「財務諸表」として評価できるようにしたルールのこと**です。具体的には、先に挙げた設備投資や融資という行為は、投資は支出ではなく「**資産**」として、融資は収入ではなく「**負債**」として、それぞれ会計上は「**貸借対照表（B/S）**」に表現されます。「貸借対照表」とは、企業の財産状況を示す指標であり、将来にわたって影響を及ぼす財産が一目でわかるようになっています。

　一方で、単式簿記における収入と支出という概念は、「**収益**」「**費用**」という概念に置き換えられ、「**損益計算書（P/L）**」に表現されます。「損益計算書」はその年に得られた利益を表現するもので、現金収支の動きだけではなく中長期にわたる支出を単年度に平準化することで、その企業全体が単年度で儲かっているかを判断できるようになります。なお、貸借対照表と損益計算書のより詳しい説明については、2-21（125ページ）を参照して下さい。

　複式簿記では、以下の5つの区分を用いることとなります。どれも実務を行ううえでの最重要項目ですので必ず覚えておきましょう。あわせて、「**借方**」なのか「**貸方**」なのかも覚えておくといいでしょう。

◎複式簿記で用いる区分◎

貸借対照表項目	資産	借方	現預金や設備投資など、会社が保有している資産が計上される
	負債	貸方	借入金などの調達方法でもあり、将来返すべき債務が計上される
	純資産	貸方	資本金などの株主から調達した金額や内部留保（自社で稼いだ利益）が計上される
損益計算書項目	収益	貸方	売上といった事業活動によって得た収入活動が記載される
	費用	借方	人件費や材料費といった事業活動によって支払う支出活動が記載される

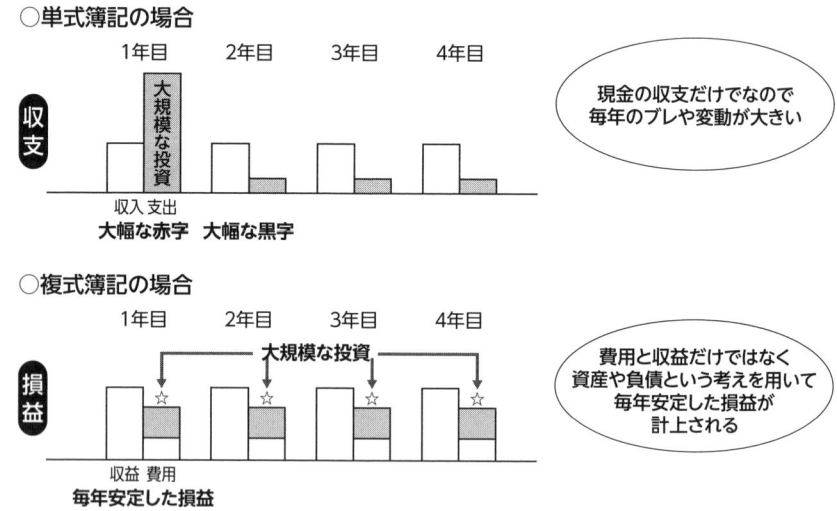

◎単式簿記と複式簿記の違い◎

○単式簿記の場合

1年目　2年目　3年目　4年目

収支

大規模な投資

収入　支出
大幅な赤字　大幅な黒字

現金の収支だけでなので
毎年のブレや変動が大きい

○複式簿記の場合

1年目　2年目　3年目　4年目

損益

大規模な投資

☆　☆　☆　☆

収益　費用
毎年安定した損益

費用と収益だけではなく
資産や負債という考えを用いて
毎年安定した損益が
計上される

☆「資産」という考え方を用いて1〜4年目に費用を按分する

　そして、この資産・負債・純資産で構成される貸借対照表と、収益・費用で構成される損益計算書などを、まとめて「**財務諸表**」や「**決算書**」と表現することを覚えておきましょう。

　もう少し細かくいうと、貸借対照表や損益計算書以外にも、株主資本等変動計算書や個別注記表といった書類はあるのですが、基本は財務諸表や決算書といえば貸借対照表と損益計算書の2つであると覚えておけば、基本知識としては差し支えありません。

2-7 ▶ 会計基準と仕訳③

仕訳の基本ルールその2
借方と貸方、貸借の概念

　会計仕訳を行うこと＝「**記帳する**」＝「**仕訳を打つ（仕分けを切る）**」と表現します。仕訳は複式簿記に従って行います。複式簿記では、借方と貸方に分けて仕訳取引を記載することになります。

　いきなり借方と貸方を理解するのは難しいので、まずは例を挙げて理解を深めていきましょう。

仕訳の設例

例1

銀行から1,000万円を10年間で借りて、銀行の普通預金口座に入金した。

　【借方】普通預金　1,000万円／【貸方】借入金　1,000万円

　　　　　資産の増加　　　　　　　　　　負債の増加

例2

取引先に対して、10月に商品100万円分を納品して翌月末までの掛け入金の約束で売り上げた。

　【借方】売掛金　100万円／【貸方】売上高　100万円

　　　　　資産の増加　　　　　　　　　収益の増加

例3

今月分のオフィス賃料として、不動産会社に対して50万円を口座から振込んで支払った。

　【借方】賃借料　50万円／【貸方】普通預金　50万円

　　　　　費用の増加　　　　　　　　　資産の減少

複式簿記では、「１つの取引には、必ず２つの事実関係が存在する」という基本前提を理解することが重要です。その２つの事実関係に対して、借方と貸方を用いて、仕訳を打つというルールが生まれます。先ほどの例に対して、２つの事実関係を詳細に説明すると以下のようになります。

例1
- ▶ １つ目：預金という資産が1,000万円増加したという事実＝【借方】**資産の増加**
- ▶ ２つ目：借入金という返さなければいけない負債が増加したという事実＝【貸方】**負債の増加**

例2
- ▶ １つ目：取引先に100万円分を翌月末までに請求する権利＝【借方】**資産の増加**
- ▶ ２つ目：商品100万円分を売り上げたという事実＝【貸方】**収益の増加**

例3
- ▶ １つ目：オフィス賃料50万円という費用が発生したという事実＝【借方】**費用の増加**
- ▶ ２つ目：預金が50万円減少したという事実＝【貸方】**資産の減少**

　どれが借方・貸方に来るかについては、資産・負債・純資産・収益・費用の５分類の組み合わせで、以下の５×５＝25通りが存在します。

◎借方・貸方の組み合わせ◎

借方にくる項目		貸方にくる項目
資産の増加		資産の減少
負債の減少		負債の増加
純資産の減少	×	純資産の増加
収益の減少		収益の増加
費用の増加		費用の減少

会計基準の前提概念・ルールその１
発生主義の原則

　次は、会計基準における大原則を３つ紹介します。経理財務として会計実務を行う際には、必ずどこかで触れることになる会計原則です。

会計基準の３つの大原則

1. 発生主義の原則
2. 費用収益対応の原則
3. 継続企業の前提（ゴーイングコンサーン）

　まず、１つ目は「**発生主義の原則**」です。会計処理は「**発生主義**」に基づいて計上されます。発生主義とは、会計基準の基本ルールブックとして知られる「企業会計原則の損益計算書原則」には、以下のように記載されています。

　「**すべての費用及び収益は、その支出及び収入に基づいて計上し、その発生した期間に正しく割当てられるように処理しなければならない**」

≫ 発生主義と現金主義

　発生主義は、その反対語である「**現金主義**」との対比で考えるとわかりやすいです。

　現金主義とは、「現金が出入りした時点で、収益や費用として認識する考え方」となります。「企業の取引というのは必ずしも現金だけで考えることができない」というのは前項の複式簿記と単式簿記の説明にて伝えましたが、具体的には現金主義と発生主義によって、次ページ上のように仕訳の違いが生じます。

取引先に対して、10月15日に商品100万円分を納品して、当月末締め、翌月末支払期日の掛け入金の約束で売り上げた。11月30日に100万円が無事に入金された。

現金主義の場合
＜11/30の仕訳＞
　　【借方】普通預金　100万円／【貸方】売上高　100万円

発生主義の場合
＜10/15の仕訳＞
　　【借方】売掛金　100万円／【貸方】売上高　100万円
＜11/30の仕訳＞
　　【借方】普通預金　100万円／【貸方】売掛金　100万円

現金主義の場合は、実際に入金のあった11/30のみで仕訳を打っているのに対して、発生主義の場合は、商品を納品した10/15と入金があった11/30の2つに分けて仕訳を計上しています。

実際に11/30時点で見てみると、実は両者の各勘定科目に違いは生じません。

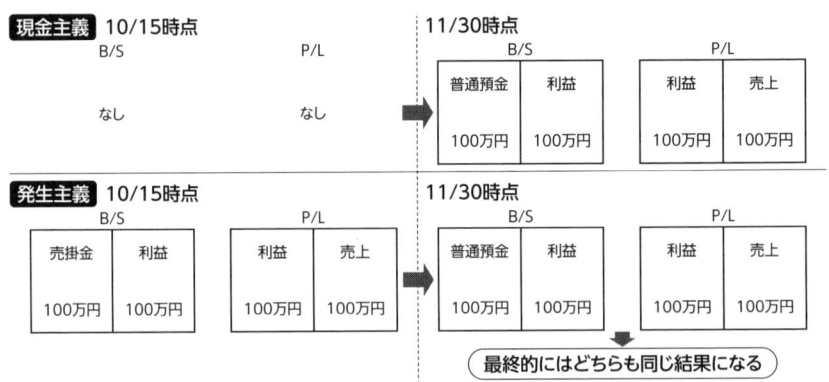

◎現金主義と発生主義のB/SとP/L◎

　ただ、仮にこの会社が10月末決算だったとするとどうでしょうか？　前ページ下の図表の通り、決算書（B/SとP/L）に違いが生まれます。発生主義では、現金主義の場合の処理は認められないからです。なぜなら、現金の動きではなく発生という概念で考えてみると、①10月時点で100万円の商品を販売＝発生したという事実と、②翌月掛け入金での債権が生まれた＝発生したという事実の2つが存在しているからです。

　発生主義とは、お金の動きだけではなく、ビジネス上の事実関係が生じたり、権利義務関係が発生したりするタイミングで仕訳計上を行いましょう、というルールだと考えてみるといいでしょう。

発生主義ではどのタイミングで計上をする？

　では、発生主義での計上タイミングを考えましょう。前ページの例であれば、納品日が売上計上のタイミングでしたが、商品を販売する際の一連の流れとしては、以下のプロセスが存在しています。

商品が販売する際の流れ

1．見積書の送付
2．発注書の受取り
3．当社から商品の出荷
4．先方での商品の入庫
5．先方での商品の検収
6．商品代金の入金

　「売上」という事象はこのプロセスで徐々にその確実性が高まりながら発生していくと考えられるのですが、では結局どのタイミングで計上をすればいいのかというと、大きく費用側と収益側の2つで考え方が異なり、分けて考えるとわかりやすいです。

　費用側についてはモノやサービスの提供・納品を受けた時点が、モノやサービスの費用の発生であると考えることができるため、その認識タイミングは比較的シンプルになります。

　一方で、売上については、発生主義をより厳密に進化させた「**実現主義**」

◎売上計上のタイミング◎

	費用側の計上	⇔	収益側の計上
具体例	仕入高や人件費、外注費の計上	⇔	売上高の計上
処理の方針	そのまま「発生主義」に基づいて計上	⇔	発生主義に加えて、その発生事実が「実現」したときに計上する「実現主義」を用いる
具体的な計上タイミング	仕入高なら仕入材料を納品した日、外注費ならサービスを受け取った日に計上する	⇔	サービスを提供した事実に加えて、入金が確実になる日に計上する。通常は「出荷日基準」「納品日基準」「検収日基準」のどれかになる

という考え方を取ります。ここでの「実現」とは、モノやサービスの提供が完了していることに加えて、対価の獲得が実現していることを示します。対価というのは必ずしも現金である必要はなく、売掛金が発生した時点でも実現したとみなすことはできますが、例えば顧客がキャンセルすることで返金が可能な状態であるならば、その売上が実現したとは言い切れないので、**「会計上確度が一定以上高まった状態」にならないと売上は計上することはできない**点に注意しなければいけません。

　なお、2021年4月から、大企業と上場企業に関しては、新たな収益認識基準が適用されたことから、「履行義務がいつ充たされるのか」という視点も踏まえて計上基準を考える必要があります。
　本改正については専門性の高い会計判断や方針設定になるため、もし読者の皆さんが所属する会社において対応が必要な場合は、監査法人や公認会計士・税理士などの専門家との相談・議論のうえでの決定が必要です。そのため、本書で改正の詳細は割愛しますが、大企業や上場企業に勤める経理財務の皆さんは、初級者であっても言葉や存在は知っておくといいでしょう。

2-9 会計基準と仕訳⑤

会計基準の前提概念・ルールその2 費用収益対応の原則

　「**費用収益対応の原則**」は、先ほどの発生主義と組み合わせて用いられる会計ルールですが、「**費用は、収益と同じ時期で認識しましょう**」という大原則になります。

　「費用は収益を得るために費やされるもの」です。収益が得られたタイミングで、そのために費やされた費用も同じ期間で認識したほうが、正しい利益（利益＝収益－費用の関係になります）が計上され、正しい損益計算書がつくられることになります。

　具体例を2つ挙げて考えてみましょう。

≫ 1. 商品を仕入れて、販売する場合

設例

- 1/1に、資本金100万円と現預金100万円からスタート。
- 1/15に、原価100万円分の商品を仕入れて現預金で支払った。

　※なお、原価100万円に対して売価は125万円、つまり25万円の利益（＝利益率20%）で設計をしている。

- 3/10に、原価100万円分のうち60万円分の商品を、売値75万円で販売した。利益率は20%で販売できた。
- 3/31決算時点で、原価40万円分の在庫が残った。

仕訳

<1/1>

　【借方】現預金　100万円／【貸方】資本金　100万円

<1/15>

　【借方】仕入高　100万円／【貸方】現預金　100万円

<3/10>
　【借方】現預金　75万円／【貸方】売上高　75万円
<3/31>
　【借方】商品　40万円／【貸方】期末商品棚卸高（仕入高のマイナス）
　　　　　　　　　　　　　　　　　　　　　　　　　　40万円

これに、3月31日時点の貸借対照表と損益計算書を合わせて示します。

◎3/31時点のB/SとP/L◎

ここで重要なポイントは、次の2つです。

① 売れていない商品40万円分は在庫として貸借対照表上の資産として
　計上されている。
② 損益計算書上、売上高と売上原価がそれぞれ売れた分だけの75万円
　と60万円分が計上され、結果的に利益率が20%となり、売上と費用
　の対応関係がとれている。

　売れていない分の原価40万円は、在庫として3/31に仕訳計上することで
この対応関係がしっかりと維持されていることになります。
　この関係こそが費用収益対応の原則です。

≫ 2．パソコンを購入して使用する場合

> **設例**
> • 4/1に、40万円のパソコンを現金で購入し、そのまま従業員に提供
> して使用した。
> • 翌年の3/31にて決算期末を迎えた。
> • なお、パソコンの耐用年数は4年、償却方法は定額法とする。
>
> **仕訳**
> ＜4/1＞
> 【借方】工具器具備品　40万円／【貸方】現預金　40万円
> ＜1年目の3/31＞
> 【借方】減価償却費　10万円／【貸方】工具器具備品　10万円
> ＜2年目の3/31＞
> 【借方】減価償却費　10万円／【貸方】工具器具備品　10万円

　2つ目の例では、減価償却費の考え方を示しています。先ほどの商品を仕入れて販売する例とは少し異なり、高額な資産を購入して長期にわたって使用する場合には、支払った金額を発生時にそのまま費用に計上するのではなく、一定の年数をかけて「**減価償却**」を行うことになります。

　減価償却とは、固定資産の取得にかかった支出を、長期にわたって固定資産から費用に変換していくプロセスになります。 パソコンは短期的に使用するものではなく、複数年で使用する資産のため、4年という期間＝耐用年数にわたって、徐々に費用に変換していきます。

　次ページ上の図のようにイメージするとより理解しやすいでしょう。

　この減価償却というルールも、費用収益対応の原則の1つになります。固定資産とは、短期的ではなく長期にわたって収益を得るために購入するため、その支出は一時的に落とすのでなく長期にわたって費用を按分することで、得られる収益に対応させるというルールとなります。

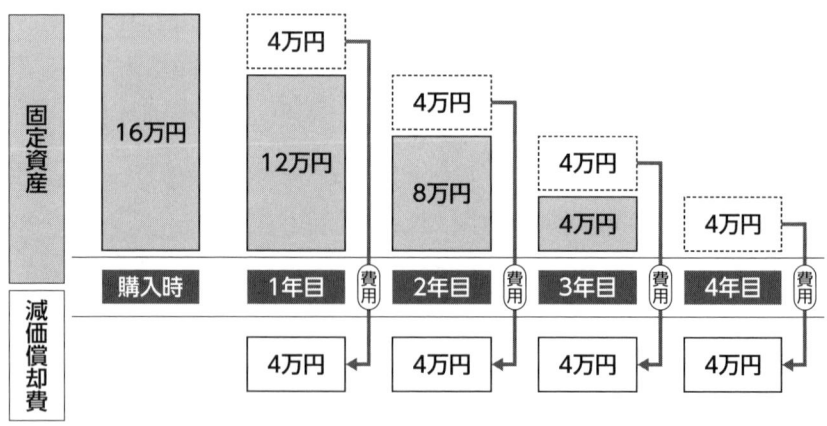

◎固定資産と減価償却◎

▶▶ 発生主義と費用収益対応の原則

　ここで、読者の皆さんは、「結局、費用は発生したときに認識するの？ それとも実現主義を用いて認識する収益側と合わせて計上するの？」という疑問を抱くかもしれません。その理解を深めるためには、「費用収益対応の原則は、発生主義にさらに追加したルール」と考えるといいでしょう。つまり、①「費用は基本的には発生主義で認識する」のですが、そのうち②「収益に直接対応する費用（売上原価）や、効果が長期にわたる支出（減価償却など）については、収益に合わせて計上する」と考えると整理ができます。以下のようなイメージになります。

◎費用収益対応の原則の考え方◎

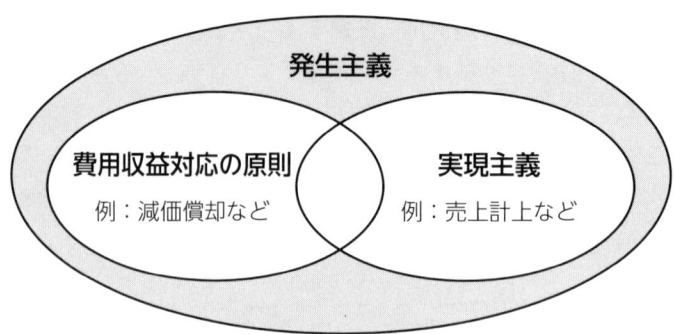

会計基準の前提概念・ルールその３　継続企業の前提

　３つ目の大原則は、「**継続企業の前提（ゴーイングコンサーン）**」です。

　会計に関する処理や財務諸表は、実は大きな暗黙の了解によって成り立っています。それこそが「**企業はすぐに倒産するのではなく、継続して活動する存在である**」という継続企業の前提です。

　継続企業の前提によって、会計を「期間に区切る」という考え方が生まれます。ニュースでもよく有名な企業について、「A社の今期業績は○○でした」などと報道されますが、ここにはすべて「決算という節目で１年間の業績や財産状況を区切って数字をつくる」という暗黙の了解が存在します。この暗黙の了解があるからこそ、掛売りや掛払いなどが起こる際に、発生主義によって売掛金や買掛金のような資産・負債を計上したり、費用収益対応の原則により、収益に対応しない費用は資産に残してチャージすることが可能になります。

　もう少し具体的にいうと、この「期間に区切る」という前提がなければ、そもそも現金の収入や支出を資産や負債に按分したりする必要もなくなります。

　また、企業が継続しないという前提であれば、減価償却のように資産を一定期間にわたって費用に按分することもできません。減価償却資産はその償却後の簿価に価値がある前提で計上しています。すぐに倒産してしまうのであれば固定資産として価値を残すのではなく、すぐに売却や清算をしなければなりません。

　つまり、企業が継続するという前提は、これまで説明してきた原則のすべての基本構造を支える大前提であるということができます。

　実務において継続企業の前提自体について考える機会は実はほとんどありません。ただし、重要な大原則としてその存在を知っておくことは、経理財務パーソンとしては大切です。

日々の仕訳と記帳

≫ 日々の仕訳と記帳は経理の基本業務

　経理のなかでも大きな比重を占める業務が、「**記帳**」になります。記帳とは前項まででお伝えした会計のルールに則って、仕訳を打つことです。単純な作業に思われますが、仕訳を1つ打つだけでも多くのことを考えていかなければいけません。

≫ まずは会計ソフト選びから

　日々の仕訳は、会計ソフトを使用して打つことになります。会計ソフトは大きく、「**オンプレミス型ツール**」と「**クラウド型ツール**」に分かれます。

会計ソフトの種類

- オンプレミス型ツール：各PCにインストールして初めて使用できるようになるソフト
- クラウド型ツール：PCにソフトをインストールするのではなく、インターネットとアカウント情報があればどこでも会計ソフトにログインして記帳できるソフト

　現在はクラウド型の会計ソフトのシェアが増えているため、これから会計ソフトを導入しようとしていたり、リモートワーク導入も含めて柔軟かつ効率的に低コストで導入を進めたいのであれば、クラウド型のソフトがおススメです。オンプレミス型はオフィスにずっと勤務するスタイルの場合であったり、オフィス内でのセキュリティ強化を求めたりする場合には比較的相性がいいツールです。

▶▶ ビジネスに合った勘定科目のマスター設定を

　仕訳を打つためには、会社に合った**勘定科目**を設定する必要があります（勘定科目のように、会計ソフトに設定する情報のことを「**マスター**」と言うので呼び方に慣れておきましょう）。勘定科目は基本的なものであれば、どんな会計ソフトでも標準でマスター設定はされていますが、会社のビジネスモデルによって勘定科目を柔軟に設定したい場合は、会計ソフトでも積極的に新たな勘定科目をつくっていきましょう。

　例えば、最近はチャットツールやクラウドサーバーなどをサブスクリプション（定額支払）で契約する場合がありますが、この費用を標準に設定されている勘定科目である「通信費」を用いて仕訳している会社も多く存在します。ただ一方で、通信費は郵送代や切手代にも用いられる科目のため、性質の異なるサブスクリプション費用と混同されるのを避ける目的で、「システム利用料」「ライセンス利用料」といった勘定科目を設定する企業も増えています。

　「勘定科目は標準的な科目から変えてはいけない」と思っている経理の方もたまにいますが、そんなことはありません。**会社のビジネスに合った形の勘定科目を設定することこそ重要**です。勘定科目とは事業活動を示した会計上の「言葉」そのものですので、会社の経営者やステークホルダーが判断しやすい・見やすい言葉を選んであげましょう。

判断に迷いやすい勘定科目の例

- システム利用料と通信費
- 地代家賃と賃借料
- 旅費交通費と通勤手当
- 福利厚生費と通勤手当
- 支払手数料と販売手数料
- 業務委託費と支払報酬　など

▶▶ 補助科目のマスター設定も進めよう

　各勘定科目には、「**補助科目**」と呼ばれる、より詳細な情報を追加設定

することができます。例えば、売上高という勘定科目であって、それを取引先ごとに区別することができれば、より財務諸表の見やすさや分析のしやすさが向上し、良い帳簿に近づいていきます。補助科目の設定も忘れずに進めましょう。補助科目の設定は、会計ソフトや会社の経理方針によっても異なりますので絶対的な正解はありませんが、一般的には以下のように決められることが多いようです。

補助科目の設定方法のポイント

- 貸借対照表の勘定科目
  - ▶ 売掛金、買掛金、未払金といった、取引相手があり動きの多い主要勘定科目は、取引先ごとに設定する
  - ▶ 借入金は、借入契約ごとか借入先ごとに設定する
  - ▶ 預り金は、所得税・社会保険・労働保険・住民税ごとに設定する
- 損益計算書の勘定科目
  - ▶ 取引先でもいいが、収益や費用の性質・内容に応じて設定すると、業績管理・意思決定判断がしやすい

≫ 最後に部門マスターを検討しよう

多くの会計ソフトでは、補助科目とは全く別の区分として「**部門**」という設定を設けることができます。主に業績管理のために部署や事業ごとに設定することが多いです。「部門」を用いる際には、以下の留意点を意識しながら検討してみましょう。

部門設定のポイント

- 会社規模が大きくなって、事業内容が複数に分かれたり、大きな部門が複数存在したりするときに設定を検討する。大きくなるまでは、逆に部門を管理するためのコストパフォーマンスが悪くなるので、導入時の判断が重要
- 貸借対照表の科目で部門管理を行うためには高度な管理手法が必要になるので、まずは損益計算書の科目から部門情報を用い始めてみる

:>> 月次決算の締日から、毎月の記帳タイミングを決めよう

　記帳は毎月、定期的に行うのが望ましいです。通常は「月次決算をいつ締めるか」によっていつ記帳をするべきかが決まります。例えば、月次決算を翌月第5営業日までに締めたい場合、記帳はその1日前の第4営業日までに完了していることが理想的です。そして、月初に請求書や領収書などの情報が経理に集まってくることを鑑みると、この場合、月初の第1営業日～第4営業日までの間に記帳を打つといいでしょう。

　記帳業務は月初に忙しくなることが多いので、他の業務などと重なる場合は、月中や月末にできるだけ集められる情報を集めて、一部は早めに処理してしまうようにスケジュールを組むことも大事です。

:>> 実際に仕訳を打つ際の注意点

　仕訳を打つ際には、下表のことを注意しましょう。これまでの説明に従って1つひとつ決めていけば正確な仕訳を打つことができます。

◎仕訳の際の注意点◎

決めること	説　明
借方と貸方の勘定科目	勘定科目を決めるためには、ビジネスで起きた事柄の理解が何より重要です。請求書・契約書・領収書等の証憑をチェックしながら、わからない点は営業などにヒアリングしながら決定します
補助科目の決定	勘定科目ごとに補助科目を設定して詳細情報を付与します
部門の決定	（部門を設定している場合のみ）勘定科目ごとに部門情報を決定します
仕訳発生日の決定	通常であれば取引が発生した日付になります。できるだけ日単位で決めたほうがいいのですが、会計帳簿は月次単位で見ることも多いため、最低でも月単位では間違えないようにしましょう
消費税区分の決定	それぞれの勘定科目ごとに、消費税の区分は異なります。※消費税については後述します（105ページ参照）
備考の記載	備考は、勘定科目や補助科目で伝えられない内部情報を伝える項目になります。第三者が見たときにわかりやすい内容を記載しましょう

出納業務その1
請求書の発行と入金チェック

>> 出納業務は経理財務の基本

　経理財務業務では、日々お金の流れを管理する仕事があります。具体的には、取引先に販売した商品やサービスの請求書を発行して入金確認をしたり、反対に、請求書を仕入先から受け取って現金や預金口座から支払いを行ったりします。

　こういった入金や出金を管理する仕事のことを「出納業務」といい、経理財務にとって最も重要な基本業務の1つです。

>> 請求書発行業務は入金を管理する業務

　出納業務のうち特に重要なのは、入金側を把握・管理する「請求書発行業務」です。特に一般消費者に対して販売するビジネス（BtoCビジネス）ではなく、企業に対するビジネス（BtoBビジネス）においては、売上を管理する請求書発行業務は、資金繰りの生命線になる最も基本的な業務です。

　商品やサービスを販売した際には、販売先に対して、販売内容や支払条件をまとめた請求書を発行します。請求書に書かれる内容は、以下の通りです。

- 請求書の宛先（会社名・担当者）
- 請求日
- 請求書の発行者
- 納品した商品やサービスごとの、納品日・品名・金額
- 消費税額
- 支払期日
- 振込先口座
- その他・備考（振込手数料の負担先等の補足情報を記載）

◎請求書の例◎

御請求書

バックオフィスビジネス株式会社 御中
〒100-0001
東京都千代田区千代田1-1-1
営業部
管理太朗 様

請求日	2024-05-31
請求書番号	I-20240527-247-2
登録番号	T2010901048837

≡ CONDUCT

株式会社コンダクト

〒158-0094
東京都世田谷区玉川三丁目20番2号
tel: 03-6775-7152

件名　　コーポレート導入コンサルティング

請求金額　**1,309,000円**

取引日	摘要	数量	単価	明細金額
2024-05-31	企画書作成	1 式	350,000	350,000
2024-05-31	導入コンサルティング	1 式	680,000	680,000
2024-05-31	保守サービス	1 式	160,000	160,000

入金期日　2024-06-30
振込先　　三井住友銀行(0009)
　　　　　玉川支店(597)
　　　　　(普)1111111　株式会社コンダクト

小計	1,190,000円
消費税	119,000円
合計	**1,309,000円**
内訳　10%対象(税抜)	1,190,000円
10%消費税	119,000円

備考

≫ 請求書は営業部門と情報連携しながら作成・発行する

　請求書は、通常は経理だけで作成することはできません。具体的な納品した商品・サービスの詳細は、営業部門から情報が提供されますし、価格情報や締日、支払期日といった各種条件も、営業が契約書や見積書・発注書といった書面を取引時に取引先と合意することで、その内容を決めてい

ます。

　また、取引先との連絡窓口も通常は営業ですので、営業と経理で密に情報連携しながら、以下の事項を着実に進めていきましょう。

- 営業と請求書発行のためのスケジュールを決定する
  - ▶いつまでに、どうやって、請求書情報を営業からもらうのか
  - ▶いつ請求書を発行するのか
- 作成した請求書を、互いに間違いがないかチェックする
- 作成後、取引先に対して、請求書を発行し、連絡する
  - ▶送付や連絡は、経理からするのか営業からするのかも決める

≫ 最後の入金チェックまでが仕事

　請求書発行業務は、請求書を発行すれば終わりではありません。実際に取引先からの入金確認までできなければ、発行した請求書も無駄になってしまうので、資金回収するまでは気を抜いてはいけません。

　入金チェックは、発行した請求書の支払期日ごとに確認しましょう。通常の企業間取引では、支払期日は月末などに決めているはずなので、例えば当月締め翌月末支払いの請求サイクルであれば、月末を過ぎたタイミングで必ず入金チェックを行います。

≫ 請求書管理システムが業務効率化のカギ

　請求書の枚数は、会社が大きければ1カ月に1,000枚以上発行することもあるでしょう。一方で、中小企業であれば月に数枚、もしくは、発行しない月もあるかもしれません。

　請求書は会社の生命線である入金や資金繰りを司る重要業務であるため、ミスをしないことが重要です。組織規模や取引件数が大きくなればなるほど、ExcelやWordなどで請求書を毎回作成するのはミスも多くなるため、**請求書管理のためのシステムを積極的に導入しましょう。**

　請求書システムは、近年であればクラウド型の会計システムに組み込まれているものも多く、試してみるだけなら導入コストや事前準備も少なくて済みます。最初は会計ソフトに組み込まれた請求書システムを使ってみることをおススメします。

　一方で、大企業や取引先の件数が多い会社では、会社ごとに独立したシステムが存在します。営業管理システムのなかに請求書管理機能が含まれている場合や、EPRシステム（Enterprise Resources Planningの略で、さまざまな機能を持つ基幹システムのこと）に組み込まれている場合がほとんどです。

≫ インボイス（適格請求書）の要件チェック

　2023年10月から**インボイス制度**が開始されています（詳細は2-18〔110ページ〕を参照）。インボイスは「**適格請求書**」とも呼ばれ、一定の記載要件を満たした請求書のことをいいます。自社がインボイス登録事業者の場合であっても、インボイス記載要件を満たしていない請求書を発行してしまうと、受け取った取引先は消費税の仕入税額控除を受けることができないため、取引先に損失を与えることになります。

　このため、請求書発行においては、作成した請求書が以下の記載要件を満たしているかを必ずチェックする必要があります。

◎適格請求書（インボイス）の要件◎

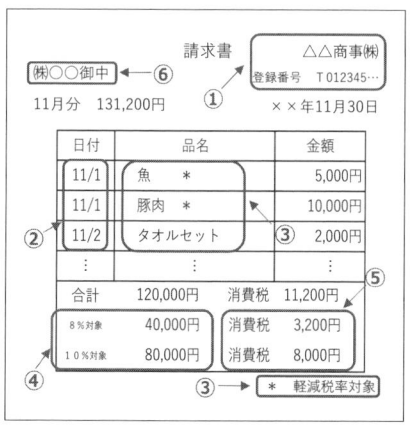

適格請求書の記載要件

① 適格請求書発行事業者の氏名又は
　名称および**登録番号**
② 取引年月日
③ 取引内容
　（軽減税率の対象品目である旨）
④ 税率ごとに区分して合計した対価の額
　（税抜き又は税込み）及び**適用税率**
⑤ **税率ことに区分した消費税額等**
⑥ 書類の交付を受ける事業者の
　氏名又は名称

国税庁「適格請求書保存方式の概要」より作成

≫ 請求書の発行と入金に合わせて、仕訳を打つ

　請求書発行業務は、会計帳簿に仕訳を打つことも重要な仕事です。会計

仕訳としては、「発生」「消込」の二段階に分けることができます。

発生仕訳と消込仕訳

① 請求書を発行する際に、売上と売掛金を計上する仕訳【発生仕訳】
② 入金を確認した際に、売掛金を減らし、現預金を増加させる仕訳【消込仕訳】

設例

　4月中に、取引先に対して100万円の商品を販売した。請求書を5月の月初に発行し、5月末日にて普通預金口座で入金を確認した。締日と支払条件は、当月末締め翌月末払いとする。

① 発生仕訳（4/30の仕訳）
　【借方】売掛金　100万円／【貸方】売上高　100万円
② 消込仕訳（5/31の仕訳）
　【借方】普通預金　100万円／【貸方】売掛金　100万円

　会計帳簿上は、売掛金の勘定科目のなかに、取引先ごとの補助科目を設定して管理します。取引先ごとに補助科目設定ができれば、請求書管理システムだけではなく帳簿上でも売掛金の増減を確認できるようになります。経理と営業間でのダブルチェックの機能も果たすこととなり、より正確で効率的な入金管理ひいては資金繰り管理ができることになります。

　よく発生する間違いとして、「二重請求」や「請求漏れ」「金額間違い」があります。請求書の発行管理自体がしっかりしていればこのようなミスは起こらないですが、取引先が多くなってくると、どうしても人的なエラーが起こります。

　会計帳簿側で取引先ごとに売掛金の発生と消込の推移が見える状態になっていれば、二重請求や請求漏れがあったとしても、売掛金の残高が2倍になったり、その月だけゼロになったりするため、帳簿側でもミスを発見しやすくなります。

◎売掛金の推移とチェック方法◎

	4月	5月	6月	7月
株式会社ＡＡＡ	① 100	90	120	95
ＢＢＢ株式会社	30	30	② 200	30
株式会社ＣＣＣ	50	③ 0	50	50

①毎月、一定の金額で推移
　→正しく請求ができている場合、このような動きをすることが多い

②急激に増加している
　→特殊な取引があったか要注意

③残高がゼロになっている
　→請求漏れがないか注意

Column ▶ **請求書発行は営業がやる？　経理がやる？**

　請求書発行業務は営業がやるのか経理がやるのか、というのは実は会社によっても異なります。請求書のもととなる一次情報（品目・価格・支払条件等々）は営業が決定しており、一方でお金全体は経理が管理しているため、どちらの部署が行うことも可能なのです。このような中間業務である請求書発行業務は、営業機能のなかでは「営業事務」や「営業管理」とも呼ばれます。

　したがって営業管理を行う部署が、経理部内にあるか営業部内にあるかによって、請求書発行業務をどちらが行うかが決まります。また、請求書発行業務のなかでも、発行業務と入金チェック業務に分けて、前者を営業が行い、後者を経理財務が行う、という分担もよく見られます。

　「どちらの部署がどの業務を行うほうが効率的か」という質問がありますが、これは会社のビジネスフローや取引量、営業と経理の組織体制などのさまざまな条件から決まるものであり、一般的な正解はありません。

　自社の役割分担がどのようになっているかについて考え、自社ならではのあるべき業務分担を考えることが、とても大切な視点です。

出納業務その2
請求書の受領と支払処理

≫ 支払管理の第一歩はルールの整備から

　会社はさまざまな事業活動を行っており、それに伴って多くの支払活動が生じます。支払内容だけではなく、支払方法も現金、口座振込、クレジットカード支払、立替支払など、多岐にわたります。

　支払内容や支払方法が多岐にわたるということは、各支払の依頼者や承認者、支払フローも会社によって異なるということです。支払業務を進める際には、まずは支払活動の全体像を理解することから始めましょう。会社によってもルールは異なりますが、例えば以下のように支払方法ごとにまとめておくと全体がつかめるかと思います。

◎会社の支払ルールの例◎

支払方法	支払内容	支払日
口座振込	原材料／商品仕入	月末締め翌月末払い
	主要経費の支払	月末締め翌月末払い
	給与支払	当月末翌月10日払い
	従業員の立替経費	当月末締め翌月10日払い（給与支払と一緒に振込）
クレジットカード払い	各種サブスクリプションサービスの支払	月末締め翌月25日引き落とし
	それ以外の口座振込ができないサービスの支払	
口座振替	賃料	前月25日引落し
	水道光熱費	翌月10日引落し
小口現金	少額の事務消耗品費等	都度
	切手／印紙	都度

　ここでは、この支払方法のなかでも、最も重要な「**口座振込**」について説明します。

≫ 請求書を受け取ったらまず内容をチェック

　経理には、毎月多くの請求書が届きます。多くは月初に到着しますが、最近は紙の請求書が送られてくるだけではなく、電子メール送付や、先方の請求書システムのリンクからダウンロードするなど、いろいろな方法で送られてくるので、入手漏れのないように気をつけましょう。

　請求書を受け取ったらまずはその内容をチェックします。基本的には請求書の記載内容すべてをチェックすべきですが、主に以下の項目を中心に確認をしましょう。

- 支払内容や支払期日が、契約書や発注書と合っているか
- 会社の振込スケジュール上、支払期日に間に合うか
- 相手はインボイス登録事業者か免税事業者か
- インボイス登録事業者ならば、請求書はインボイス要件（83ページで説明した要件）を満たしているか

　発注行為は会社のすべての部署で行われます。もしその内容がわからなかったり理解できない場合は、各部署に発注内容の確認やヒアリングをしましょう。経理が曖昧にしたままだと、そのまま請求内容が正しいかどうかもわからない支払を行ってしまい、会社の資金繰りに悪影響を与えてしまいます。

≫ まとめた請求書に対する支払管理を行う

　1つひとつの請求書をチェックした後は、それら請求書を支払期日ごとにまとめた「**支払管理表**」をつくりましょう。Excelなどのスプレッドシートで行う場合もあれば、支払管理システムを使う場合もあります。支払管理システムは、シンプルな機能であれば、請求書発行システムと同様に、クラウド会計システム内に機能が組み込まれているので、それを活用するのもいいかと思います。

　スプレッドシートで支払管理表をつくる場合は、最低限、次ページ上の図表のような項目を設けましょう。**ポイントは、「ステータス」欄を見たときに未払になっているものを常に確認できるようにしておくことです。**

管理No	取引先	支払日	請求金額	ステータス	備考
1	（株）ABC	2024/6/10	400,000	支払済	
2	BDA（株）	2024/6/30	750,000	未処理	

≫ 銀行口座からの振込処理を行う

　通常はインターネットバンキングを使って振込業務を行うことが多いです。インターネットバンキングでは、「**振込・振替**」と「**総合振込**」のどちらかの方法で振込しますが、それぞれのメリット・デメリットを理解しておきましょう。

- **振込・振替**：支払先に1件1件振り込んでいく方法
- **総合振込**：支払先をまとめて一気に振り込む方法

◎振込・振替と総合振込のメリット・デメリット◎

	振込・振替	総合振込
メリット	・振込先の間違いがあっても、銀行システム内で修正をしてくれるので、ミスが少なくなる	・支払管理システムから出力した振込データ（全銀データやCSVデータ）をインポートすることが可能で、大量の振込データを処理できる ・振込手数料が安い
デメリット	・1件1件を手入力で振込指定するため、取引先が多くなると手間がかかる ・振込手数料が高い	・振込をミスすると、翌日の修正処理に手間がかかる ・振込先の支払マスター管理を正確に行うことが必要で、一定のシステム理解度が必要

≫ 請求書受領・支払と並行して、仕訳を打つ

　請求書発行業務と同様、会計帳簿への仕訳も打ちましょう。請求書支払においても、「**発生**」「**消込**」の二段階仕訳に分けることがポイントです。

① 請求書を受領した際に、仕入（経費）と買掛金（未払金）を計上する
仕訳【発生仕訳】
② 支払完了した際に、買掛金（未払金）を減らし、現預金を減少させる
仕訳【消込仕訳】

設例

4月中に、仕入先から80万円の商品を仕入れた。請求書を翌月5月
初旬に受け取り、5月末日にて銀行振込を行った。締日と支払条件は、
当月末締め翌月末払とする。

① **発生仕訳**
（4/30の仕訳）
【借方】仕入高　80万円／【貸方】買掛金　80万円

② **消込仕訳**
（5/31の仕訳）
【借方】買掛金　80万円／【貸方】普通預金　80万円

売掛金と同様に、買掛金と未払金の勘定科目のなかにも、取引先ごとに
補助科目を設定して管理しましょう。そして、取引先ごとに買掛金・未払
金の残高推移を確認しながらダブルチェックを行います。

≫ 買掛金と未払金の違い

仕訳を切る際、勘定科目を用いる際には、「**買掛金**」と「**未払金**」の違
いを理解し、どちらを使用するかを明確にしておきましょう。

両者の共通点は、営業活動に対する支払内容のうち、掛け債務（将来に
対する支払）であるということになります。一方、両者の違いは、「**営業
活動や売上に直接的に紐づく費用の支払か否か**」という点です（詳細は次
ページの図表参照）。実務的に迷いやすいので注意しましょう。

◎買掛金と未払金の違い◎

	買掛金	未払金
定義	営業活動や売上に「直接的に」紐づく費用に対する将来の債務	営業活動や売上に「間接的に」紐づく費用に対する将来の債務
費用勘定の具体例	・仕入高 ・製造原価に含まれる勘定科目（製造人件費、製造経費）	・販売費及び一般管理費に関する勘定科目（消耗品費、水道光熱費など）

Column ▶ 請求書は受け取ってからチェックする？

　経理担当者のよくある悩みですが、真面目な方であればあるほど「各部署から回ってきた請求書が合っているかわからない。こんなに大きい金額を支払っていいのかな？　仕訳の勘定科目はどうすればいいのかな？」といった場面によく出会います。

　請求書支払において最も難しく悩ましいのは、「最後の処理＝振込だけは経理が必ず行わなければならない」という点です。請求書というのは、当然ですがモノやサービスの提供が終わった後で届きますが、ビジネスの流れ（商談→見積→契約書・発注→納品→請求→支払）で考えると、請求と支払は最後のプロセスになります。ですので、請求書業務をより効果的に行うためには、本来的には「現場が行っている商談や見積入手時点から経理も把握している」ことが重要です。最後の出口だけではなく、入口の時点から経理が絡んでいれば、現場と同じ視点で判断ができるからです。

　一方で、縦割り化が進みすぎてしまった会社では、最後の請求書支払だけを経理に送って、その手前のプロセスは全く知らされないまま進むことも往々にしてあります。こういった傾向は経理や支払管理を軽視している企業ほど発現しやすい傾向にあります。分断化された体制では、経理がその支払内容を深く理解しない状態になり、キックバックや横領といった不正が起こりやすいというリスクも抱えてしまいます。会社経営そのものに影響を与えてしまうかもしれません。

　「請求書支払≒キャッシュフロー管理」は企業の生命線であると捉えて、

経理と現場が連携して情報をオープンかつシームレスに伝える仕組みや体制は不可欠です。そういった意味で、経理は意外とコミュニケーション能力が重要な部署なのです。

Column　出金伝票、入金伝票、振替伝票は今も存在する？

　簿記の教科書や経理の入門書を開くと、入出金が発生し仕訳を切る際には、「出金伝票」「入金伝票」「振替伝票」という特殊な紙の伝票を使って入出金を管理しましょう、という記載があります。

　「出金伝票」は出金関連の勘定科目が用いられるときに使われる、青字で印刷された伝票です。「入金伝票」は同じように入金側のルールを定めた赤字で印刷された伝票のことです。さらに、入出金に関係ない勘定科目は「振替伝票」を用いる、という伝票処理ルールが存在します。

　歴史のある会社で経理財務を長年担当してきた人であれば、こういった言葉やルールを今も使用しているケースはあるかと思います。一方で、会計ソフトの普及や業務プロセス自体がIT化している現代型経営において、「出金伝票」「入金伝票」という言葉を見る機会は圧倒的に減っています（体感的にはここ10年程度の創業の会社であれば、この言葉を用いている会社は1％にも満たないように感じます）。

　これは、会計帳簿をプログラム世界における「データベース」という考え方に基づいて表現するならば、「帳簿＝仕訳1行ごとのデータの集合体」というように置き換えられていることが背景にあります。

　出金伝票、入金伝票や振替伝票といった言葉は、その1行ごとのデータに対して、入金側や出金側の属性を見ている言葉に過ぎず、「データの集合体＝データベース」という大きいシステム上の概念で語るほうが、今の経理業務を行ううえでは効果的です。

　会計の領域においてAI化やクラウドツール化が進み、環境が大きく変わっていくなかで、昔ながらの表現が使われなくなり、実務においても昔と違う考え方が定着していっているなぁと強く感じる場面です。

立替経費の精算・チェック

▷ 立替経費＝役職員のポケットマネーによる一時支払

　事業活動を行ううえで、必ずしも会社の銀行口座から即座に支払ができないケースも存在します。役職員（会社の役員および社員）による**立替経費**は、その際に用いられる支払方法の１つで、一時的に役職員個人のポケットマネーから支払われた経費のことです。

立替経費が生じる理由の例

- 現場業務をしている際に、突発的に支払う必要が生じる場合
- 支払先が口座振込もクレジットカード支払も対応しておらず、現金決済のみしか使用できない場合
- 小口現金を持たない運用を重視しており、少額支払は個人立替で処理する方針の場合
- 通勤手当圏外の交通費が発生する場合

▷ 立替経費は申請フローを整備することが重要

　立替経費は、個人がその場で支払うというその特性から、①全役職員に対して、②事後に支払がわかり、③日常的に発生し発生数も多い、という点に留意しなければいけません。この特徴から、申請間違えが定期的に発生したり、誰かの申請が遅れたり漏れたりするケースが生じます。

　それに対応するために、立替経費の申請フローを全社的にしっかりルール作成して、それに乗せて運用することが重要になります。具体的には次のようなルールをしっかりと定めることが必要になります。

立替経費申請で決めるべきルール

- 立替経費の申請方法はどうするか？　経費精算システムを用いるか否か？
- 誰が承認するか？
- 立替申請が可能な経費の対象は何か？
- いつまでに申請すればいいか？
- 精算支払のタイミングはいつか？　給与振込と合わせるか？
- 申請遅れをいつまで許容するのか？

≫ 立替経費の申請遅れに注意

　立替経費で悩ましい点の1つは、「申請遅れを起こす人が少なくない」ということです。経費申請は各役職員が領収書を添付したり、申請内容を記載したりと手間が発生するため、日常業務が忙しいときなどは、申請を忘れたり遅れたりすることがよくあります。

　経費申請が遅れると、月次決算の帳簿締めも遅れてしまいます。特に年度決算時はスケジュールがタイトになるので、決算月での立替経費申請についてはいつも以上に留意しましょう。

　月末月初などの申請締切の前には、経理から全社へと申請についてアナウンスしたり、遅れそうな従業員と個別にコミュニケーションを取ったりなど、申請が漏れないようにフォローをしていくといいでしょう。

≫ 立替経費の内容チェック

　立替経費は、その支払時には経理財務がチェックすることができません。つまり常に事後で申請が来るため、内容のチェックもしっかりと行いましょう。

　確認する視点は請求書支払のチェック項目と同じですが、請求書支払とは異なり、請求書だけではなく領収書やレシートなど、エビデンス（証憑）のバリエーションも多くなるため、チェックに時間がかかる傾向にあります。判断に迷う申請があれば、申請者に早めに確認する意識を持って行動しましょう。

≫ 立替経費の精算

　各役職員から申請された立替経費のチェックが終わったら、精算するために振込を行います。立替経費の精算方法については、給与振込時にまとめて振り込むか個別精算で振込むか、どちらかを選択します。

　それぞれにメリット・デメリットがありますが、判断に迷うようであれば、給与振込と一緒に精算すれば特段の問題はありません。

◎給与振込での立替精算と個別精算のメリット比較◎

	給与振込での立替精算	個別精算
メ リ ッ ト	・給与振込と一緒に振込を行うので、振込作業の手間が二重でかからない ・振込手数料が一度しかかからないのでコストが安くなる	・精算タイミングが給与の締日や支払日に左右されないため、立替経費業務の柔軟性が高くなる ・決算時に精算スケジュールを調整しやすく、決算業務の安定化に役立つ

≫ 出張申請時の仮払処理に注意

　立替経費精算においては、役職員への**仮払処理**との相殺処理を考える必要があります。仮払処理というのは、主に長期出張・海外出張などで、役職員立替が多額にわたり、個人で一時負担できない規模の立替金が生じる場合、会社が出張申請に基づいて、あらかじめ概算で出張前に立替経費を仮払する処理のことです。

　出張前に仮払処理を行ったうえで、出張後に立替経費の精算を行う場合は、仮払分を相殺させた金額で経費精算を行う必要があるため、振込額や会計仕訳を間違えないように留意しましょう。

≫ 立替経費の仕訳処理

　立替経費の会計処理は、申請／承認時と精算時に仕訳をするのが基本です。それに加えて、事前の仮払処理が発生する場合には、さらに仕訳が一手間増えることになります。

仮払処理を含む立替精算業務の一連の仕訳は以下の通りです。

設例

　10/3、10月中旬の海外出張申請があった社員に対して20万円の仮払処理を行った。11月月初、10月分の立替経費申請として、ホテル代7万円＋航空券代15万円の合計22万円の申請を承認し、11月25日に差額2万円を追加で精算した。

① **仮払時（10/3仕訳）**
　【借方】仮払金　20万円／【貸方】普通預金　20万円

② **経費申請時（10/31仕訳）**
　【借方】旅費交通費　22万円／【貸方】仮払金　20万円
　　　　　　　　　　　　　　　／【貸方】未払金　2万円
　　※仕訳日付は航空券・ホテル代の発生日付でもよい

③ **経費精算時（11/25仕訳）**
　【借方】未払金　2万円／【貸方】普通預金　2万円

固定資産と減価償却

≫ 固定資産とは

　固定資産とは「長期にわたって事業活動に利用する資産」のことです。以下の種類があり、その名称で勘定科目として登録することになるので、固定資産を購入したときは、どの勘定科目に当てはまるかを、まずチェックしましょう。

◎固定資産の種類◎

固定資産の種類	具体的な例
建物	事務所、店舗、工場建屋、内装工事費用
構築物	広告用看板、緑化施設・庭園、道路、橋、防壁工事
機械装置	製造設備一式
車両運搬費	社用車、運送用トラック、フォークリフト
工具器具備品	事務所什器・備品、パソコン、プリンター、金型、医療機器
土地	購入した土地
無形固定資産	自社利用ソフトウェア、知的財産権

≫ 減価償却の仕組みを知ろう

　固定資産は、その利用が長期にわたるため、費用収益対応の原則に従って、73ページで紹介した**減価償却**というプロセスを経て、費用配分を行うことになります。

　このような減価償却の会計処理をするためには、取得価額、耐用年数、償却方法の３つを決定しなければいけません。

>> （1）取得価額の決定

「**取得価額**」とは、固定資産の取得に要した金額で、減価償却をする際のもととなる金額です。例えば、製造設備を購入する際は、設備の本体価格だけではなく、輸送費や関税などの付随費用が発生します。

これらの取得に直接要した費用は原則として取得価額を構成する要素となります。請求書や見積書をよく見て、どれを取得価額に含めるべきかをしっかりと調べておきましょう。

>> （2）耐用年数の決定

減価償却を行うためには、何年で償却するかを決める必要があります。この年数のことを「**耐用年数**」といいます。

耐用年数の決め方は、以下の2種類があります。

- **会計上の耐用年数**

  経済的に使用可能な耐用年数を用いるケース。経済的に陳腐化するまでの期間のことであり、その固定資産が収益を生み出せる期間のこと。一番合理的な耐用年数になるが、年数を見積もることは困難。

- **税務上の耐用年数**

  法人税法で定められた資産ごとの耐用年数を用いるケース。国税庁が定めており、税金計算上はこの耐用年数に基づいて計算する。

実務上、会計上の耐用年数を見積もることは非常に困難で、かつ、会計上の耐用年数を定められたとしても税金計算上は税務上の耐用年数に修正計算をしなければいけないことから、ほとんどの会社が税務上の耐用年数を用いています。

国税庁のホームページに固定資産の明細ごとの耐用年数表が掲載されているので、経理担当者として常に調べる癖をつけておきましょう。

>> （3） 償却方法の決定

償却方法は大きく分けて、「**定額法**」と「**定率法**」の２種類があります。文章で説明するよりも図のほうがわかりやすいので、以下のようにイメージしてください。

◎定額法と定率法のイメージ◎

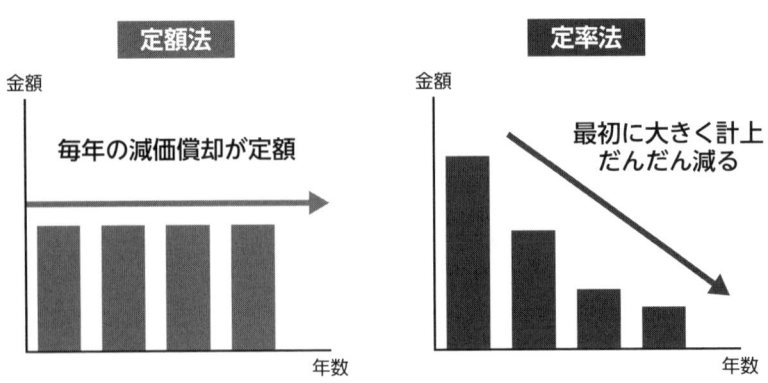

■ 定額法の償却計算

定額法の償却計算式は以下のようになります。

> 定額法の減価償却費 ＝ 取得価額 × 償却率 （１÷耐用年数）

「**償却率**」というのは１を耐用年数で割った数字のことですので、耐用年数が５年なら0.2となります。取得価額を耐用年数で割った数字が減価償却費になります。

◎定額法で100万円の耐用年数５年の固定資産を減価償却する場合◎

	期首簿価	減価償却費	償却率	計算例
1年目	1,000,000	200,000	0.2	1,000,000×0.2
2年目	800,000	200,000	0.2	1,000,000×0.2
3年目	600,000	200,000	0.2	1,000,000×0.2
4年目	400,000	200,000	0.2	1,000,000×0.2
5年目	200,000	200,000	0.2	1,000,000×0.2

■ 定率法の償却計算

定率法の償却計算式は次の通りです。

> **定率法の減価償却費 ＝ 簿価 × 償却率（1÷耐用年数×200％）**

定率法の償却率は、定額法の償却率（1÷耐用年数）の2倍で設定されているため、「**200％定率法**」とも呼ばれています。過去には定額法の2.5倍だったため、「250％定率法」と呼ばれている時代もありました。

定率法で注意しなければいけない点は、「**減価償却が進んでいくと償却方法が変わる**」ということです。取得価額ではなく期末簿価に対して償却率を掛けるため年数が進むと簿価が下がるので、減価償却の金額が年々下がっていきますが、ずっと同じ償却率を掛け続けても、一生簿価がゼロになることはありません。一方で、耐用年数が仮に5年だとすると、5年間で簿価をゼロにしないといけません。

この矛盾を解決するために、ある年数を過ぎたときには、「**改定償却**」という方法を用いて、残りの年数で簿価がゼロになるように、減価償却できる償却率を変える仕組みを使っています。

改定後の減価償却費の計算方法は以下のように切り替わります。あわせて、改定償却に切り替わるタイミングの判定式も記載しておきます。

改定後の減価償却費の計算方法

改定後の減価償却費 ＝ 改定時の簿価 × 改定償却率

償却計算が切り替わる判断

「通常方法での減価償却費＜償却保証額」となるかどうか
※償却保証額＝取得価額×耐用年数ごとに定められた保証率

◎定率法で100万円の耐用年数5年の固定資産を減価償却する◎

	期首簿価	減価償却費	償却率	計算例
1年目	1,000,000	400,000	0.4	1,000,000×0.4
2年目	600,000	240,000	0.4	600,000×0.4
3年目	360,000	144,000	0.4	360,000×0.4
4年目 （改定）	216,000	108,000	0.5	216,000（改定時の簿価） ×0.5（改定償却率）
5年目	108,000	108,000	0.5	216,000（改定時の簿価） ×0.5（改定償却率）

■償却方法の選択

　償却方法は、**建物と無形固定資産は定額法**と定められていますが、それ以外については選択可能です。ただし、これらの資産は、「**もともと定められた償却方法（＝法定償却方法）は定率法**」となるため、定額法を選択したい場合は、税務署にあらかじめ届け出ることが必要ですのでご注意ください。

◎固定資産の種類別の償却方法◎

固定資産の種類	償却方法
建物	定額法
構築物	定額法または定率法
機械装置	定額法または定率法
車両	定額法または定率法
工具器具備品	定額法または定率法
無形固定資産	定額法

2-16　経理財務の各業務⑥

固定資産の購入と会計処理

》》固定資産を購入した際の処理

　固定資産を購入した際に、実務上で注意すべき点は「**購入した物品が固定資産に該当するか否か**」の判断をすることです。具体的には、金額基準や補修費かどうかの判断・違いに気をつけることになります。

》》金額基準による判定

　固定資産は、その取得価額がある一定の金額を超えるか否かで処理が変わる点をまず理解しておきましょう。

◎固定資産かどうかの判定基準（中小企業の場合）◎

1件あたりの金額	会計処理方法
10万円未満	費用処理（消耗品費など）
10万円以上～30万円未満※1	費用処理（消耗品費など）
30万円以上～	固定資産計上＆減価償却処理

※1 年間合計で300万円までが限度となります。300万円を超えた場合は、費用処理はできずに固定資産計上をすることとなります。

◎固定資産かどうかの判定基準（大企業の場合）◎

1件あたりの金額	会計処理方法
10万円未満	費用処理（消耗品費など）
10万円以上～20万円未満	一括償却資産処理 ＝3年均等で償却
20万円以上～	固定資産計上＆減価償却処理

　ポイントは、**中小企業か大企業かによって処理が異なる**点になります。特に、10万円～20万円～30万円の間の資産については混同しがちですので、

慣れるまでは処理方法を1つひとつ確認しながら仕訳を切りましょう。なお、判定基準は1件あたりの金額になりますので、1つの発注で2件以上の固定資産を購入している場合は、1件ごとに金額判定をする点に留意しましょう。

⋙ 固定資産なのか修繕費なのかの判定

固定資産に対する支出の内容が新規購入ではなく一部の取り替えや修理の性質をあわせ持つ場合は、それが固定資産計上となるか**修繕費**になるかで会計処理が異なります。この判定により、固定資産計上となる場合の支出を「**資本的支出**（資本＝B/Sに計上される支出）」と呼び、修繕費になる支出のことを「**収益的支出**（収益＝P/Lに計上される支出）」と呼びます。

特に、製造業で固定資産が多く計上されるような業種の場合には、修繕費になるか固定資産になるかの判定は重要ですので、以下の判定フローをしっかりと理解しておきましょう。

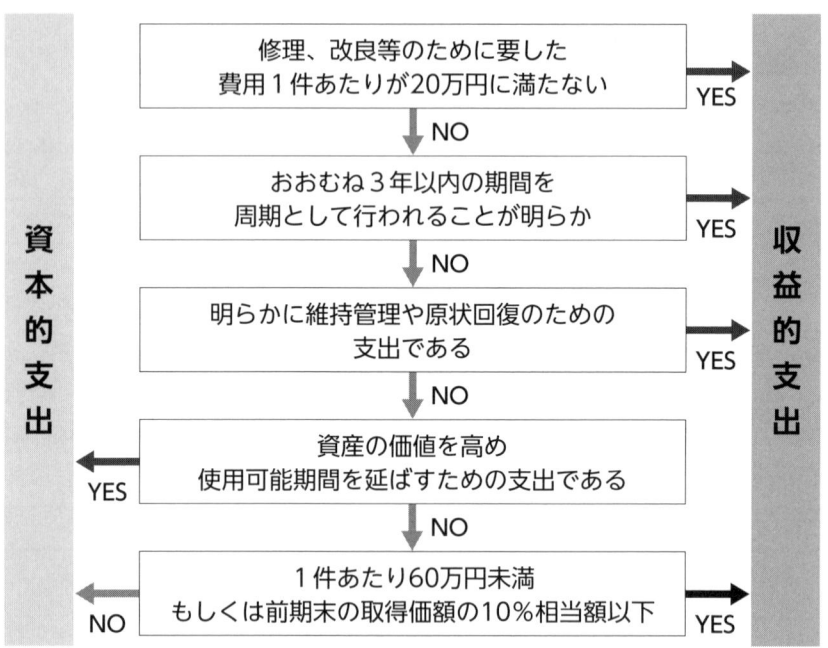

◎固定資産計上か修繕費かの判定フロー◎

≫≫ 減価償却の開始時期と建設仮勘定

　固定資産を購入する時期と、減価償却が始まる時期は実は異なります。減価償却が開始される時期は、会計上は「事業の用に供する日」とされています。「事業の用に供する日」というのは、簡単に言うと「実際に稼働を開始した日」となります。

　例えば、新しい生産ラインの拡張のために、製造設備を設備メーカーから購入したとします。設備メーカーから設備が納品されたとしても、通常はすぐに本格稼働を開始できるわけではありません。設備メーカーの技術者と一緒にテスト稼働や試運転をしたり、設備の使用方法に関する指導を受けたりする期間が存在します。

　その間は、納品も完了しており、代金支払までも完了していたとしても、本格稼働をしている状態ではないので、減価償却を開始することはできません。納品が終わり請求・支払まで進んでいる状態であっても、設備が稼働していない状態においては、会計上は「建設仮勘定」として計上します。

　そして、建設仮勘定の間は償却を開始することはできないので、**テスト稼働が終わって本格稼働を開始した時点で、建設仮勘定を機械装置といった固定資産勘定に振り替えて（本勘定振替ともいいます）、減価償却を開始する**という流れになります。

　設備を多く所有する製造業などにおいては、必須の実務ですので、よく覚えておきましょう。

設例

　300万円の製造設備を購入し、4/10時点で納品を完了した。それから3カ月間の試運転と製造調整期間を経て、7/20から本設備を用いて量産品の生産活動を開始した。その後、決算を迎えた。

　なお、決算は12月とし、本設備の耐用年数は5年、定額法を用いる。

① 納品時仕訳（4/10）
【借方】建設仮勘定　300万円／【貸方】　未払金　300万円

② 稼働時仕訳（7/20）

【借方】機械装置　300万円／【貸方】　建設仮勘定　300万円

③ 減価償却計上時（12/31仕訳）

【借方】減価償却費　30万円／【貸方】　機械装置　30万円

※300万円÷耐用年数５年×６カ月/12カ月

> 年度の途中で減価償却が開始されていますので、こういう場合
> は、年間の減価償却費を計算し、年12カ月分に対して稼働して
> いた期間（設例では７月〜12月の６カ月分）で月割計算をする
> 点に留意しましょう。

2-17 ▶ 経理財務の各業務⑦

消費税の基本と会計処理

▶▶ 消費税の仕組み

　消費税とは、商品やサービスに対して、消費者がそれらを使用・利用することで生じる消費行動に対してかかる税金のことです。**消費税は「税の負担者と納税者が異なる」という珍しい特徴をもつ税金**になります。

- 負担者＝消費者
- 納税者＝企業や個人事業主

　私たちは日々、お店で何かを購入するときなどに消費税を支払っていますが、その納税方法としては、原材料から最終商品やサービスに形を変えていくプロセスに存在する各企業が追加した利益分＝付加価値分についての消費税を少しずつ納付していく方式を取ります。消費税が別名として、「**付加価値税（VAT＝Value Added Tax）**」とも表現される理由が、まさにこの仕組みになります。

◎消費税のイメージ◎

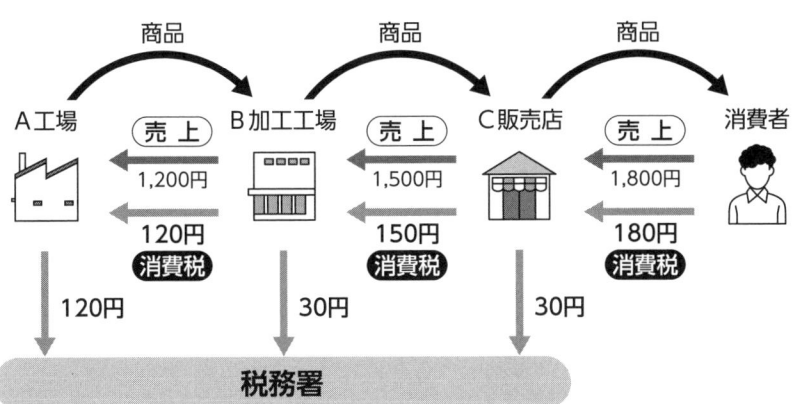

≫ 消費税の原則的な計算方法

消費税の原則的な計算式は以下のようになります。

消費税納税額＝①－②

①＝売上に対して、預かった消費税（＝仮受消費税）
②＝②仕入／経費に対して、仮払いした消費税（＝仮払消費税）

◎売上・経費・利益と、消費税の関係◎

この図にある通り、売上110万円に含まれる消費税10万円と、仕入／経費77万円に含まれる仮払消費税７万円との差額である３万円が、消費税の納税額となります。

≫ 課税事業者と免税事業者

企業や個人事業主であれば、原則として消費税を計算し納付する課税事業者になるのですが、条件に当てはまれば例外として「**免税事業者**」になり、消費税を納付しなくていい場合があります。

その条件は、「２期前決算の売上高が1,000万円以下」の場合です。消費

税の判定は、2期前の決算数値に基づいて行うのですが、1,000万円以下の場合、売上で預かった消費税も、仕入／経費で仮払した消費税をそのまま企業が受け取ることとなり、税務署に納税する必要はなくなります。

　なお、創業2年以内の企業であれば、2期前の売上が存在しないため、必然的に免税事業者になります。また、免税事業者の要件を満たしていたとしても、自ら税務署に届け出ることによって、課税事業者として登録することも可能です。

>> 簡易課税による特例計算

　消費税の計算方法の例外として、**簡易課税制度**が存在します。

簡易課税制度の概要

簡易課税制度の要件 ＝ 2期前の売上高が5,000万円以下
簡易課税での納税額 ＝ 売上で預かった消費税額 ×（1－みなし仕入率）

　簡易課税においては、仕入／経費に含まれる消費税を控除して計算する必要はなく、売上で預かった消費税さえわかれば、後は業種別のみなし仕入率を掛ければ仕入税額控除額が出せるため、実務的にも負担が減ります。簡易課税のみなし仕入率は以下になります。

◎簡易課税のみなし仕入率◎

事業区分	みなし仕入率
第1種事業（卸売業）	90%
第2種事業（小売業、農業・林業・漁業（飲食料品の譲渡に係る事業に限る））	80%
第3種事業（農業・林業・漁業（飲食料品の譲渡に係る事業を除く）、鉱業、建設業、製造業、電気業、ガス業、熱供給業および水道業）	70%
第4種事業（第1種事業、第2種事業、第3種事業、第5種事業および第6種事業以外の事業）	60%
第5種事業（運輸通信業、金融業および保険業、サービス業（飲食店業に該当するものを除く））	50%
第6種事業（不動産業）	40%

簡易課税を選択するか原則課税を選択するかは自由です。それぞれの課税方式でシミュレーションを行って、有利な課税方式を選ぶことで納税額が大きく変わる場合もあるので、積極的に検討することをおススメします。なお、簡易課税を選択する場合は、その事業年度が始まる前に税務署に「**消費税簡易課税制度選択届出書**」を提出しなければいけないので、必ず事前にシミュレーション検討を行いましょう。

≫ 税込経理方式と税抜経理方式

　消費税の会計上の処理は、「**税込経理方式**」「**税抜経理方式**」の2つがあります。売上高などの各勘定科目別で見たときに、税込で表示されるか税抜で表示されるかの違いがあり、処理についても以下のように異なります。

◎税込経理方式と税抜経理方式の違い◎

		税込経理	税抜経理
特徴		・各勘定科目は税込額を計上 ・消費税の納税額を租税公課として計上	・各勘定科目では税抜額を計上 ・消費税の納税額は損益計算書に計上されない
損益計算書の例	売上高	110万円	100万円
	仕入・経費	△77万円	△70万円
	租税公課※	△3万円	(計上なし)
	利益	30万円	30万円

※租税公課とは、税金関係の費用を計上する勘定科目です

　ポイントは、最終利益は変わらないという点です。**消費税は「消費者が負担すべき税金＝中間にいる企業は負担しない税金」という特徴があるので、企業の利益計算では消費税額が影響されない利益数値になるのです。**

　消費税の課税事業者であれば、税抜経理を採る会社が圧倒的多数であるため、そちらの処理方式を覚えておくのがいいでしょう。

　一方で、売上高が1,000万円以下の免税事業者や、5,000万円以下の簡易課税事業者は税込経理方式を採る場合もあります。自社が当てはまる場合は売上や経費の計上金額が変わってくるため注意しましょう。

≫ 課税取引・非課税取引・免税取引・不課税取引

　1つひとつの取引には、消費税の対象となる取引とそうではない取引があります。

◎消費税の対象となる取引・ならない取引◎

分　　類		取引の特徴	具体例
消費税の要件を満たす取引	課税取引	通常通り課税される取引	国内でのほぼすべての取引
	非課税取引	特殊事情で個別に非課税とした取引	土地の売買、利息、居住用住宅の賃料
	免税取引	外国で消費されるため、課税しない取引	海外輸出売上
消費税の要件を満たさない取引	不課税取引（対象外取引）	事業として行われない・海外で行うなど、消費税要件を満たさない取引	給与、海外で行う取引

　特に実務で気をつけなければならないのは、仕訳を切る際には、すべての取引・仕訳に対して上記の分類に従って、消費税の分類を判断しなければいけない点です。

　1つひとつの具体的な取引に対して消費税の対象になるかどうかの判断は、ときに困難な場合も多く、経理泣かせの実務です。わからないときは顧問税理士などの専門家に相談したり、会計事務所がホームページやブログで発信したりしている情報を参考にしながら入力をしましょう。

≫ 軽減税率の判定

　本書を執筆している時点（2024年6月）での消費税率は10％ですが、新聞や酒類・外食を除く飲食料品については消費者の負担軽減のため**軽減税率8％**が適用されています。

　実務上は、食料品を販売しているスーパー、コンビニ・百貨店のレシートを見た際に、軽減税率8％と記載されている購入品をよくチェックして、その通りに仕訳に税率入力をしましょう。

インボイス制度における消費税への影響

2023年10月よりインボイス制度が開始

　「**インボイス制度**」とは、一定の記載要件を満たした請求書（＝「インボイス」といいます）を発行することによって、受け取った取引先が消費税の仕入税額控除を受けることができる制度で、2023年10月から開始されました。

　インボイス導入前までは支払証憑となる請求書や領収書に細かな記載要件は求められなかったため、経理担当者は請求書を見て課税取引か否かを判断すれば基本的には良かったのですが、導入後は、新たにインボイス要件を満たすか否かのチェックも必要となりました。要件を満たさない支払については消費税の仕入税額控除ができず、追加納税負担も発生するという点で、納税影響と実務負担の両面を強いる大きな改正となっており、制度実施後はどの企業も対応に追われています。

インボイス制度導入による消費税と取引先への影響

　インボイス制度は、制度によってどの程度の損失を被るのかを計算してイメージすることが重要です。

　次ページに掲げた計算例を見てください。この計算例でいうと、7万円の仕入税額控除をしたうえで、最終的な消費税の納税額が3万円となるのがこれまでの制度でしたが、インボイス制度導入後は、この7万円の消費税のうち、インボイス要件を満たしていない請求書による支払については、仕入税額控除が認められず、納税額が増えることになります。つまり、利益にマイナスの影響が出ます。

　この仕組みを深く考えてみると、1つの大きな問題に気がつきます。それは「**インボイスを発行できない免税事業者との仕入取引は、実質値上げになるので今後は取引停止をしようとする圧力が働く**」というものです。これまで、2期前の売上が1,000万円以下であったり設立2年以内の免税

◎インボイス制度の損益影響◎

売上・経費・利益と、消費税の関係

	本体部分（税抜） +	消費税部分 =	合計（税込）
売上高	100万円	10万円	110万円
仕入／経費	▲70万円	▲7万円 仕入税額控除	▲77万円
利益	+30万円	+3万円	+33万円

得意先
自社
仕入先
税務署

インボイス制度導入後は「適格請求書（インボイス）」でないと、仕入税額控除ができない！

事業者で消費税を納付せずに済んでいた会社が、得意先からの取引停止圧力を受けて、インボイス発行が可能な課税事業者として新たに登録せざるを得なくなる事態が生まれます。これがインボイス制度導入をめぐる大きな社会課題の1つとなっています。

≫ インボイス制度の納税負担の軽減措置

インボイス制度の導入は、このようにすべての企業・個人事業主にとって消費税負担と実務負担を強いる制度であるため、一定期間において負担を軽減する措置が用意されています。いくつかあるうちで、重要となる2つの制度を紹介します。

- 仕入税額控除の経過措置
- 過去の免税事業者に対する2割特例

制度の概要は以下のようになります。それぞれの措置に「2割」という数字が出てくるので混同しがちですが、対象も内容も全く異なる制度になります。

◎インボイス制度の負担軽減措置◎

	仕入税額控除の経過措置	2割特例
適用対象者	免税事業者から課税仕入を行う課税事業者	免税事業者から適格請求書発行事業者として課税事業者になった事業者
概要	免税事業者からの仕入／経費について、インボイス制度導入後6年間は一定割合の仕入税額控除を適用できる	消費税の納税額をもともと免税期間であった期間は、売上に対する消費税の2割に軽減する
効果	①2023/10～2026/9の3年間：80%控除（2割負担） ②2026/10～2029/9の3年間：50%控除（5割負担）	「課税売上高×消費税率×2割」と「原則課税で計算した消費税額」のいずれか有利な消費税の納税額を選択できる

≫ インボイス実務の負担軽減の特例

　納税額だけではなく、インボイス実務の負担を軽減するような特例も新たに設けられています。ここでは2つの特例を紹介します。

- 1万円未満の課税仕入れについての少額特例
- 返還インボイスの交付義務免除

◎インボイスの実務上の特例◎

	1万円未満の課税仕入れについての少額特例	返還インボイスの交付義務免除
概要	1万円未満の少額な課税仕入の場合、適格請求書の保存なしで仕入税額控除が認められる（記載要件のチェックが不要）	1万円未満の売上に対する値引きや返品をした場合、返還インボイスの交付義務は免除される
適用対象者	基準期間における課税売上高1億円以下の課税事業者	すべての課税事業者
適用対象期間	2023/10～2029/9まで	適用対象期間は特に定められていない

Column とにかくわかりづらい消費税の判断

消費税の実務において担当者が頭を悩ませるのは、とにかく分類が多く、確認に時間がかかり、手間も煩雑になり、その結果ミスが多くなる、という点です。インボイス制度が開始された現在ですと、以下の消費税分類に分けられます。

① **課税取引の判定**
  - 課税取引
  - 非課税取引
  - 免税取引
  - 不課税取引
② **税率の判定**
  - 通常税率10％
  - 軽減税率8％
  - 旧税率　8％（2019年10月以前のリース契約等）
③ **インボイス適格・非適格の判定**
  - 適格請求書
  - 非適格請求書
④ **仕入税額控除の方式による判定**
  - 課税売上対応の仕入
  - 非課税売上対応の仕入
  - 共通対応の仕入

これら4つの軸のそれぞれで消費税の判定をしなければならないので、実に多様な組み合わせが存在することになります。それぞれの判定も難しく、経理担当者としては、消費税の理解・知識がよほど深くなければ、容易に間違えてしまうような状態になります。

インボイス制度も、実務負担の大きい悪名高い制度といわれており、今後の消費税の実務動向がどうなっていくのかは、私たち専門家や経理財務で働く人など、あらゆる会計実務を行う人々の注目の的です。これ以上、複雑怪奇になるような法改正がないことを祈るばかりです。

月次決算業務

≫ 月次決算の目的

「**月次決算**」とは、毎月決まった日程で帳簿を締めて、その期間の業績を把握することです。月次決算の主目的は、日々変動する経営状況に対して、業績や財務状況を月単位でスピーディに把握し、経営意思決定に役立てることです。また、融資を受けるなど、外部ステークホルダーに対して情報開示する必要がある場合においては、直近の経営状況を報告する目的もあります。月次決算で報告する内容は以下の通りとなります。

月次決算で報告する内容

- 損益計算書を中心とする業績結果と分析報告
  - ▶全社単位に加えて、事業別／部署別の業績状況も報告
- 資金繰り状況の報告
  - ▶資金繰り表の作成と報告
- 直近数カ月の業績着地予想

　中小企業で見れば、月次で決算をしている企業は、実はそこまで多くありません。法律上の義務としては、年度単位で決算を行うレベルまでしか求められないので、月次決算を行うということは、年度決算を行うだけではない、より高い経理財務レベルが求められます。

≫ 必要な業務の洗い出しとスケジュールづくり

　月次決算を適切に実行するためには、そのために必要な各経理業務を把握・設計し、全体プロセスが期限内に完了するようなスケジュールを組むことが重要です。経理財務チームの複数名で分担している場合は、役割分担も決めておくといいでしょう。

◎月次決算のスケジュールの例◎

	第1営業日	第2営業日	第3営業日	第4営業日	第5営業日	
請求書発行	➡	➡				
請求書受領	➡	➡				
立替経費精算		➡				
減価償却計算			➡	➡		
給与計算	➡	➡	➡	➡		
残高チェック				➡	➡	
財務分析					➡	

>> 財務分析の方法

　財務分析については決まった方法はなく、会社ごとにさまざまな視点で行われますが、以下の視点を参考にしてみてください。

財務分析をする際の主な視点

- 対比分析
  - ▶前年同月対比
  - ▶前月対比
  - ▶予算対比
- 比率分析
  - ▶粗利率、営業利益率、経常利益率
- 目標業績指標（KPI）との比較
  - ▶設備稼働率分析
  - ▶1人あたり生産性分析
  - ▶売価・数量分析
  - など

年度決算その1
決算処理

>> 年度決算で行うべきこと

　年度決算では、月次決算に加えてさらに詳細な実務が発生します。年度決算で意識すべき処理は「**決算整理仕訳**」と「**決算書と税務申告書の作成**」に大別され、具体的には以下の実務が発生します。

①　決算整理仕訳の実施

- 現金実査
- 預金口座の残高確認
- 実地棚卸と棚卸資産の計上
- 減価償却費の計上
- 未払債務の計上
- 借入金の残高チェック
- 引当金の計上
- 経過勘定処理
- 消費税のチェック

②　決算書と税務申告書の作成

- 決算書の作成
- 法人税申告書の作成
- 消費税申告書の作成

>> 年度決算のスケジュール

　年度決算は決算日から原則2カ月以内に行います（税務署に期限の延長申請を提出している場合は3カ月以内）。**2カ月以内に税務署や都道府県、市区町村に対して税務申告書を提出し、納税する必要があります。**

　また、申告書の提出は、申告書の前提となる決算書の承認を株主総会で受けていることが必要であるため、株主総会も決算日から2カ月以内に行

う必要があります。取締役会の設置されている非公開の株式会社の株主総会は招集通知を1週間前に提出しなければならないなどいくつかの事前準備ルールがあります。株主総会実務は、法務・総務側の業務になりますので、経理財務側とのスケジュール・役割分担をあらかじめ話し合っておくことが重要です（中小企業では書面決議など簡易的な方法で済ませる場合もあります）。

　このように、年度決算は会社規模が大きくなるほど非常に多くの実務が発生しますので、関連チームのメンバーでしっかりと業務タスクを見える化、スケジュール化しましょう。

　具体的な方法は月次決算の項目でもお伝えした通りです。法的なスケジュールについては以下を参照し、社内での業務も合わせてスケジュール化しておきましょう。

◎決算申告と株主総会の法的なスケジュールの例（3月決算の場合）◎

日付例

3/31	●決算日
4/19	●計算書類・附属明細書を監査役に提出（計算書類と同時に附属明細書を提出している場合を想定）
5/16	●計算書類の備置（定時株主総会より2週間前（取締役会非設置会社の場合は、1週間前））
5/20	●監査役（会）の監査報告書を取締役に提出
5/21	●取締役会の承認（定時株主総会招集通知発送まで）
5/22	●定時株主総会招集通知の発送（定時株主総会より1週間前）
5/30	●定時株主総会（法人税等の申告が2カ月以内のため、2カ月以内で開催するのが一般的）
5/31	●法人税等の申告（決算日の翌日から2カ月以内）
	●決算公告（株主総会終了後、遅滞なく）

一般的に2カ月　4週間　2週間　1週間

≫ 現金実査

　レジや金庫を持っていたり、小口現金管理を行っている会社においては、決算日末の時点で現金をカウントする必要があります。店舗ビジネスなどで毎日、現金有高チェックを行っている会社であれば、その延長線上で同

じように実施すれば問題ありませんが、以下のポイントに注意しましょう。

- 現金実査表として書面を作成する（下図参照）
- 帳簿や現金出納表との差異を把握する
- 現場に任せきりにするのではなく経理担当者もできるだけ実施する
- 金庫やレジの管理方法も合わせて確認する

◎金種別 現金実査表の例◎

会社名 _____

現金実査表

		金種	枚数		金額（金種×枚数）	
現金	紙幣	10,000		枚		円
		5,000		枚		円
		2,000		枚		円
		1,000		枚		円
	棒金	500		本		円
		100		本		円
		50		本		円
		10		本		円
		5		本		円
		1		本		円
	硬貨	500		枚		円
		100		枚		円
		50		枚		円
		10		枚		円
		5		枚		円
		1		枚		円
合計（Ⅰ）					0	円

現金出納帳残高（Ⅱ）		0 円
差額（Ⅰ－Ⅱ）（Ⅲ）	現金過不足	0 円
差異調査	あり	なし
原因判明金額（Ⅳ）		円
差額（Ⅲ－Ⅳ）	使途不明金	円

▶▶ 預金口座の残高確認

　会社の預金口座と帳簿残高が合っているかどうかを確認します。最もシンプルな確認方法は、「**インターネットバンキングで決算日の残高を確認する**」「**紙の通帳で決算日の残高を確認する**」のいずれかになります。

　より確実な方法としては、同じ銀行に複数口座があるなどで口座確認の漏れが起こる場合を考えると、銀行に対して「**残高証明書**」を発行してもらう方法も考えられます（会計監査が必要な会社であれば、必ず残高証明書を発行しての残高確認が必要です）。

▶▶ 実地棚卸と棚卸資産の計上

　棚卸資産の計上金額は、「数量×単価」で求められるため、①数量、②単価のそれぞれを決定する必要があります。

　①の数量については、決算日に「**実地棚卸**」を行うことで確認します。工場や倉庫に実際に出向いて、1つひとつ数量をカウントします。事前準備として、現場の在庫担当者とよく話し合い、あらかじめ「**棚卸資産リスト**」をつくっておくことが大事です。リストは、期末日時点での「品目名」「保管場所」「数量」の情報が最低でも記載されているものを準備しましょう。

◎実地棚卸用 棚卸資産リストの例◎

品目No	品目名	保管場所	数　量	単　位	数量の合致チェック
A0001	製品α	X倉庫	150	個	✓
A0002	半製品β	X倉庫	3	箱	不一致（2箱）
A0003	原料γ	Y工場	10	kg	✓

　②の単価については、いくつかの計算方法があります。この計算方法は税務署に届出を行うのですが、何も届け出ない場合は「**最終仕入原価法**」が標準計算方法になります。計算が比較的簡便な方法であるため、中小企業においては最終仕入原価法で評価を行っている会社が比較的多く存在します。

一方で、棚卸資産の評価金額は、小売業や卸売業、製造業にとっては業績に与えるインパクトも大きいため、よりコスト実態に合った評価方法を選択するようにしましょう。

◎棚卸資産の評価方法◎

評価方法	計算方法の詳細
最終仕入原価法	最後に取得した単価を用いて取得価額を評価する方法
先入先出法	先に受け入れた棚卸資産から先に払い出されたと考え、取得価額を評価する方法 （期末に残る資産の評価は直近に仕入れた資産と同じ評価結果となる）
総平均法	年度内で取得した棚卸資産の総合計額を総数量で割った平均単価を用いて取得価額を評価する方法
移動平均法	棚卸資産を取得するごとに、棚卸資産の合計数量と合計金額から平均単価を求めて、取得価額を評価する方法
個別法	期末棚卸資産の全部について、その個々の取得価額で評価する方法
売価還元法	同じ種類の棚卸資産でグルーピングして、期末における販売額に原価率を乗じて取得価額を計算し評価する方法

≫ 減価償却費の計上

決算時点で年間の減価償却費を正確に計算します。計算方法は、固定資産と減価償却費の項目（2-15、96ページ）で説明した通りです。

月次決算で減価償却費を月割りで正確に計算・計上している会社であれば、改めて減価償却費を計算する必要はありませんが、以下のような場合は、月次決算上の減価償却費と年間の減価償却費の間にズレが生じるケースも多くあるため、必ず年間で正確な減価償却費の計算を行い、合計額を合わせるようにしましょう。

月次計上額に対して、年間の減価償却費を調整するケース

① 月次計上を行うにあたって、年間償却費から月次按分償却費を計算する際に1円単位未満での端数処理が生じるケース

② 期首時点では、年間の償却費予想をそのまま月次で計上しており、期中に取得した固定資産の償却費は考慮していないケース
③ 固定資産台帳や明細から正確な償却費を計算するのではなく、月次では概算計上を行っているケース
④ 月次決算をそもそも行っておらず、年間で償却費を計上しているケース

≫ 未払債務の計上

　年度決算では、発生主義（2-8、67ページ）に基づいて債務を計上する必要があります。月次決算で請求書が届いた債務について計上を行っている会計方針の会社であっても、月次では一定期限に請求書が届いた分だけ買掛金や未払金に計上している場合が多いため、年度決算においては月次決算よりも網の目を細かくして計上しなければいけません。具体的には、以下の対応を行いましょう。

* 仕入先や現場にお願いして請求書の到着時期を早めてもらい、早期に債務計上する。
* 決算月の翌月以降に支払が生じることで債務計上の必要性を発見した請求についても、決算日にさかのぼって債務計上する。

≫ 借入金の残高チェック

　借入金は均等返済の条件で毎月返済を行っていれば、月次で「元本返済＋利息計上」の仕訳を打っているかと思います。年度決算では、この月次の処理が合っているかを改めて確認しましょう。
　借入金の残高チェックは、主に各銀行からの「返済計画表」を参考にしながら、「借入明細表」をつくるといいでしょう。融資を複数契約結んでいる会社であれば、同じ銀行内でも別銀行でも、いくつかの融資契約とそれに紐づく返済が並行で何本も走ることになるため、借入契約ごとの残高と合計残高が合わなくなることが多々あります。
　それを避けるために、自社の融資契約をすべて一覧にして、毎月の返済

額と借入残高がわかる表にまとめておきましょう。具体的には、次のような資料を作成して、年度決算時には必ず帳簿残高と照合確認することになります。

◎借入明細表の例◎

借入No	銀行名／借入金総額／利率	借入日／返済期日		第XX期										
				24年4月	24年5月	24年6月	24年7月	24年8月	24年9月	24年10月	24年11月	24年12月	25年1月	25年2月
1	A銀行	2022/10/1	元本返済	20,000	20,000	20,000	20,000	20,000	20,000	20,000	20,000	20,000	20,000	20,000
			利息	100	98	96	94	92	90	88	86	84	82	80
		1.50%	残高	1,000,000	980,000	960,000	940,000	920,000	900,000	880,000	860,000	840,000	820,000	800,000
2	B銀行	2023/12/22	元本返済	12,000	12,000	12,000	12,000	12,000	12,000	12,000	12,000	12,000	12,000	12,000
			利息	62	61	60	59	58	57	56	55	54	53	52
		1.70%	残高	500,000	488,000	476,000	464,000	452,000	440,000	428,000	416,000	404,000	392,000	380,000
3	C銀行		元本返済											
			利息											
		○%	残高	0	0	0	0	0	0	0	0	0	0	0
			元本返済 計	32,000	32,000	32,000	32,000	32,000	32,000	32,000	32,000	32,000	32,000	32,000
			利息 計	162	159	156	153	150	147	144	141	138	135	132
			返済額 合計	32,162	32,159	32,156	32,153	32,150	32,147	32,144	32,141	32,138	32,135	32,132
			借入金残高	1,500,000	1,468,000	1,436,000	1,404,000	1,372,000	1,340,000	1,308,000	1,276,000	1,244,000	1,212,000	1,180,000
				OK	OK	OK	OK	OK	OK	OK	OK	OK	OK	OK

≫ 引当金の計上

「引当金」は、以下の4つの要件を満たす場合に、将来に発生する費用や損失をあらかじめ計上する会計処理のことです。

引当金を計上する4つの要件

- 将来の特定の費用または損失であること
- その発生が当期以前の事象に起因していること
- その発生の可能性が高いこと
- その金額を合理的に見積もることができること

引当金と未払費用や未払金との違いがよく取り上げられますが、未払費用や未払金は実際に発生している債務である一方、引当金は現時点では債務ではないものの、将来発生することが見込まれているという点で異なります。勘定科目を間違えないように注意しましょう。

引当金には、次ページ上の図表で挙げたように、いくつかの種類があります。

◎引当金の種類◎

貸倒引当金	得意先が倒産や解散清算することで、売掛金や受取手形などの債権が回収できないリスクに対して計上
賞与引当金	決算日時点で、賞与支給基準に従って将来支払うべき賞与に対して計上
退職給付引当金	確定給付型の退職金制度に加入している際に、将来見込まれる退職給付支払額を合理的に見積もって計上
修繕引当金	工場などにおける建屋や機械装置が、現時点で修繕が必要である状態の場合に、将来発生する修繕に対して計上
製品保証引当金	販売した商品の欠陥に対して、返品・交換・修理といった保証費用に対して計上

>> 経過勘定処理

　「経過勘定」とは、何かしらの契約に基づいて、役務・サービスを継続的・定期的に受けている／提供している場合において、発生主義に基づいて費用や収益を計上するタイミングを調整するための勘定科目になります。

　具体的な勘定科目としては「未払費用」「前払費用」「未収収益」「前受収益」の4つのことを指します。

◎経過勘定科目◎

経過勘定	勘定区分	内　容	具体例
未払費用	流動負債	一定の契約に従い、継続して役務の提供を受ける場合、すでに提供された役務に対していまだその対価の支払が終らないもの	社会保険料の未払、給与の未払
前払費用	流動資産	一定の契約に従い、継続して役務の提供を受ける場合、いまだ提供されていない役務に対して支払われた対価	賃料の前払、利息の前払、保険の前払
未収収益	流動資産	一定の契約に従い、継続して役務の提供を行う場合、すでに提供した役務に対し、いまだその対価の支払を受けていないもの	ライセンス料の未収
前受収益	流動負債	一定の契約に従い、継続して役務の提供を行う場合、いまだ提供していない役務に対して支払を受けた対価	家賃の前受、保守メンテサービスの前受

経過勘定は、同じような言葉が並んでいて混同しがちなので、①役務・サービスの提供を受ける側なのか提供する側なのか、②前払しているのか後払しているのかの、２×２の組み合わせで、４つのうちどの勘定科目を用いるのかが決まると覚えておくといいでしょう。

≫≫ 消費税のチェック

　年度決算においては、期中に打った１つひとつの仕訳処理での消費税判定が合っているかどうかを、改めて年度全体を通してチェックします。

　消費税のチェックは会計ソフトの帳簿データから「**消費税集計表**」を出力させることで、勘定科目別や税区分別で消費税集計結果が確認できるため、これを使ってチェックをかけていきます。

消費税のチェックの例

会計ソフトから消費税集計表の出力

勘定科目別・税区分別に、消費税金額の全体をチェック

気になる・間違えている可能性のある勘定科目や税区分を見つけたら、総勘定元帳や仕訳帳の１件別でのデータを確認して、間違いがあれば修正する

勘定科目別・税区分別に、消費税金額の全体をチェック

（繰り返し）

年度決算その２
決算書の構成

>> 決算書とは

　決算書は、中小企業であれば「**貸借対照表**」「**損益計算書**」「**株主資本等変動計算書**」「**個別注記表**」で構成されています。

　また、会社法では決算書に加えて、「**事業報告書**」「**附属明細書**」もあわせて作成することとされています。

　経理財務の実務としては、決算書のうち、貸借対照表と損益計算書が重要な書類なので、これらの作成方法や構成は必ず理解しておく必要があります。

>> 貸借対照表＝Balance Sheet＝B/Sとは？

　貸借対照表とは、「企業の財産状態を示すもの」であり、Balance Sheet（バランスシート）や略称であるB/Sとも呼ばれることもあります。これらの言葉も覚えておきましょう。

　貸借対照表は大きく「**資産**」「**負債**」「**純資産**」の３つからなり、細かく分けると、「**流動資産**」「**固定資産**」「**流動負債**」「**固定負債**」「**純資産**」の５つに区分されます（実務的には使わない場面が多いですが、繰延資産も加えれば６つになります）。

　貸借対照表は、「**ストック型の財務諸表**」といわれており、決算期末時点での財産、つまりストック情報が理解でき、会社の財産上の安全性や資産効率性がわかります。

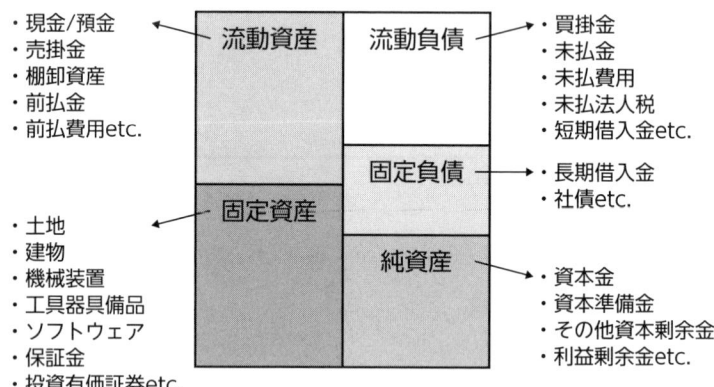

◎貸借対照表（B/S）とは◎

	流動資産	流動負債	
・現金/預金 ・売掛金 ・棚卸資産 ・前払金 ・前払費用etc.			・買掛金 ・未払金 ・未払費用 ・未払法人税 ・短期借入金etc.
		固定負債	・長期借入金 ・社債etc.
・土地 ・建物 ・機械装置 ・工具器具備品 ・ソフトウェア ・保証金 ・投資有価証券etc.	固定資産	純資産	・資本金 ・資本準備金 ・その他資本剰余金 ・利益剰余金etc.

≫ 損益計算書＝Profit & Loss Statement＝P/Lとは？

　損益計算書とは、「企業の経営成績・業績結果を示すもの」であり、略称でP/L（Profit & Loss Statement）とも表現されることがあります。

　損益計算書は、「フロー型の財務指標」といわれており、年間を通しての活動、つまりフロー情報を理解でき、会社の収益性や成長性がわかるとことになります。

◎損益計算書（P/L）とは◎

		具体例	解説
売上高	1,000,000	物品/サービス販売	本業での収入から費用を控除して求めた本業での利益
売上原価	400,000	仕入高　製造原価	
売上総利益	600,000		
販売費・一般管理費	450,000	広告費　事務所家賃	
営業利益	150,000		
営業外収益/費用	△30,000	借入利息　配当収入	本業以外の収入/費用を加味して求めた利益
経常利益	120,000		
特別利益/損失	△20,000	事業整理　資産売却	臨時的な収入/費用を加味して出た利益
税引前当期純利益	100,000		
法人税等	△30,000	法人税　事業税	税金を控除して求めた最終の利益
当期純利益	70,000		

資金繰り管理

>> 黒字でも倒産？ キャッシュフローと損益は違う

資金繰りやキャッシュフローを考えるうえで大事なのは、「**キャッシュフローと損益は異なる**」と考えることです。

損益とは、会計上に定められた「**一定のルールに基づいてつくられた数字**」です。このルールとしては、「発生主義」「実現主義」「費用収益対応の原則」などの重要な会計原則を指します（67～74ページ参照）。

一方で、キャッシュフローとは、現金や口座残高の増減そのものであり、「**純然たる事実**」を示したものです。

例えば、設備投資と減価償却でいえば、1億円の設備を現金購入して一気に現預金残高が減ったとしても、減価償却を通して、数年にわたって費用計上されることになります。この場合、初年度のキャッシュフローは大幅にマイナス状態ですが、減価償却が費用按分されるので、利益としてはそこまでマイナスにならずに、事業活動がうまく行っていれば黒字になるでしょう。

これが「**黒字倒産**」と呼ばれる倒産の原因の1つで、会計上の利益は黒字でもキャッシュフローが大幅に不足し、経営が回らなくなってしまう、ということがあり得るのです。

>> 資金繰りは会社の生命線

会計上の利益が出ていても、キャッシュが回らなければ残念ながら倒産への道をたどってしまいます。反対に言えば、赤字であってもキャッシュが回っているならば、その企業は継続することができます。

利益管理と資金繰り管理は、一見似ているようで、その目的や見ている尺度が全く違うため、状況に応じて使い分けなければいけません。どちらかが重要ということではなく、両方の視点で会社の状況を把握することが求められるのです。

◎利益管理と資金繰り管理の目的の違い◎

利益管理	・会社の正常な収益力を見るための管理 ・営業利益や税引利益がプラスであれば、その会社が継続的に発展・運営できている状態になっていることを示す
資金繰り管理	・会社の資金ショートをチェックするための管理 ・毎月やデイリーの資金推移や内訳を見ることで、追加融資や投資抑制といった対策が必要かどうかを判断する

≫ 資金繰り管理表をつくろう

　具体的な資金繰り管理の方法としては、「**資金繰り管理表**」をつくって、収支項目ごとに、実績と直近見込みと将来の管理を行うことになります。

◎資金繰り管理表の例◎

(単位：千円)		実績 2023年1月	実績 2023年2月	実績 2023年3月	実績 2023年4月	実績 2023年5月	実績 2023年6月	予想 2023年7月	予想 2023年8月	予想 2023年9月	予想 2023年10月	予想 2023年11月	予想 2023年12月	24年度 合計
前月繰越		20,050	21,996	22,614	25,170	28,821	24,069	23,577	26,011	28,445	76,818	46,691	48,384	20,050
営業収支 収入	現金売上	1,000	1,549	2,001	1,953	1,022	1,283	1,500	1,500	1,500	1,500	1,500	1,500	17,808
	売掛金売上	8,015	7,800	8,438	10,200	6,820	5,930	9,500	9,500	9,500	9,500	9,500	9,500	104,203
	手形売上													0
	その他営業外収入					2,500					3,000			5,500
	収入 合計	9,015	9,349	10,439	12,153	10,342	7,213	11,000	11,000	11,000	14,000	11,000	11,000	127,511
営業収支 支出	材料仕入	3,155	3,459	3,758	4,254	2,980	2,308	3,850	3,850	3,850	3,850	3,850	3,850	43,014
	人件費	1,512	1,510	1,474	1,566	1,611	1,632	1,600	1,600	1,800	1,800	1,800	1,800	19,705
	法定福利費	212	211	206	219	226	228	224	224	252	252	252	252	2,759
	地代家賃	1,420	1,420	1,420	1,420	1,900	1,900	1,900	1,900	1,900	1,900	1,900	1,900	20,880
	通信費	165	175	174	188	200	212	190	190	190	190	190	190	2,254
	消耗品費	132	22	243	251	144	789	300	300	300	300	300	300	3,381
	租税公課			120			150					180		450
	その他営業外支出	321	282	335	452	282	333	350	350	350	350	350	350	4,105
	支出 合計	6,917	7,080	7,730	8,350	7,343	7,553	8,414	8,414	8,642	8,642	8,822	8,642	96,548
	合計	2,098	2,269	2,709	3,803	3,000	-340	2,586	2,586	2,358	5,358	2,178	2,358	30,963
投資収支 収入	固定資産売却収入													0
	有価証券売却収入													0
	貸付金 返済									1,500				1,500
	収入 合計	0	0	0	0	0	0	0	0	1,500	0	0	0	1,500
投資収支 支出	設備投資										35,000			35,000
	敷金・保証金					7,600								7,600
	貸付金 貸付		1,500											1,500
	支出 合計	0	1,500	0	0	7,600	0	0	0	0	35,000	0	0	44,100
	合計	0	-1,500	0	0	-7,600	0	0	0	1,500	-35,000	0	0	-42,600
財務収支 収入	短期借入金 借入									5,000				5,000
	長期借入金 借入									40,000				40,000
	出資													0
	収入 合計	0	0	0	0	0	0	0	0	45,000	0	0	0	45,000
財務収支 支出	短期借入金 返済													0
	長期借入金 返済	152	152	152	152	152	152	152	152	485	485	485	485	3,156
	配当支払													
	支出 合計	152	152	152	152	152	152	152	152	485	485	485	485	3,156
	合計	-152	-152	-152	-152	-152	-152	-152	-152	44,515	-485	-485	-485	41,844
キャッシュフロー合計		1,946	617	2,557	3,651	-4,753	-492	2,434	2,434	48,373	-30,127	1,693	1,873	30,207
翌月繰越		21,996	22,614	25,170	28,821	24,069	23,577	26,011	28,445	76,818	46,691	48,384	50,257	50,257

　資金繰り管理表をつくるうえでのポイントは、「**決められたフォーマットにこだわらずに、会社のビジネスモデルや収支状況に合わせて管理項目を変えなければならない**」ということです。

　上に示したような標準的なフォーマットだけを埋めていけば、資金繰り管理が問題なくできるということではありません。資金繰り管理は、会社

の生命線であるからこそ、毎日生き物のように動く資金の流れをしっかりと把握できるようにカスタマイズしていくことを忘れてはいけません。

◎資金繰り表をカスタマイズする際のポイント◎

例	カスタマイズのポイント
決済方法・入金サイクルが多い店舗ビジネスの場合	キャッシュレス決済の種類や、入金サイクルが異なる決済方法ごとに、営業収支の入金項目を細かく設定して、決済別の入金ボリュームと推移が見えるようにカスタマイズする
工場側と営業所側で部門セグメントを分けている場合	営業収支の項目のなかで、中分類として工場と営業所を設けて、収支を把握する
直近の資金繰りに不安があり、取引先への支払調整や借入金の返済リスケジュールも必要な場合がある場合	１カ月単位ではなく、日別や５日単位での資金繰り表をつくる。さらに入金と支出項目を取引先ごとに細分化して、支払調整やリスケジュールが必要な取引先の検討材料として活用する

融資交渉

▶▶ 資金調達のキホンは融資から

会社が資金調達する際にはいくつかの方法がありますが、大きくは株式出資を受ける場合と、融資を受ける場合が考えられます。

このうち経理財務が積極的に関与する資金調達は、間違いなく融資です。

▶▶ 銀行は「晴れの日に傘を貸して雨の日に取り上げる？」

融資というと、バンカードラマ「半沢直樹」の世界のように、金融機関の不条理な態度を揶揄して「晴れの日に傘を貸して雨の日に取り上げる」という言葉が用いられることがあります。これはドラマのイメージが先行した極端な表現ではありますが、半分真実でもあります。

金融機関は、企業に資金を融資して、その資金をもとに企業が投資して成長し、さらに融資を受けるという循環のなかで利息収入を拡大させていくビジネスモデルです。つまり、今にも潰れそうな会社には収益性の悪化が目に見えているので融資しない、というのは残念ながら当然の判断でもあります。

こう判断されるのは、金融機関だけ悪いというわけではなく、融資を受ける経営者側にも非があります。なぜなら業績が悪くなった段階で金融機関に泣きついても遅いからです。言い換えると、**「業績が悪くなるまで資金繰りを意識していなかったという、経営者自身の判断ミス」**です。業績が順調で成長投資できる間に、融資交渉をして成長と投資のバランスを考えることが経営者の役割であるのに、状況が悪くなってから金融機関に行くのは時すでに遅く、経営者の能力不足をさらけ出す行為にもなってしまいます。

ですので、**「常に経営ビジョンを持ち、二手三手先の経営状況を読み、金融機関と融資交渉をする」**ことは、安定経営の定石であるのです。

≫ 融資時のプロセス

融資は、以下のように金融機関との交渉や資料作成、融資面談など、さまざまなプロセスを経て可否が下されます。

融資申請のプロセス

1　融資を受けたい金融機関と融資制度の決定
↓
2　提出資料の準備
↓
3　融資面談の実施
↓
4　融資決定通知と契約書締結

≫ 最も力を入れるべきは提出資料の準備

融資時において、経理財務担当者が最も時間を割く業務は、提出資料の

◎融資を申請する際の金融機関への代表的な提出資料◎

必要書類	説　明
融資申請書	融資を申し込む書類。金融機関や融資枠ごとに書類フォーマットが定められている
履歴事項全部証明書	法人の基本情報の証明として提出
代表者の身分証明書	マイナンバーカード、運転免許証、パスポートなど
直近2～3期分の税務申告書	法人税申告書、法人住民税、法人事業税申告書、勘定科目内訳書など
直近2～3期分の決算書	B/S、P/L、販管費明細書、製造原価明細書、株主資本等変動計算書、個別注記表など
最近の試算表	直近決算から半年以上経過している場合は提出を推奨。できれば月次推移を添付する
見積書	設備資金を申し込む場合は必須
許認可証	飲食店、美容院、建設業、クリニックなど、許可・届出等がないと事業が運営できない場合に提出
事業計画書	将来の事業戦略および収支計画をまとめた資料（※作成方法の詳細は、6-4〔287ページ〕を参照）

準備です。特に重要で時間のかかる業務が、①「直近の決算情報・帳簿情報を適切に締めて提出できる準備をすること」②「将来計画を事業計画書という形に落として資料化すること」の2つであり、一朝一夕で資料は準備できません。経営者と相談・ディスカッションしながら、融資申請に向けて余裕をもって準備を進めていきましょう。

>> 融資面談の実施

　融資時には、金融機関から事前のお墨付きがない限り、必ず「**融資面談**」が行われます。面談には経営者の参加は必須で、財務経理や経営企画部門が同席することもできます（中小企業で管理部門担当者が不在の場合は、税理士や公認会計士が同席することも可能です）。

　融資面談は、提出資料で把握できる財務情報や経歴情報だけではわからない定性的な情報を確認するための、非常に重要な判断プロセスです。どれだけ財務体質が良い会社であっても、経営者の信頼性1つで融資判断が覆る可能性があるので、気を引き締めて臨んでください。

　以下参考までに、融資面談に臨む際のチェックリストを以下に示します。

◎融資面談時のチェックリスト◎

チェック項目	説　明
身なりや言葉遣いに気をつけましょう	言葉遣い、マナー、面談態度は基本事項として十分に気をつけてください。今どきの業種であっても、ビジネスカジュアルの服装で、清潔感は必ず保ちましょう
会社の事業内容を簡潔に説明できますか？	融資面談の時間は限られています。自社の事業内容や特徴を簡潔・明確に説明できれば、経営能力・営業能力の信頼性を伝えることができます
自分の言葉で、事業への想いや熱量を語れますか？	単なる金儲けだけではなく、社会に果たしたいミッションを語ることも信頼感の醸成につながります。特に創業時融資の場合は過去実績がないため、経営者の経歴や創業の想いが重視されます

自身の経歴・経験を強くアピールできますか？	経営者の経歴や実績は、融資時に重視される傾向があります。過去の経歴上の実績（営業成績やプロジェクト実績等々）は、できるだけ詳細に伝えるようにしましょう
競合との差別化・自社の強みを、シンプルに・力強く表現できますか？	競合の特徴を調査・分析・理解し、そのうえで自社の強み・差別化を語る必要があります。大事な自社事業が長く成長し生き残るために、必ず求められる視点と理解すべきです
市場規模やターゲットは明確に語れますか？	自社の狙う顧客層の売上ポテンシャルを考える必要があります。市場規模のなかで、自社がターゲットにする層は、どんな特性を持った層なのかを語りましょう
事業計画は、自分の言葉で語れるようになっていますか？	経営者が事業計画を語れる＝計数管理能力の証明＝経営能力の信頼性につながります。これまでの売上実績と、将来の話を切り分けて話せることも重要です
売上の成長計画をしっかりロジックをもって語れますか？	将来計画は、強気すぎても弱気すぎてもいけません。これまでの経験や実績からその根拠を明確に話しましょう
必要な借入額について、説明できますか？	資金使途は、運転資金と設備資金に大別できます。設備資金の場合は、不動産・内装工事・設備購入といった実際に取った見積の金額になります。運転資金は、短期間での人件費・広告宣伝費・賃料などです
自己資金があることを証明できますか？	代表者の個人財産があればサポート資料として提出します
会社が、財務上、代表個人や親族への貸付・資金融通を行っている場合は、その説明をしっかりできますか？	役員貸付金や短期貸付資金を銀行側は非常に嫌いますので、それらが存在するなら合理的な理由が必要です（融資した資金が事業投資以外の用途に流れると疑われます）
代表者の与信情報は問題ありませんか？	自己破産歴がある、リボ払い・キャッシングを多用している、クレジットカードの滞納実績があると、融資上の問題となります

金融機関とのコミュニケーション

≫ 金融機関とのコミュニケーションの重要性

　銀行との関係性構築は、経理財務の「攻める」業務の1つともされています。

　金融機関、特にメインバンクの存在は、日本が経済成長を進めていくなかで大きな役割を果たしてきました。株式市場からの調達が可能な大企業とは異なり、資金調達手段が限られている中小企業にとっては、特に金融機関は会社の命運を左右する存在といっても過言ではありません。

　それゆえ経理財務担当者は、日頃から金融機関とのコミュニケーションを円滑に保ち、各種サポートを受けられる土壌・地盤づくりをしておく必要があります。

≫ 複数銀行との関係性構築を戦略的に設計する

　中小企業では、1つの銀行の口座しか持っていないケースがありますが、可能な限り複数銀行との取引を試みましょう。複数行と取引する際には、「**メインバンク1行＋サブバンク複数行**」のサポートチームの関係性を意識的に構築することがポイントです。

■ 複数銀行との良好な関係性を構築するメリット
- 融資の際に、複数行と協調融資を試みることにより、より大口資金を確保できる
- メインバンクを味方につけることで、サブバンクからの貸渋り・貸し剥がしを防ぎ、つなぎ止める
- 決済手数料の削減交渉が可能になる
- ビジネスマッチングやM&A、提携先などの事業成長機会につながる紹介が増える

銀行との関係性を深めるは、「融資を受ける」「口座開設をして預金残高を増やす」「決済取引を増やす」などの方法があります。複数銀行との関係性を構築する際には、これらの方法を組み合わせていきましょう。

銀行側から会社との関係性を考える判断基準も同様で、それぞれの取引の深さや親密度によって、メインバンクなのか何番手の銀行なのかという位置づけが決まるので、戦略的にバランスを組んでいくべきです。

◎銀行との関係性を決定づける要因と例◎

	A銀行	B銀行	C銀行
融資残高	60%	30%	10%
プロパー融資残高	20%	65%	15%
預金残高	35%	60%	5%
決済取引量 （売上／仕入／給与等）	30%	70%	0%

上記の例でいうと、融資残高はA銀行がトップなので、メインバンクはA銀行と考えがちですが、プロパー融資（保証協会付き融資ではなく銀行による直接融資）を行っているのはB銀行がトップです。また、預金残高や決済取引量もB銀行が最も多く、この会社にとってのメインバンクはB銀行ということになります。そして、A銀行が2番手で、C銀行が3番手という位置づけです。

メインバンクというのは「こうしたらメインバンクだ」という明確な定義は実はありません。実務上は、会社側が頼っている、銀行側もリスクを取っているという関係性が成立する銀行が、メインバンクになるといえるでしょう。

≫ 決算情報や事業情報の定期的な提供

銀行と融資の機会を経て関係性が一度始まったのであれば、それ以降も継続的・積極的に情報提供を行って、会社の状況がわかるようにしておきましょう。具体的には、月次のタイミングでは月次試算表を送付し、年度決算時には年間の税務申告書・決算書を示しながら、必要に応じて事業状況共有のための面談機会も提案するといいでしょう。

銀行担当者は通常数十社から100社ほどの担当融資先を持っています。1つの会社にかけられる時間も少ないため、定期的な面談は、その銀行へ存在感を示す機会にもなります。

　注意点としては、銀行とは付かず離れずの適切な距離感を意識しておくことです。銀行の人事システム的に、支店長・融資課長・担当者たちは、必ず数年のサイクルで異動します。支店内で完全な引継ぎができるわけでもなく、新しい支店長・融資課長の方針によって、自社に対する支援方針が変わることもあります。

　ウェットな関係性の構築に時間をかけて過度な期待をもつよりも、先に挙げたような、客観的な実績がわかる、融資残高・預金残高・決済取引のバランスを戦略的に考えて結果を積み上げ、銀行との中長期的な関係性を築くことを意識しましょう。

第3章

バックオフィス業務：
人事労務編

業務の分類

≫「人」を扱う仕事が人事労務

　人事労務の仕事は、一言で言えば「人」を扱う仕事です。「人」は、会社が成長するうえでは欠かすことのできない財産の１つであり、それを司る人事労務部門は、会社の事業と組織の成長そのものを決める重要な部署となります。

　とはいえ、人事労務には多くの業務が存在します。採用を行ったり、制度や教育プログラムをつくったりと、さまざまな活動があります。まずは人事労務の業務を分類して把握してみましょう。大まかには、以下の表のように分類できるでしょう。

◎人事労務の主な業務◎

分　類	主な業務の例
組織・制度	バリュー形成・人事ポリシー 組織設計・役割分担設計 人事評価制度づくり
労務	給与計算・勤怠管理 社会保険手続き 労働法・雇用契約・就業規則 労務トラブル、労使対応 安全衛生管理
人事	採用 異動・配置 育成・研修 エンゲージメント・モチベーション管理

▶▶ 各業務の内容

人事労務の業務の具体的な内容は以下の通りです。

●組織・制度

会社のカルチャーやHRポリシー、組織図や分掌（ぶんしょう）ミッションを形づくる業務であり、経営陣が主体的に設計・関与していく領域です。

人事労務側では経営陣の描く事業戦略や組織への想い・ビジョンを形にするためのサポートをするという位置づけで業務を行います。

●労務

人材関連の法令である労働法を取り扱う部署となります。労働基準法の遵守や社会保険・雇用保険などの管理、正確な給与計算の実施といった、法令やハードスキルに基づく業務も多く存在します。

人材に対するコミュニケーションや配慮だけではなく、知識面での専門性も身につける必要があります。

●人事

主に会社人材の、入口（採用）〜中間（業務実施）〜出口（退社）までの一連の人材プロセスに携わります。

どのような人材が入社し、どのように成長し、退職し、新陳代謝が起こるのかという、一連のプロセスを担うことで、組織が強化・活性化されるミッションを司ります。

人事労務業務を行ううえでのポイント

　人事労務において、その業務の成果や品質を上げるために意識しておきたいポイントは、大きく「ミッション・ビジョン・バリューの理解」「会社のことが好きであること」「ハードスキルとソフトスキルの両立」の3つです。

≫ 1. 会社が大事にしているミッション・ビジョン・バリューの理解

　人事労務を行ううえで最も重要なポイントは、「**すべての人事・労務・組織制度は、会社のミッション（果たすべき役割）、ビジョン（ありたい姿）、バリュー（価値基準）によって決まる**」という点を意識することです。

　人事労務は「人」を対象にした業務です。人というのは、多種多様です。会社に参加する役職員は、その多種多様な人材のなかから、会社として・組織として・チームとして団結して1つの大きな目標を達成するために選ばれた集団を意識してつくり上げなければいけません。つまり、会社が目標を達成するために必要とする人材像を決めることが必要であり、それは

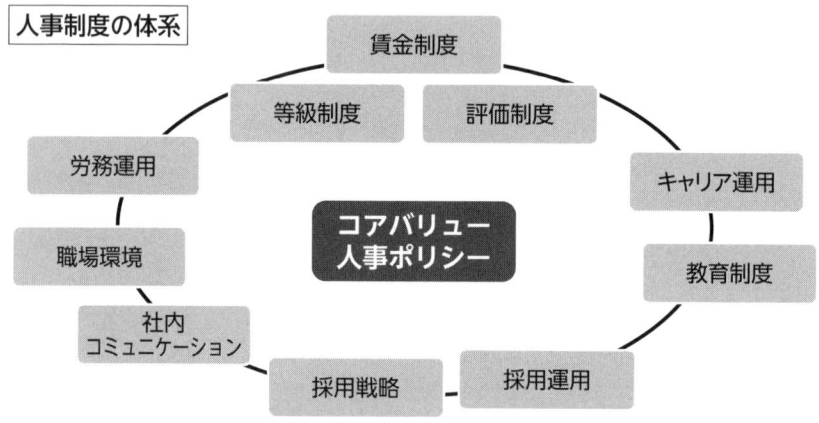

◎人事労務施策と人事ポリシーとの関係性◎

ときに「**カルチャー**」と呼ばれたり、「**クレド**」として示されたり、「**コアバリュー**」「**人事ポリシー**」と表現されたりします。いずれにしても、求める人材像やすべての人事労務関連の施策は、より大きなミッション・ビジョン・バリューをもとに決められます。

それゆえ、人事労務で働く方々は、会社が目指す目標を常に意識しながら業務に取り組む必要があります。

人事労務施策をつくる際に常に考えなければいけないのは、「取捨選択」です。例えば、新たなメンバーを採用しようとしているとき、「仕事はスピーディだけれど正確さは足りない人」「仕事は正確だけれどもゆっくりしている人」の2名の候補者がいたら、あなたはどちらを選ぶでしょうか？

答えはもちろん「会社によって異なる」のですが、人事労務は、この取捨選択に対して、会社としての正解を導かなければいけません。これに回答するための礎（いしずえ）が、会社のビジョンやバリューです。もし人事労務がビジョンやバリューを理解していなければ、会社が求める人材とは異なる人が採用され続け、採用される側も会社もたちまち不幸になってしまいます。

また、福利厚生施策を決める際も、すべての役職員に受けのいい、八方美人的な施策を打つことはできません。予算にも限りはありますし、過度な甘えが生まれれば組織パフォーマンスを下げるリスクもあります。それゆえに、多くの福利厚生施策のなかから、「自社が必要とする人材にとって適切な福利厚生施策を選択し、それ以外は捨てる」という判断が必要です。

多種多様な人材が存在するなかで、このような「取捨選択」をできる力が、人事労務には求められます。

≫ 2．成功も失敗も会社とともに飲み込み進む

「どんな人が人事労務に向いていますか？」という質問を受けることがよくあります。これに対する私なりの答えは「**会社のことが一番好きな人**」です。

人事労務の仕事は、人の感情やモチベーションを対象にする仕事です。社員が何か大きな成果を上げてプロモーション（昇進）をしたときに、一緒に同じように喜び合うような場面もあります。一方で、会社の業績が厳しい場面や状況においては、リストラや減給のような厳しい現実を根気よ

く伝えなければいけません。ときには、信じていた社員から裏切られるような場面もあります。さまざまな人間模様や感情が大きく動く瞬間に出会うのが、人事労務という仕事です。

そんななかで、**人事労務としてのミッションを果たすために大事な性質は「会社のことが好きであること」**——これが何より必要であると感じます。人事労務の世界で大成している方は、皆等しく会社のことを愛しており、自分のことよりも組織のことを優先して考えて、ときには厳しく、ときには愛情をもって接することのできる人材ばかりです。

また、人事情報や個人情報という、極めて重要な社外秘情報を扱うこともあるので、利己的で自分中心の人物では人事労務の仕事をこなすことは困難です。「**組織のことが好きで、信頼に足る人物**」というのが人事労務の理想像です。

≫≫ 3. ハードスキルとソフトスキルの両立

人事労務の仕事は、人事と労務で性質が異なります。人事はどちらかというと、社内人材の活性化・最大化をテーマに業務を行うため、論理的思考力や知識力よりも、人間的な魅力やマネジメント能力、周りを巻き込んでいく力などが重要視されます。

一方で労務のほうは、法令や知識を扱うテーマも多く、正しい知識や法律の構造を理解する力が求められます。給与計算実務などでは間違いがあってはならないので、正確な作業も求められます。

これらのスキルを両方持ち合わせている人材には、なかなか出会うことができません。ですので、その業務を分けてチーム内で分担をしたり、複数の人事労務がいない小さな会社では、業務の一部を外部専門家などに取ってもらったりすることで、人事労務業務のバランスを取っているケースがほとんどのように思います。

労務・人事・組織制度の領域は、それぞれが密接に絡んで組織全体が強くなっていく関係性にあるため、どれかが欠けても強い組織をつくることはできません。ですので、求められるスキルの異なる領域間で、しっかりと内部連携をすることが重要です。

3-3 ▶ 人事労務の特徴③

人事労務の登場人物と役割分担

　人事労務においては、内部と外部にさまざまな関係者が存在し、日々やり取りを行うことで業務を進めていきます。代表的な関係者は以下の通りとなります。

◎人事労務の仕事にかかわる組織や人物◎

労働基準監督署	就業規則や36協定書の届出を行うなど、主に労働基準法や安全衛生法、労災保険といった労働法関連についてのやり取りを行います。 数年に一度、労働基準監督署からの調査が入る場合には、会社の賃金、残業、休日、勤怠、雇用契約といったさまざまな労働環境について監督・チェックを受けることとなり、是正勧告があれば対応を行うことになります。
公共職業安定所（ハローワーク）	「職安」「ハロワ」などの愛称でも呼ばれ、雇用保険の事業所適用、社員の雇用保険資格取得・喪失の手続き、離職票の発行など、雇用保険関連についてのやり取りを行います。 従業員が離職した際は失業保険を受給するために従業員がハローワークを利用することにもなり、失業保険のプロセスも知っておくといいでしょう。雇用保険だけではなく、ハローワークでの採用応募は無料での活用が可能です。
年金事務所	日本年金機構が各所に設置した年金手続きを司る機関で、厚生年金保険の資格取得・喪失手続きに関するやり取りを行います。 健康保険を含む社会保険についての窓口にもなっており、協会けんぽに加入している場合には、健康保険と厚生年金の手続きを同時に年金事務所に対して行うことになるため、必然的に書類のやり取りも多くなります。

全国健康保険協会 （協会けんぽ）	各都道府県に機関が設置されており、健康保険法に基づく手続きのやり取りを行います。 健康保険は後述する健康保険組合と協会けんぽのいずれかを選択することになりますが、中小企業のほとんどが協会けんぽ管轄の健康保険に加入することとなります。
健康保険組合	各団体が健康保険法に基づき組合を創設することができ、特定業界や地域別、大企業グループなどを中心に組合団体が設けられています。 各組合では保険料や保険給付の内容が異なっています。創業当初は協会けんぽに加入することが多いですが、加入要件を満たす組合があれば、積極的に加入検討をすることによって、保険料と給付の優遇を得ることができます。
社会保険労務士	労務相談・労務手続きに関する国家資格を持った専門家です。 組織規模が大きくなるにつれて、雇用条件・給与計算・勤怠の複雑化、ハラスメント対応、管理監督者問題など、労務問題・労務リスクが次第に大きくなるため、顧問社労士と連携・相談しながら、労務リスクの管理を行うことが重要となります。
求人媒体会社	採用募集を掲載する媒体を提供する会社のことで、広告掲載費を支払うことで決められた期間で募集広告を出稿し、候補者の応募を募ります。 短期間で一気に集められるというメリットがある一方で、短期的に募集をかけても必ずしも採用が確保されているわけではない点に注意が必要です。4大求人媒体として「リクナビNEXT」「エン転職」「マイナビ転職」「doda」が有名です。業種別や職種別に特化した中小求人媒体も数多く存在しています。
人材紹介 エージェント	人材を必要としている企業と、仕事を求めている求職者をつなぐ「職業紹介」という形でマッチングを行う会社です。大手から個人単位で活動しているエージェントも数多く存在し、自社に合った紹介を行ってもらえるエージェント探しが必須です。 ほとんどが成功報酬型で、例えば採用時には年収×35%の報酬を支払うといった契約になります。採用コストは高くなる傾向にありますが、自社に合った人材を紹介してもらい、一本釣りで採用できるメリットがあります。

人事系コンサルティング会社	評価制度や組織改革などの人事関連プロジェクトを実施する際に、社内のリソースや専門性が不足している場合は、コンサルティング会社から専門サポートを受けることがあります。 また、管理職や新卒育成の目的で研修プログラムを実施する際にも、活用することがあります。

⋙ ネットワークづくりも重要なミッション

　人事労務は人を扱う職業柄、実にさまざまな関係者が存在しています。例えば採用業務においては、良い候補者を常に見つけられるような人材プール市場を形づくるために、各関係者とのネットワークづくりも重要なミッションの1つです。

雇用契約と業務委託契約の違い

　働き方が多様化している現代経営において、「人を雇う≒正社員採用する」という固定観念がなくなりつつあります。今日では、労働力が足りない場合に人材を補強するための選択肢として、大きく「**雇用契約**」と「**業務委託契約**」の2つがあります。

　どちらも会社の業務を手伝ってくれる、という視点では変わらないですが、雇用契約と業務委託契約ではその性質が大きく異なるため、十分に理解して、どういった形での会社参画をしてもらうかを考えておきましょう。

◎雇用契約と業務委託契約の違い◎

	雇用契約	業務委託契約
労働法	適用される	適用されない
社会保険・雇用保険	必要（契約時間による）	不要
指揮命令	可能	不可
勤務時間の制約	あり	なし
提供するもの	労働力自体	成果物や業務遂行
対価の支払方法	給与	報酬
消費税	非課税	課税
組織カルチャー形成	しやすい	しにくい
長期的コミットメント	得やすい	得にくい

▶▶ 労働者性があるかどうかに注意する

　雇用契約と業務委託契約の決定的な違いは、「**労働者性があるか否か**」という点です。より具体的には、次に掲げる2つの要件を満たしているか否かで判断します。

労働者性があるかどうかのポイント

1．指揮命令系統があるか

- 業務遂行方法を細かく指示しているか
- 入退社の時間管理をしているか
- 服務上の規律に従わせているか

2．事業独立性があるか

- 自らの責任・判断で業務を遂行しているか
- 費用を自らで負担しているか
- 自らの専門性・技術や経験に基づいて業務を行っているか

　指揮命令系統があればあるほど、事業独立性がないほど、労働者性が強いとみなされます。

　場合によっては、偽装請負と判断されるなど、法的リスクが高くなるので、依頼しようとしている業務の実態や管理方法を設計・理解したうえで、契約形態を決めましょう。

採用活動

>> まずは採用戦略を立てよう

「人がいなければ事業は始まらない」——当たり前のことですが、事業の成長は人なしには語れません。

人材を採用するにあたっては、まずは以下のような採用戦略を、大まかにでもいいのでイメージしてみましょう。

採用戦略＝採用の5W1Hを明確にすること

- いつ：いつまでに
- どうやって：どんな採用チャネルを使って
- どこで：どの部署で
- どんな人を：どういう能力・経験・性格の人を
- 何人：何人ほしいのか

>> 採用計画の策定

採用活動は時間がかかり、一朝一夕で人が見つかるわけではありません。ですので、「**採用計画**」を立ててみましょう。採用計画とは、1〜3年程度の期間を見越して、どの部署にどれだけの人数の人がほしいかを定めることです。

採用計画を立てるうえでの最大のポイントは「**事業計画と連動した採用計画にする**」ということです。事業計画では、どのくらいのスピードで売上や利益を伸ばそうとしているかが描かれています。よくある失敗例としては、事業計画上の売上や利益増加と、採用計画が全く連動していないことです。人が採れるかどうかの具体的な採用計画が示されていないにもかかわらず、売上や利益だけが計画上は伸びているという、矛盾した事業計

画がつくられてしまうことが多々あります。

　事業計画は経営陣が目指す事業上の大目標であるため、それに合わせた実務的な採用活動が可能かどうかを検証しながら採用計画を作成しましょう。仮に、事業計画がどう考えても無理な人員前提でつくられてしまっている場合は、人事労務側からフィードバックしたうえで、事業計画自体を修正しなければならないかもしれません。

◎採用計画の立て方の例◎

		第1四半期	第2四半期	第3四半期	第4四半期
営業	マネージャー	1	1	1	1
	スタッフ	2	3	4	4
開発	マネージャー	0	0	0	1
	スタッフ	4	4	5	6
管理	マネージャー	0	0	1	1
	スタッフ	2	2	2	3
合計		9	10	13	16

※人員が増える分だけ人を採用する必要が出てくる

▶▶ 採用ターゲットの設定

　採用計画を定めるのと同時並行で、具体的に「どんな人に入社してほしいのか」という人材像、つまりターゲットを設定しましょう。ターゲットの設定は、大きく①経験・スキル面、②マインド・性格面の2つの観点から行います。

　前者はより客観的に確認しやすいですが、後者は面接や入社してみないとわからない情報ですので、選考の初期段階では前者を中心に確認し、後半になるにつれて、後者についても確認していくといいでしょう。

　ターゲット設定は、実際の募集時の要項にも応募条件として記載することにもなるため、可能であれば「**必須条件**」と「**歓迎条件**」の2つに分けておくことをおススメします。

>> 採用チャネルの選定

「採用チャネル」とは、採用媒体などの採用方法の種類のことです。採用活動の成否は、自社のほしい人材や必要人員に合った採用チャネルを選べるか否かにかかっているといっても過言ではありません。

一昔前までは、大手の求人広告媒体を用いる方法が主流でしたが、現在は採用チャネル自体も多様化しているので、まずはその種類を理解しておきましょう。

◎採用チャネルの種類◎

採用チャネル	説　明	メリット	デメリット
リファラル採用	いわゆる「紹介」による採用。従業員の知り合いを紹介してもらう方法	・人材の質が安定する ・コストが最小化できる	・紹介してもらえる人材数に限界がある ・従業員の採用協力が必要
求人広告媒体	求人広告ページに決められた期間で募集広告を出稿し、応募を募る方法	・アプローチできる数が多く、応募数が確保できる ・複数名採用できれば採用コストは安価	・応募人材の質が安定しにくい ・会社の知名度やブランド力に左右されやすい
人材紹介エージェント	人材を必要としている企業と仕事を求めている求職者を、エージェントがつないで紹介マッチングする方法	・自社に合った人材を紹介してもらいやすい ・採用工数が少ない	・採用コストが高く、年収×35％前後の成功報酬が発生
ダイレクトリクルーティング	求人潜在層にいる人材のなかから必要な人材を自ら探し、スカウトやオファーメールを送る形で直接候補者にアプローチをする方法	・潜在的な転職検討層にアプローチできる ・優秀な人材が多い	・スカウトメールの作成や送付など運用に工数がかかる
SNS運用	XやYouTube、LinkedInなどのSNSを用いて、企業情報を発信することで、応募につなげる方法	・導入ハードルが低く初期コストがかからない	・継続的に運用するリソースとコストが必要
採用メディア運営	自社ページ内で採用に関するコンテンツや記事を発信し、企業の魅力を候補者に見てもらうことで、候補者を募る方法	・会社のことをよく調べたうえで応募するため、入社後ギャップが起きにくい ・長い目での採用力・ブランド力の構築につながる	・メディアコンテンツの企画や作成など運用コストがかかる ・効果が出るまで時間がかかる

▶▶ 募集要項の作成

「**募集要項**」では、採用戦略をつくった際に考えた人材条件を実際の募集条件として記載していきます。

募集要項は、職業安定法に基づく指針等を遵守した記載内容にしなければ違法となり罰則を受けることになるので、募集条件を各種媒体に載せて公募する場合には十分に注意しましょう。

SNS採用やメディア運用、リファラル採用などでは募集要項が必要ない場合もありますが、候補者の視点に立てば募集要項があるほうが、入社前イメージと入社後のギャップを解消する材料にもなります。

■ 職業安定法上、募集時に明示すべき労働条件

記載が必要な内容
- 業務内容
- 契約期間
- 試用期間
- 勤務場所
- 就業時間
- 休憩時間
- 休日
- 時間外労働時間
- 賃金（臨時に支払われる賃金や賞与などは除く）
- 健康保険、厚生年金、労災保険および雇用保険の適用の有無
- 募集者の氏名または名称
- 受動喫煙防止措置

当てはまる場合に追加で記載が必要な内容
- 裁量労働制がある場合は、その内容
- 固定残業代の制度がある場合は、その詳細
  - (1) 固定残業代を除く基本給の額
  - (2) 固定残業代の内訳

(3)　固定残業時間を超える時間外労働については割増賃金を追加
　　　　で支給する旨
・派遣労働者として雇用する場合にはその旨

≫ 採用プロセスの設計

　実際に採用を始める場合には、**採用プロセス**と役割分担を決めておきましょう。

　採用プロセスとは、例えば以下のような書類選考や面接の過程のことです。

・**書類選考**

・**1次面接**

・**2次面接**

・**最終面接**

・**内定**

　書類選考は、リファラル採用以外であれば基本的に入れておくべきです。一方で、面接回数は、採用したい部署の人員構成や面接で確認したい事項に合わせて、誰が面接官になるかも含めて決定しましょう。

　例えば、中小企業でその部署が1〜3名ほどの組織であれば、1次面接はその部署メンバーで行い、最終面接は代表、というように2回で終わるようなイメージになるでしょう。

Column ▶ 採用と営業は似ている？

　私が採用活動を行う際には、自分が営業の人間になって自社の商品を顧客に売るイメージを持って、自社のカルチャーや職場環境・得られる成長感などを、いかに候補者に魅力的に伝えられるかを意識しています。

　採用活動と営業活動は、非常によく似ています。営業活動は、「自社の商品を」「顧客に対して」魅力的に表現する仕事ですが、採用活動は「自社自体を」「候補者に対して」魅力的に表現する仕事になります。つまり、アピールする対象と相手が違うだけで、方法自体は全く一緒です。

　また結果指標や成果の把握方法もほとんど一緒です。営業活動はその販売プロセスに従って、「市場の潜在顧客数→見込客数→商談数→成約数」というプロセス順に数値結果を管理します（これを「ファネル管理」といいます）。ここでは、見込客数や商談数といった数値や、成約率や商談率といった比率が重要な管理指標となります。

　一方で採用活動は、「潜在的な候補者数→スカウト数→応募者数→内定数→入社数」というプロセス順に数値管理を行っていきます。つまり、数値管理においても、営業と同様にファネル管理を行うことが重要になります。

　人事のベテランの方々のなかには過去に営業職をやっていてトップセールスを取ったことがあるような人も多く、営業時代の結果と採用畑での能力がリンクしている印象を受けます。

　読者の皆さんのなかにも、人事で活躍して実績を出した方であれば、営業職に転向するなどして別の世界で活躍する、という選択肢をする方もいらっしゃるかもしれませんね。

採用広報

》》採用広報とは

　「採用広報」とは、会社の採用上の魅力を、将来入社してくれる人たちに向けて、長期的な目線で発信することです。会社全体や職場のイメージを伝えていくことで、応募前の段階から会社の職場イメージを持ったうえでのエントリーにつながり、採用ギャップが小さくなったり、応募者の質が高まり通過率が上がったり、内定承諾率の向上や入社後の退職率の低下など、さまざまな面で効果が期待できます。

　一方で、採用広報の最も難しい点は、効果が見えるのが短期ではなく中長期になるため、少なくとも1〜2年は運用してみる必要があるところです。ですから、長い視点で、その分運用コストがかかることを理解したうえで、活動することが大事です。

》》具体的な活動

　採用広報の具体的な活動は以下の表のようになります。

◎採用広報の主な活動◎

項　目	活動内容
採用ホームページ	自社の会社のホームページに加えて、採用のためだけのページも作成する。そのなかで、社員インタビューや、社員の成長ストーリー、職場の写真紹介、福利厚生制度、人事制度、部署ごとの業務紹介など、入社後の働くイメージが湧く内容を伝えることで、会社のことを深く理解してもらう機会を設ける
メディア運用	採用媒体上や自社ホームページ上で、記事コンテンツを作成し公開する。コンテンツの内容は、社員紹介や職場紹介、仕事現場、業務の詳細紹介など。記事コンテンツはずっと溜まり続けるため、ストック型で認知拡大が可能
採用紹介資料	自社の魅力を伝える採用紹介資料を作成して、自社ホームページや各採用媒体のページに資料リンクを埋め込むなどして、自社のことを知ってもらう機会を増やす

3-7 　人事労務の各業務④

入社時の労務手続き

▶▶ 入社前の手続き①：労働条件通知書と雇用契約書

採用活動にて内定承諾した候補者に対して、入社前に準備する書類は、「**労働条件通知書**」と「**雇用契約書**」になります。

- **労働条件通知書**：労働条件を労働者に事前に伝える書面のこと。労働基準法上、必ず書面での事前通知が必要とされており、法的に求められている書類になります。
- **雇用契約書**：入社後の労働条件を記載した契約書。こちらは労働基準法上の義務はなく、雇用契約は書面がなくても法的に成立しますが、書面で締結することが望ましいものです。

両者で記載内容の違いは、実はほとんどありません。前者は法律上の必須書類ではあるものの会社側からの一方的な通知書類になるため、労働者とのトラブルを減らすために実務上は「**労働条件通知書 兼 雇用契約書**」という形で、1枚の書類で通知と双方合意を兼ねることが多いです。本書類を作成したら、入社日以前のどこかで契約締結をしましょう。

▶▶ 入社前の手続き②：契約書以外の書類入手

労働条件通知書兼雇用契約書を締結する以外に、入社前に以下の情報ももらうように連絡をしましょう。

- 身元保証書、誓約書（必要な場合のみ）
- マイナンバー
- 前職で発行された雇用保険被保険者証
- 源泉徴収票
- 前職で発行された給与所得者異動届出書

※以前は、厚生年金保険の資格取得手続きのために年金手帳が必要でしたが、2022年以後はマイナンバーが確認できれば提出不要となりました。

労働条件通知書 兼 雇用契約書

令和 6 年 5 月 31日

管理　太郎　　殿

次の労働条件によって雇用契約を締結します。

契約期間	期間の定めなし
試用期間	契約締結日より3ヶ月間は試用期間とする　※試用期間は延長することがある
就業の場所	雇い入れ直後　本社（東京都●●●●） 変更の範囲　本社または会社が指定する場所
業務の内容	雇い入れ直後　営業企画業務 変更の範囲　　営業企画業務
勤務時間・休憩	始業・終業の時刻等 　始業（ 9 時30 分）～ 終業（17 時 30 分） 休憩時間〔 60 　〕分 時間外労働の有無〔 （有） ・ 無 〕
休日	土曜日、日曜日、祝日、その他会社カレンダーによる
年次有給休暇	入社日から6か月間経過した日に10 日付与
賃金	1．基本給　月給　370,000 円 　　（内訳）基本給　320,000 円、固定残業手当　50,000 円 　　　　固定残業手当は時間外勤務手当20時間相当分を支給。 2．所定時間外、休日又は深夜労働に対して支払われる割増賃金率　法 　定通りの率で支給 3．毎月末日締　当月25 日支払い　※支払日が休日の場合はその前日 4．賃金支給日に控除する費目　法定控除費目、労使協定で定めた費目
賃金の改定	賃金改定〔 有（ 年1回1月 ） 〕
賞与	賞与　　〔 有（ 業績に応じて年1回1月に支給 ） 〕
退職金	退職金　〔 無 〕
保険関係	保険加入〔 雇用保険・労災保険・厚生年金・健康保険 〕
退職に関する事項	1．定年制〔 有（60歳） 〕 継続雇用制度〔 有（65歳まで） 〕 2．自己都合退職の手続き〔 退職する30 日以上前に届け出ること 〕 3．解雇の事由は就業規則による
雇用に関する相談窓口	連絡先（電話番号） 担当者役職・氏名　　代表取締役　●●●●
その他	・記載のない事項は就業規則による。 ・試用期間中の賃金〔 同条件 〕

この契約または就業規則に定めのない事項については、甲乙協議の上、決定する。
この契約の証として本書2通を作成し、記名押印の上、甲乙各1通を保有する。

甲　所在地
　　名　称　株式会社●●●●
　　代表者　代表取締役　●●●●　　　　印

乙　住　所
　　氏　名　　　　　　　　　　　　　　印

>>> 入社後の書類作成と役所への届出

入社後は社会保険や雇用保険、住民税に関する手続きを進めます。主に以下の図表で挙げた書類を期限内に届け出る必要があります。

特に、「**健康保険・厚生年金保険 被保険者資格取得届**」は、手続き後に健康保険証が発行されることになるので、早めに手続きをするといいかと思います。入社した従業員は、入社直後は手元に健康保険証がまだないため、通院をした場合は医療費を全額自己負担で立て替え続けているからです。

なお、社会保険と雇用保険の届出は、現在は電子申請が推奨されています（資本金が1億円を超える法人等については電子申請が義務化）。電子申請は政府から無料で提供されている「**e-Govシステム**」を用いれば申請が可能です。

ただし、e-Govは慣れていないと申請に時間がかかり、エラーが起こって返戻になる場合なども多くあります。e-Govに直接入力するのではなく、e-Govに連携して電子申請手続きが可能な労務申請ソフトを用いることも検討してみましょう。

◎入社後に役所等へ届け出るべき書類◎

項　目	届出先	提出期限
健康保険・厚生年金保険 被保険者資格取得届	年金事務所	従業員本人の資格取得日から5日以内
健康保険被扶養者異動届 (※)	年金事務所	従業員本人の資格取得後すぐ
国民年金第3号被保険者関係届 (※)	年金事務所	従業員本人の資格取得後すぐ
雇用保険被保険者資格取得届	ハローワーク	雇用した日の翌日から10日以内
給与所得者異動届出書	市区町村	入社した日の翌月10日まで

（※）被扶養者がいる場合のみ手続きが必要

人事評価制度

⫸ 人事評価制度のつくり方とプロセス

　人事評価制度は以下のステップで作成します。それぞれのステップは決して楽な道のりではなく、経営陣・人事労務・フロント部門・その他の管理部門のすべてを巻き込んでの一大プロジェクトとなります。ここですべての過程を詳細に記載することは割愛しますが、重要となるポイントに絞って解説します。

人事制度作成のプロセス

STEP1：基本方針の明確化
- バリュー・人事ポリシーの制定
- 中長期事業計画

STEP2：具体的な制度設計
- 等級制度・ジョブディスクリプションの設計
- 評価制度の設計
- 賃金制度の設計

⫸ STEP1：基本方針の明確化

　人事評価制度をつくるためには、まずは人事上の基本方針を明確にします。これは経営の大方針でもあるため、人事労務が決めるというよりも、経営陣が主体的に定めるものです。

　この方針である「**バリュー**」とは、「**会社が大事にしたい価値基準・行動基準**」のことです。バリューは、そこで働く人たちの価値や行動の指針となるため、人事施策と密接な関係をもちます。バリューと似た用語とし

て、「**人事ポリシー**」もありますが、これはバリューを人事施策に近い言葉で言い換えたものです。

　例えば、フリマアプリのメルカリ社では、３つのバリューを制定しており、人事評価・人材育成・配置異動などのあらゆる人事施策にこのバリューを反映させています。

◎メルカリグループのバリューの例◎

Go Bold：大胆にやろう
Dare to make bold choices

All for One：全ては成功のために
All for soccess of the company

Be a Pro：プロフェッショナルであれ
Maintain professionalism in workplace

※メルカリ社HP「メルカン」(https://mercan.mercari.com/articles/2018-10-15-114111/)より作成

　また、人事評価制度をつくる際は、事業計画が定まっていることも重要です。事業計画では、将来３〜５年ほどの売上や利益計画が定められています。それはつまり、

①事業の成長に応じた将来の組織の輪郭が決められている
②将来許容できる人的投資プランを決めている

ということになります。

　さらに、将来の組織人数を役職ごとに想定して、給与水準や賞与目標を定めていく必要がありますが、事業計画上で目標とする人的投資の予算目標が定められていれば、人事労務側で制度設計がしやすくなります。

≫ STEP2：具体的な制度設計

大方針が定まったら、次に以下のような詳細の制度を設計していきます。

人事制度の具体的な設計手順

- 等級制度・ジョブディスクリプションの設計
  ⇩
- 評価制度の設計
  ⇩
- 賃金制度の設計

ここでのポイントは、この３つを上から順に詳細設計をしていくという点で、決して逆から設計してはいけないという点になります。つまり**賃金制度から設計すると失敗する可能性が高くなります**。なぜ賃金制度から決めてはいけないのでしょうか？　以下で詳しく解説します。

≫ 賃金だけでは人は動かない？

賃金とモチベーションの関係を理解するにはアメリカの心理学者のハーズバーグが唱えた「**二要因理論**」という有名な理論が参考になります。これは**人のモチベーションは、「動機付け要因」と「衛生要因」の２つから生まれる**という理論です。

このうち、衛生要因というのは最低限ないと不満につながりますが、どこまで行っても欲求が満たされることはないという性質を持ちます。賃金や労働条件は衛生要因に含まれます。

つまり、**賃金だけではモチベーションをマイナスからゼロにはできますが、プラスにすることは難しいのです**。

例えば、業績が良かったとある年度に賞与をアップして支給すると、受け取った従業員はそのときは非常に喜びモチベーションが上がりますが、翌年度に同じ金額の賞与を渡したとしても、「また同じ金額か……」とむしろ不満を持つ人間が現れるという事例があります。このように賃金とは麻薬のような効果を持ち、一度慣れてしまうとそのありがたみが減ってい

き、欲求には際限がありません。

　人はどうしても賃金のような目に見えるものがモチベーションにつながると思い込みがちですが、**高いモチベーションはむしろ仕事での達成感や承認といった「動機付け要因」から生まれる**と二要因理論では考えられています。「動機付け要因」は、ある一定程度の欲求が満たされた後のモチベーションを高めていく性質を持つからです。

　つまり、賃金制度から先に設計すると、モチベーションやパフォーマンス向上に失敗する可能性が高くなるのです。

　一方で、等級制度や評価制度づくりは、業務やミッションを与え、評価＝承認して、昇進したり新しい仕事がどんどんできるようになったりする仕組みをつくる行為です。これが、「動機付け要因」を設計することにあたります。

　本当に組織パフォーマンスやエンゲージメントを高める組織づくりをしたいならば、まずは等級制度や評価制度の設計から始めましょう。

◎ハーズバーグの二要因理論◎

動機付け要因

仕事それ自体がもたらす
やる気の要素

ゼロをプラスにする

承認
達成
仕事そのもの
責任
昇進
成長

衛生要因

これがないと不満が高まるが、
いくらたくさんあったとしても
満足や納得にはつながらない要素

マイナスをゼロにする

会社の方針と管理監督
監督者との関係
労働条件
給与
同僚との関係
個人生活

≫ ジョブ型かメンバーシップ型か

　人事評価制度を設計するにあたっては、「ジョブ型」か「メンバーシップ型」のどちらの評価制度をベースにするかという論点があります。

　これらは何に対して評価を行うかという考え方であり、細かく分けると以下の4つに分類できます。

◎ジョブ型とメンバーシップ型の違い◎

	ジョブ型		メンバーシップ型	
	職務型	役割型	年功序列	職能型
制度の特徴	職務に対して評価	役割に対して評価	在籍年数に対して評価	能力に対して評価
メリット	賃金と業務が連動し、納得度が高い	賃金と役割が連動し納得度が高い	社員の安心感が高い	ポストが不足していても給与が維持できる
デメリット	職務を定義する運用ノウハウが必要	役割を増やそうとしない社員を評価できない	能力不足の社員への不満を生じさせやすい	ジェネラリストほど能力を積み上げやすく評価されやすい

　最近の傾向では、よりジョブ型に近い制度が採られる場合が多くみられますが、どの分類が一般的に正しいかという正解はありません。

　STEP1で定めた基本方針に基づいて、自社にとってどの制度が最もマッチするか、また、モチベーション維持が図れるかを考える必要があります。

3-9　人事労務の各業務⑥

人材育成・教育研修

≫ キャリアプランの多様化

　人材育成の一環として教育研修制度を設計していくためには、まず社内で理想とされる**キャリアプランを描く**必要があります。新卒で入社し将来の経営幹部を目指していく人材、中途入社で専門性高くスペシャリストとして活躍する人材、地域限定職として現場管理スキルを高めていく人材などなど、現在はさまざまなキャリアステップが存在します。

　雇用形態についても、必ずしも自社のみで働く正社員だけではなく、業務委託契約メンバー、副業を行う社員、短時間社員など、個々人のキャリアプランの多種多様化が進んでいます。

　このような時代背景のなかで、多彩なキャリア・人生設計を許容しながら、事業を発展させていくためのモデルとなるキャリアプランをいくつか用意しましょう。

≫ 教育研修プログラムを設計する

　複数のキャリアプランができ上がった場合、そのキャリアプランに対して教育研修プログラムを用意しましょう。教育研修プログラムはその階層や種類に応じて次ページの図表のように分けられます。

≫ 評価制度・等級制度との連動

　当然ですが、**キャリアプランは人事評価制度と連動**していなければいけません。

　本人がどのようなキャリア成長があれば等級を上げていけるのかという要件定義をしておきましょう。こうしておけば、「キャリアプラン」-「教育研修プログラム」-「人事評価制度」のそれぞれが一体となって、一貫性のあるプログラムとして機能するようになります。

◎教育研修プログラムの分類◎

	Off-JT (Off-the-Job Training)	OJT (On-the-Job Training)	自己啓発活動
新人教育研修	・ビジネスマナー ・入社ガイダンス ・基本スキル／OAスキル ・会社理解 ・コンプライアンス	実際の業務での経験	・eラーニング ・書籍購入補助 ・外部セミナー参加 ・企業内大学 ・資格取得補助
中堅社員研修	・職種別スキル ・ロジカルシンキング ・プロジェクトマネジメント ・コンプライアンス		
管理職研修	・戦略思考 ・計数管理 ・マネジメント／チームビルディング ・コンプライアンス ・メンタルヘルス		

3-10 人事労務の各業務⑦

就業規則

》 就業規則は人事規程の基盤となるもの

「**就業規則**」とは、賃金・休日といった各種労働条件や服務規律を定めた会社全体の規程です。従業員がその会社で働くうえでのルールブックとなるので、人事規程の最も上位概念となる、重要な文書となります。その分量は会社によっては100ページ以上にもわたります。

》 就業規則は10名以上になったら作成が義務化される

創業してすぐの会社や、小さな中小企業では「就業規則がない」という場合もあるでしょうが、これは違法ではありません。**就業規則の作成義務は「常時雇用する労働者が10人以上」の場合**なので、それまでは就業規則をつくるか否かは会社が任意で判断できます。

また、就業規則とは、最も重要な人事規程である以上、会社側だけで決めてしまうことはできません。

就業規則を新たに作成したり変更したりする場合には、従業員代表や従業員組合から就業規則に対する意見書をもらったうえで、労働基準監督署に届出をしなければいけません。また、作成した就業規則は、従業員がいつでも見られるように、保管・送付などを行い、周知させなければいけません。

》 就業規則に書くべき内容

就業規則では以下の項目を記載します。

就業規則に書くべき内容

■**必ず書くべき項目（絶対的必要記載事項）**
① 始業および終業の時刻、休憩時間、休日、休暇並びに交替制の場

合には就業時転換に関する事項

② 賃金の決定、計算および支払の方法、賃金の締切りおよび支払の
　　時期並びに昇給に関する事項

③ 退職に関する事項（解雇の事由を含む）

■ そのルールを定めるならば必ず書くべき項目（相対的必要記載事項）

① 退職手当に関する事項

② 臨時の賃金（賞与）、最低賃金額に関する事項

③ 食費、作業用品などの負担に関する事項

④ 安全衛生に関する事項

⑤ 職業訓練に関する事項

⑥ 災害補償、業務外の傷病扶助に関する事項

⑦ 表彰、制裁に関する事項

⑧ その他全労働者に適用される事項

■ それ以外の会社が任意で定めたいルール

• 会社が定めたい項目

❯❯ 就業規則は複数の規程文書をまとめたもの

　勘違いされやすいのですが、**文章のタイトルで「就業規則」となってい
るものだけを就業規則と呼ぶわけではありません。**

　例えば、就業規則とは別に「賃金規程」や「慶弔金規程」を定めている
場合、これらの規程は絶対必要記載事項のうち、②の賃金の決定に関する
事項に含まれます。「就業規則と一体となる規程」として就業規則の細則
規程とみなされ、労働基準監督署への届出が必要になるので注意しましょ
う。また、先の項（3‐8、158ページ）で解説した人事評価制度も、基本
的には就業規則を構成する規程だといえます。

就業規則を構成する細則規程の例

- 賃金規程
- 人事評価規程
- 等級・グレード規程
- 退職金規程
- 育児・介護休業規程
- 出張規程
- 個人情報管理規程
- リモートワーク規程、在宅勤務規程
- 福利厚生規程
- 慶弔金規程
- ハラスメント規程　　など

≫ 就業規則を作成するうえでの留意点

就業規則を作成する際には、特に以下の2点に気をつけてください。

① 会社のビジョン・バリューを反映させること

就業規則は、会社の人事ルールを表現した総本山ともいえる規程です。1つひとつの規定を細かく考えようとして視野が狭くなると、利益至上主義の過度にブラック化した厳しい規定を盛り込んだり、従業員に良い顔をしようとしすぎて過度なホワイト化した規定を盛り込んだりすることがよくあります。

一方で、一度つくった就業規則を変えるのは簡単なことではありません。特に、従業員にとって不利益な変更になる場合は、従業員から意見をもらうだけでなく個別同意を取ったうえでなければ変更すらできません。

このため、就業規則を新たにつくるうえでは、会社にとって重要な指針（ビジョン・バリューといった人事上のポリシー）に影響する規程についてしっかりと設計しつつも、細かすぎる項目については過度なアレンジをしようとせず就業規則のひな型をベースにする方法をおススメします。

就業規則のひな型は、社労士などの専門家であれば持っています。また

厚生労働省のホームページからダウンロードすることも可能です。

② 専門家と一緒に作成すること

　就業規則を労務担当者が1人で作成することは困難です。人事上の最重要規程であるという点と、100ページ近い分量や、細則規程も含むと10近い規程ができ上がるという点も考慮すると、作成難易度は高いものです。

　また、毎年発生する法改正も理解しながら、規程の条文に反映しなければいけません。社内に労務専門性の高い上長や社労士資格を持っているベテラン社員がいれば、その方を中心に作成することも可能ですが、通常はそうではない場合のほうが多いです。

　ですので就業規則は、社労士などの専門家と一緒に確認しながら作成することをおススメします。

3-11 人事労務の各業務⑧

人事異動

≫ 人事異動の目的

　組織規模が大きくなり制度が整ってくると、従業員に人事異動が生じる機会が増えます。**人事異動とは、主に縦と横の異動の2種類が存在します。**同じ職階内の昇進・昇格に加えて、部署間での横異動（配置転換）やグループ会社への出向・転籍といった、職務内容や勤務場所が変更されることをいいます。

- **縦の人事異動**：昇進・昇格
- **横の人事異動**：配置転換、出向・転籍

　また、従来型の日本企業の文化として、縦と横のハイブリッドの育成を行う「ジョブローテーション」制度があります。人事制度の仕組みの一環として、定期的に2～5年スパンでの配置転換や昇進・昇格させて、意図的にさまざまな部署の経験を積ませる人材育成制度です。

ジョブローテーションの目的

- 中長期的な視野で、将来の幹部候補生を育成する
- 適材適所の配置を模索する
- 会社全体の業務理解を深めてもらう

　ただし、ジョブローテーションのような横異動を含む配置転換施策は、組織規模が大きくならないと現実的には実施が難しいです。厚生労働省が2017年1月に公表した「企業における転勤の実態に関する調査」によれば、ジョブローテーションを実施している企業かどうかは企業規模と強い相関関係があります。

数十人規模の組織であれば、横異動を伴う人事異動は、一度経験したスキルやノウハウを一時的にリセットされることや、本人の望む以外の業務につくことでモチベーション低下を引き起こし、組織全体のパフォーマンスを下げるリスクもあります。採用力の確保といった他の人事制度も充実させたうえで、戦略的にジョブローテーションを行うことを推奨します。

◎企業規模とジョブローテーションの有無◎

人　数	割　合
300人未満	37.3%
300〜500人	51.3%
500〜1000人	57.2%
1000人以上	70.3%

※厚労省「企業における転勤の実態に関する調査（2017年）」を基に作成

≫ ジョブ型かメンバーシップ型か

　人事異動の大元の思想・設計としては、その会社の人事ポリシーや、人事評価制度がジョブ型かメンバーシップ型なのかによっても、大きくそのあり方が変わります。

◎ジョブ型とメンバーシップ型の設計の違い◎

ジョブ型	**縦異動を中心とした制度** 　職務を中心に組織設計し、所属する人には専門性や業務遂行力を高めて**スペシャリスト**を育てていく方針。業務内容自体で処遇が変わるため、横異動は不向き
メンバーシップ型	**横異動をからめた制度** 　人の能力を中心に組織設計し、さまざまな経験を積ませて総合力の高い**ゼネラリスト**を育てていく方針。人に対して処遇が決まるため、縦と横の異動の両方が必要

>> キャリアプラン・キャリアパスとの連動

　人事異動を行う際には、**人材育成上で設計したキャリアプランとの連動が不可欠**です。会社の事業成長と本人成長にとって"win-win"となる**キャリアパスを部署や人ごとにいくつかを設計**したうえで、その成長プランに合わせて縦横の人事異動を意図的に行っていきます。

◎キャリアパスのイメージ◎

>> やむを得ない理由による人事異動

　人事異動のもう1つの役割として、従業員のライフステージ変化やプライベート事情、組織内トラブルによって業務や職階を変更することがあり得ます。人事異動はこうした予期せぬ事態への調整弁としても機能します。

人事異動が必要な、やむを得ない事情の例

- 育児、出産、介護といったライフステージの変化
- 配偶者や家族の海外転勤
- メンタルヘルス不調による休職後の職場復帰時
- 部署内でのコミュニケーション・人間関係の悪化
- 部署内ハラスメントの発生
- 問題社員への対処

≫ 配置転換を行う際の留意点

配置転換は、経営者や人事労務の一存で気軽に決められるものではありません。実際に制度実施する際には、従業員に対して大きな負担を与える決定であることも配慮し、特に労働法や法的リスクへの対策は不可欠です。もし不当な**配置転換**である場合は、従業員はその命令を拒否できる権利があります。

配置転換を行う際の注意点

1．就業規則上の規定があるか

就業規則に「業務上必要がある場合に、配置転換を行うことがある」旨の記載があるかを必ず確認します。もし規定がない場合は、新たに従業員代表や組合との合意のうえで、就業規則を改訂します。

2．雇用契約上、勤務地や職種が限定されているか

就業規則とは別に、各従業員との個別雇用契約において、勤務地や職種が限定されている場合は、合意なき異動はできません。

3．配置転換をする業務上の合理的な理由・必要性があるか

合理的な理由がない配置転換の場合、権利濫用とみなされて無効になる場合があります。合理的な理由とは、「労働力の適正配置」「業務効率の向上」「モチベーション向上」「人材開発、雇用の維持」などの理由です。

4．社員に著しい不利益を負わせるものでないか

できる限り、一方的な命令ではなく、社員の意向を確認しながら辞令を出すようにします。

勤怠管理・残業管理・36協定

≫ 残業させるためには36協定の提出が必要

　残業管理を理解するためには、まず「**36協定**」のルールを理解しましょう。36協定とは、正式名称は「**時間外・休日労働に関する協定**」といいます。法定労働時間（1日8時間および1週40時間）を超えて労働者に時間外労働（残業）をさせる場合には、36協定の締結と労働基準監督署への届出が必要になります。このルールは労働基準法第36条に定められていることからそう呼ばれています。

　36協定は、たとえ1日に1分でも法定時間外労働が発生する場合には提出をしないと違法となるため、**従業員を1人でも雇用した瞬間に提出する**ことが、実務上は推奨されています。36協定を締結する流れは、以下の通りです。

① 「残業時間・休日労働日数の上限を決定」　② 「従業員代表と協定を締結」
③ 「監督署への届出」　④ 「従業員に周知」

　なお、36協定の有効期間は1年であるため、違法残業にならないためにも毎年忘れずに更新することが重要です。

≫ 労働時間の上限は、月100時間未満・年間720時間未満

　36協定を提出したからといって、残業時間の上限なく働かせることはできません。以下のルールが定められているので、必ず覚えておきましょう

■ 残業時間の上限のルール
・年間720時間が上限
・45時間を超えられる月は、年6回まで
・1カ月の最大は100時間未満
・複数月を平均して80時間以内

なお、通常の場合は、月45時間・年間360時間が上限です。これをさらに延長したい場合は、「**特別条項付き36協定**」という、通常とは異なる協定届を提出する必要があります。

>> 時間外労働・休日労働・深夜労働には割増賃金の支払が必要

　法定の労働時間を超えて労働をする場合、労働者の負担が大きくなることへの対価＝つまり**割増賃金**を支払う必要があります。

　割増賃金は、例えば時給2,000円の従業員が時間外労働を1時間した場合、1時間分の2,000円と25%を上乗せした500円分も追加で支給しなければいけません。

時間外労働に対する賃金

「① 賃金単価 × ②対象の労働時間 × ③割増率」

①の賃金単価は、以下のように計算します。

	賃金単価の計算式
月給制	（月給＋手当）÷（年間の所定労働日数÷12カ月×1日の所定労働時間）
日給制	（日給＋手当）÷1日の所定労働時間
時給制	そのまま時給を用いる

③の割増率は以下に定められています。

	割増率
法定時間外	25%※
法定休日	35%
深夜（22時〜5時）	25%

※月60時間を超える分の割増率は50%以上

　なお、深夜労働は、時間外と休日に追加で加算されることもあります。例えば、法定休日のさらに深夜時間帯で働いた場合、その分は35%+25%＝60%の割増賃金が発生することになります。

Column ▶ 「所定」と「法定」の違いに注意！

　勤怠管理や給与計算を行っていると、似たような言葉が出てきて、非常にわかりづらいときがよくあります。そのなかでもわかりにくい例は以下です。

- 「所定時間外労働」と「法定時間外労働」の違い
- 「所定休日」と「法定休日」の違い

　労働基準法では、「時間外や休日労働では割増賃金を支払う」というルールがありますが、これは「法定」のことを指しています。法定のルールは、「時間外＝１日８時間・週40時間を超える場合」「休日＝週に１回」とされているため、私たちの通常働いている感覚とずれて、混同しがちです。

　というのも、今は完全週休二日制の会社がほとんどですし、１日の労働時間を８時間労働ではなく、例えば７時間に設定している会社もあります。この場合、休日が週２日あるうち１日出勤して、７時間以上８時間未満で働いても、その部分については労働基準法上の割増賃金の対象になりません。

　つまり、**「法定」という言葉は労働基準法のルール、「所定」という言葉は会社独自のルール**、と考えておきましょう。そして「所定」に割増賃金を追加するかは会社の判断になります。これは就業規則や雇用契約書に記載する事項なので、会社のルールをしっかり確認しておきましょう。

>> 勤怠チェックと集計区分

　勤怠管理において、チェックすべき項目は以下になります。

勤怠管理におけるチェック項目

- 従業員の契約形態ごとの所定労働時間、休日設定はできているか
  - ▶時給制、月給制
  - ▶フルタイム、パートタイム

- 法律が求める休憩時間を取れているか
  - ▶ 6時間超〜8時間 ⇒ 45分以上
  - ▶ 8時間超〜 ⇒ 1時間以上
- 36協定に違反する残業を行っていないか
- 深夜労働や休日労働が常態的に発生していないか
- 残業が毎月常態的に発生している部署や従業員がいないか
- 有給休暇は取れているか

>> 勤怠の区分集計

　勤怠をチェックしたり、その先の給与計算へと実務をつなげていくためには、**勤怠の集計区分ごとに労働時間を集計管理する**ことが最も重要です。これがうまくいかない場合、36協定が求める時間外上限の把握が難しくなったり、割増率を間違えたりと、不都合が多く発生します。

　勤怠は勤怠管理ソフトやスプレッドシートを用いて集計しますが、以下の区分に集計できているかを確認しましょう。理論的には下の図の通り、18区分の時間集計があり、それに割増率を紐づけることができます。

　なお、前ページのコラムで書いた通り、所定時間外と法定時間外、所定休日と法定休日は異なるので注意しましょう。

◎勤怠の集計区分と割増率
（所定外＝100％、月の法定残業が月60時間以内の場合）◎

		日中			深夜		
		所定内	所定外残業	法定外残業	深夜所定内	深夜所定外	深夜法定外
平日		100%	100%	125%	125%	125%	150%
休日	所定	100%	100%	125%	125%	125%	150%
	法定	135%	135%	135%	160%	160%	160%

有給休暇管理

>> 有給休暇の概要

　有給休暇とは、一定期間勤続した労働者に対して、心身の疲労を回復しゆとりある生活を保障するために付与される休暇のことで、「有給」で休むことができる、すなわち取得しても賃金が支給される休暇です。

　有給休暇を付与する条件は①「雇い入れの日から6カ月経過していること」②「その期間の全労働日の8割以上出勤したこと」の2つです。

　また有給休暇の付与日数は下表の通り定められています。雇い入れ日から6カ月目に初回付与がなされ、その後は1年サイクルで与えられます。

◎通常の労働者の付有休休暇与日数◎

継続勤続年数（年）	0.5	1.5	2.5	3.5	4.5	5.5	6.5以上
付与日数（日）	10	11	12	14	16	18	20

>> 年間5日の消化義務に要注意

　有給休暇は、労働基準法上、「**10日以上の有給休暇を付与した従業員**」を対象に、「**1年間で5日以上消化する義務**」があります。

　半年以上勤務した従業員がこの消化義務の対象になるため、基本的には有給休暇を付与した従業員全員に対して、有給を年間5日消化してもらう必要があります。

　有給休暇は、従業員ごとに付与日が異なるので、こまめに有休消化管理を行ってください。

　もともとの年間休日数が多かったり、特別休暇を多く設けている会社であるほど、結果として有給休暇の消化が進まないケースがあります。その場合、適宜取得アナウンスを行ったり、**計画的付与**（有休取得日をあらか

じめ会社側で指定すること）によっても解消ができます。

▶▶ アルバイトでも月給制でも関係なく有給休暇は付与

「アルバイトには有給休暇は与えなくていい」と勘違いしている会社もありますが、**アルバイトでも6カ月間勤務して、出勤率が8割を超えていれば、等しく有給休暇を与えなくてはいけません。**

アルバイト（時給制）はシフト制で休日を都度決めている場合も多いので、無計画に各アルバイトスタッフが有給休暇を取ろうとすると、業務が回らなくなる可能性があります。シフト組みをする際は有給休暇の消化計画も踏まえて、勤務バランスを調整しましょう。

アルバイトが有給休暇を取得した場合、給与は以下のように計算します。賃金計画も、あらかじめ有給休暇の取得・消化を踏まえてつくっておきましょう。

アルバイトの有給休暇時の給与発生額

1日の所定労働時間数 × 有給休暇の取得日数 × 時給

なお、アルバイト社員のように週5日以上の勤務がない労働者に対しては、以下のように有給付与日数が通常の労働者とは異なります。

◎週所定労働日数が4日以下かつ週所定労働時間が30時間未満の労働者の付与日数◎

	週所定労働日数	1年間の所定労働日数※	継続勤務年数（年）						
			0.5	1.5	2.5	3.5	4.5	5.5	6.5以上
付与日数（日）	4日	169日〜216日	7	8	9	10	12	13	15
	3日	121日〜168日	5	6	6	8	9	10	11
	2日	73日〜120日	3	4	4	5	6	6	7
	1日	48日〜72日	1	2	2	2	3	3	3

※週以外の期間によって労働日数が定められている場合

フレックスタイム制と裁量労働制

≫ 労働時間に過度にとらわれない働き方

　フレックスタイム制と**裁量労働制**は、「出退勤の時間の自由度が高い」という特徴を持つため、柔軟な働き方を実現するために導入検討される制度です。

　キャリアプランや働き方の多様化が進むなか、これまでの労働基準法が重視してきた出退勤時間の指定・指揮命令という概念にマッチしない働き方を設計することで、組織強化や事業成長を促すことができます。

≫ フレックスタイム制と裁量労働制は全く違う

　フレックスタイム制と裁量労働制は似たような文脈で語られることもありますが、意味合いが全く違う制度であり、労働法上のリスクも全く異なる形で存在するため、正しく理解をすることが重要です。

　両者の違いを理解するには、以下のことを覚えておく必要があります。

フレックスタイム制と裁量労働制の違い

- **フレックスタイム制**：従業員が労働時間を「自由に選択できる」制度であり、従業員に有利な権利を与える制度であるため、柔軟で自由な設計が可能。

- **裁量労働制**：実際に働いた時間を無視して労働時間を「みなす」制度のため従業員に過度な負担を与える可能性があり、従業員保護をするための多くのルールや制限が存在する。

　裁量労働制は**みなし労働時間制**の一種であり、「**専門業務型裁量労働制**」と「**企画業務型裁量労働制**」に分かれます。また、みなし労働時間制は、「事

◎みなし労働時間制の制度とフレックスタイム制の比較◎

	専門業務型裁量労働制	企画業務型裁量労働制	事業場外みなし労働時間制	フレックスタイム制
	実際の労働時間にかかわらず、あらかじめ定めた時間、労働したとみなす			総労働時間の範囲で始業・終業時間を労働者が自由に決めることができる
	あり	あり	あり	なし
職種の制限	情報処理システム分析・設計、デザイナー、税理士などの業務に限る	事業運営に関する事項についての企画・立案・調査および分析の業務	事業場外で労働した労働時間の算定が困難な業務 ・外回りの営業職 ・添乗員 ・新聞記者 など	制限なし
労働時間のカウント	みなし時間	みなし時間	みなし時間	実際の労働時間
残業代支給が必要な場合	みなし労働時間で判断	みなし労働時間で判断	みなし労働時間で判断	実際の労働時間で判断
	みなし労働時間が法定労働時間を超えている場合は支給			実際の労働時間が総労働時間（労働者が精算期間において労働すべき時間）を超えた場合に支給
深夜割増手当	必要	必要	必要	必要
勤怠管理	必要	必要	必要	必要
導入方法	・労使協定の締結 ・監督署への届出 ・本人の同意	・労使委員会の4/5以上で決議 ・監督署への届出 ・本人の同意	・就業規則で規定 または ・労使協定を締結（みなし労働時間が法定労働時間を超える場合は届出が必要）	・就業規則で規定 ・労使協定を締結（届出不要）
更新管理	最大3年の有効期間ごとに労使協定を更新	6カ月以内ごとに所轄労働基準監督署長へ定期報告を行う	なし	

業場外のみなし労働時間制」という制度もあるので、それぞれの制度の具体的な違いについて、前ページの表で一覧にして示しておきます。

▶▶ フレックスタイム制や裁量労働制を導入する際のポイント

フレックスタイム制や裁量労働制の導入は、会社が理想とすべき働き方や従業員とのかかわり方、キャリアの考え方とも連動する重要な選択になります。

また、制度を導入するにあたっての届出や規程整備、労務管理、その他の決めごとなども定める必要があり、「何となく良さそうだから……」と慎重に検討しないで導入すると、あとで大きな修正を余儀なくされかねないので注意が必要です。

従業員と会社が求めるカルチャーや組織風土、目指す人事ポリシーを考慮したうえで、制度導入をするかどうかを決定していきましょう。

健康管理と健康診断

>>> 健康診断の実施

　労働安全衛生法では、会社は健康管理の一環として、従業員への**健康診断**を義務付けています。健康診断の実施にあたっては、以下のルールを理解しておくといいでしょう。

健康診断実施のルール

■**健康診断の実施時期**
- 雇入時の健康診断：3カ月以内
- 定期健康診断：年1回

■**健康診断の対象者**
　1年以上の契約期間、かつ、正社員の週所定労働時間の4分の3以上の勤務者
　※週所定労働時間の2分の1以上4分の3未満の勤務は、健康診断を受けさせるのが望ましいとされています

■**健康診断の費用負担**
　労働安全衛生法上での義務となるため、会社が負担

■**健康診断中の拘束時間に対する賃金**
　強制ではないが、会社が負担することが望ましい（就業規則や賃金規程にて定めておくことを推奨）

　会社は従業員の健康状態を適切に把握する必要があるため、健康診断の予約・手配は、人事労務側から行うようにしましょう。各従業員が自由に診断機関を選ぶ場合、会社に診断結果が送付されずに情報収集に漏れが生

じる可能性があります。なお、各人の健康診断結果は個人情報に当たるので、管理方法には十分に留意します。

　なお健康診断は、健康保険組合や協会けんぽが提携する健康診断機関で実施すると、各従業員の予約実施管理や一括請求を行ってくれるので、実施先を選ぶ際の参考にしてみてください。

≫ メンタルヘルスケアの重要性

　近年はメンタルヘルスケアとそのリスク対策の重要性が増しています。

メンタルヘルスケア失敗によるリスク

- 従業員の休職・退職の増加
- 組織全体の生産性低下
- 訴訟問題、レピュテーション低下といった事業継続リスク

　この対策の一環として、2015年12月から「**ストレスチェック制度**」が開始され、「**従業員50人以上の事業所には、年１回のストレスチェックの実施**」**を行う義務が生じています**。ストレスチェックにより職場でのストレス状況を従業員ごとに把握し、その分析結果に基づいて職場環境の改善活動を定期的に行う必要があります。

　ストレスチェックは、HR系サービス会社や産業保健サービス会社など、外部サービスを活用しましょう。法定の設問や実施後の集計・分析、情報保管などの観点から、社内の人事労務担当者だけで行うのは実施負担が大きいため現実的ではありません。

ストレスチェックサービスの探し方のポイント

- 実施費用
- 実施方式：Web診断か、紙のマークシート診断か
- 他HR用途への活用：エンゲージメント調査などの人事サーベイと同時実施など
- 集計結果後の産業医との連携

>> 安全管理者・衛生管理者・産業医の選任

　従業員が50人以上の会社では、ストレスチェックだけではなく、**安全管理者、衛生管理者、産業医の選任**も必要となります。従業員が定められた人数以上となった日から14日以内に選任して労働基準監督署に報告しなければいけません。それぞれ資格要件が定められているので、適切な選任者がいるかどうかを必ず確認しましょう。

　また、届け出は不要ですが、従業員が11人以上になった場合は、**衛生推進者**を設置する必要があります。

　従業員の人数ごとに労働安全衛生法で求める設置義務がありますので、注意しておきましょう。

◎従業員数別の設置義務◎

		11～49名	50名～99名	100名～999名	1,000名～
共通	統括安全衛生管理者	―	―	△ (対象業種のみ)	○
安全	安全管理者	―	△ (対象業種のみ)	△ (対象業種のみ)	△ (対象業種のみ)
衛生	衛生管理者	―	○	○	○
	衛生推進者	○	―	―	―
産業医	産業医	―	○	○	○
	専属産業医	―	―	―	○

3-16 人事労務の各業務⑬

給与計算

≫ 給与計算のスケジュール

　給与計算実務は、労務担当にとって非常に重要な業務の1つです。給与計算を行なうために、まずは自社の給与計算のスケジュールを理解しましょう。

　一番先に確認すべきことは、**締日**と**支払日**です。会社によっても異なりますが、中小企業の場合は、「当月末締め翌月25日払い」などの設定をよく見かけます。大企業や従業員の資金繰りに配慮した会社であれば、「当月末締め当月20日払い」などとして、残業代についてだけ当月末で確定した後に翌月20日に支払う、などという例もあります。

　締日と支払日が確認できたら、締日から支払日の間に以下の業務を行います。

- 各従業員の勤怠入力締め
- 労務側での勤怠入力チェック
- 入退社した従業員の給与計算上の新規登録・抹消
- 社会保険料や雇用保険料、住民税・所得税の天引変更
- 銀行口座での振込

◎給与計算のスケジュール例◎

	第1営業日	第2営業日	第3営業日	第4営業日	第5営業日	
勤怠入力	→					
勤怠チェック	→	→				
入退社従業員の設定		→	→			
天引設定変更		→	→			
経費精算情報反映			→	→		
振込設定					→	

≫ 給与計算は必ずシステムを使おう

　給与計算は、さまざまな項目を用いて計算しなければいけません。これまで多くの会社の給与計算を見てきた筆者の経験では、**給与計算システムを用いずに計算している会社のほとんどで、重大な計算間違いが発生しています**。

　ですので、間違いの頻度や大きさをできる限り減らすために、給与計算システムは必ず使用することを強くおススメします。「どの給与計算システムを選べばいいかわからない！」という方は、会計システムとセットで契約できるものを選択するといいでしょう。給与計算は会計仕訳も複雑になるため、同じ会社のシステム内で連携できるというメリットもあります。

　また、システムを用いれば、振込業務の効率化も可能です。給与計算が完了したら個人別の振込金額を、振込用の銀行振込データ（全銀データやCSVデータ）としてデータ出力してくれます。それをインターネットバンキングに取り込むことで、振込業務を効率化することができます。

≫ 正確な給与計算をするにはマスター整備が命

　給与計算実務で計算をミスしないために、「**各種のシステム設定（マスター）が完璧にできている**」状態を目指しましょう。マスターがしっかり設定されていれば、7〜8割程度は計算の正確性が確保されます。

　ここでは給与計算システム内で、給与計算に影響を与えるマスター項目の例を示します。

◎設定すべきマスター項目の例◎

分　類	マスター設定項目
基本給	月給・日給・時給
勤務体系・契約	月給制・時給制・日給制の選択 所定労働時間数 年間労働日数
勤怠	区分別の労働時間（所定時間内・所定時間外・深夜・法定休日労働など） 有給休暇取得数、時間

その他手当	通勤手当 経費精算額
時間外手当	割増率（所定時間外・法定時間外・深夜・法定休日・所定休日） 固定残業代の額
その他特殊体系	フレックス制度・裁量労働制度の有無
社会保険	標準報酬月額 資格取得日・喪失日 徴収月（通常は翌月徴収）
雇用保険	資格取得日・喪失日
住民税	特別徴収の有無 毎月の徴収額（当年6月〜翌月5月）
所得税	甲欄・乙欄・丙欄 扶養人数・年齢

≫ 給与計算は間違えられない！

　給与計算実務を行うにあたって最も担当者の頭を悩ませることは、「計算量が圧倒的に多く複雑である」一方で、「間違えると影響の大きい重要業務」であるという点です。

◎給与計算の難しさ◎

法令・ルールの多さ	▶	**税金** 所得税法、住民税 **労務** 労働基準法、厚生年金保険法、 　　　雇用保険、労災保険、健康保険法 **内規** 就業規則、福利厚生規程
ミスできない重圧	▶	・従業員の生活を支える超重要業務 ・ミスしたら…というプレッシャー
実態把握の難しさ	▶	・各従業員の勤務実態まで見えないと 　本当に正しい給与計算はできない
時間の制約	▶	・給与計算の締日、月次決算業務の 　両方の〆切に合わせて迅速に計算

　給与計算を行うにあたっては、いくつかの影響を与えるポイントに分けて計算チェックを行いましょう。

◎給与計算でチェックすべきポイント◎

項　目	説　明
勤怠	・勤怠が毎日入力されているか ・平日・所定休日・法定休日の区分は合っているか ・所定労働時間の設定は合っているか ・1分単位まで計算しているか ・休憩時間は入っているか。法定要件（45分／1時間）を満たしているか
時間外割増計算	・勤怠時間が、時間外／深夜／法定休日／所定休日といった各区分通りに集計されているか ・勤怠システム→給与計算システムへのデータ転送がうまくできているか ・各集計区分の割増率の設定は合っているか ・自社が労働基準法を超える独自の割増率を設定しているなら、それがシステム上に反映されているか ・固定残業代の計算は合っているか
社会保険料	・入退社や月変対象従業員の社保設定はできているか ・固定的賃金の変動のあった従業員の3カ月後の平均給与が、2等級以上の変動を起こしているか ・徴収月の設定を間違えていないか
所得税・住民税	・甲欄・乙欄の設定を間違えていないか ・扶養の人数や年齢（16歳以上か）を間違えていないか ・特別徴収を行う従業員か否か。システム設定上は反映されているか

3-17 人事労務の各業務⑭

所得税と住民税の徴収と納付

≫≫ 所得税と住民税の徴収と納付

　所得税と住民税は、給与支払をする際に天引を行い、その後、国や地方自治体に納付します。

　どちらの税金も、「毎月従業員から徴収し、翌月10日までに納付する」というルールは同じですが、それぞれ以下の特徴や違いがあります。

◎所得税と住民税の徴収・納付の違い◎

	所得税	住民税
納付日	徴収した月の翌月10日までに納付	徴収した月の翌月10日までに納付
納付書類	所得税徴収高計算書（納付書）	納入済通知書
申告先・納付先	税務署（国税）	市区町村（地方税）
徴収方法	その年の所得に対して、毎月概算で徴収し、年末調整時に確定額を最終調整	前年に確定した所得に対する税額を、翌年6月〜翌々年5月にかけて分割して徴収
徴収の対象者	全従業員 ※年の途中入社した従業員も徴収	前年末に年末調整を行った従業員 ※途中入社でも、前職が作成した住民税の異動届出書を提出した場合は徴収可能
電子納付の方法	e-Tax経由で、インターネットバンキングかダイレクト納付	eLTAX経由で、インターネットバンキングかダイレクト納付

◎所得税徴収高計算書（所得税）◎

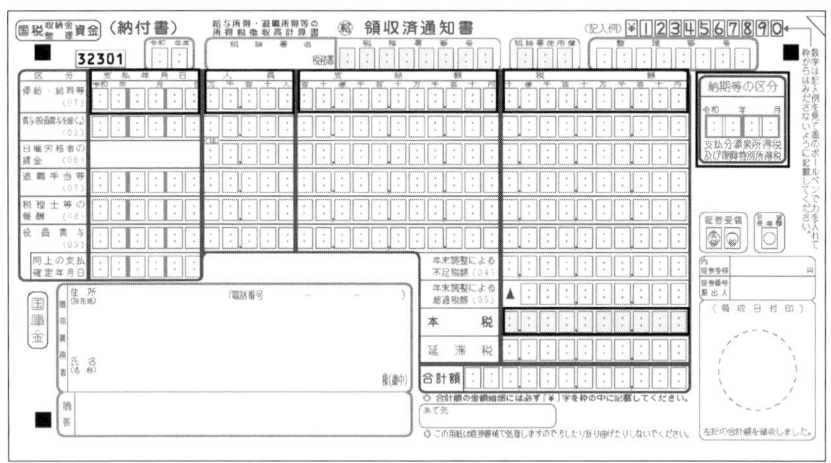

◎納入済通知書（住民税）◎

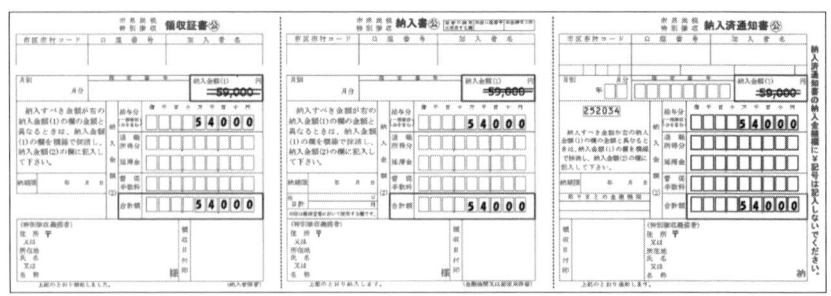

≫ 所得税の徴収額は、扶養家族と甲乙欄によって変わる

　所得税はどのように計算するのかというと、実務上は国税庁から公開されている「源泉徴収税額表」を用いて計算します。給与計算システムを用いている場合、扶養情報や甲乙欄の情報が設定されていれば自動で計算してくれます。

　次ページ上で示したように、その月の社会保険料控除後の給与金額が、180,000円で、扶養家族が1名だった甲欄の従業員であれば、2,430円がその月の所得税徴収額となります。

◎源泉徴収税額表の見方◎

（二）　　　　　　　　　　　　　　　　　　　　　　　　　　　　　　（167,000円〜289,999円）

その月の社会保険料等控除後の給与等の金額		甲								乙
		扶　養　親　族　等　の　数								
		0 人	1 人	2 人	3 人	4 人	5 人	6 人	7 人	
以　上	未　満	税							額	税　額
円	円	円	円	円	円	円	円	円	円	円
167,000	169,000	3,620	2,000	390	0	0	0	0	0	11,400
169,000	171,000	3,700	2,070	460	0	0	0	0	0	11,700
171,000	173,000	3,770	2,140	530	0	0	0	0	0	12,000
173,000	175,000	3,840	2,220	600	0	0	0	0	0	12,400
175,000	177,000	3,910	2,290	670	0	0	0	0	0	12,700
177,000	179,000	3,980	2,360	750	0	0	0	0	0	13,200
179,000	181,000	4,050	2,430	820	0	0	0	0	0	13,900
181,000	183,000	4,120	2,500	890	0	0	0	0	0	14,600
183,000	185,000	4,200	2,570	960	0	0	0	0	0	15,300
185,000	187,000	4,270	2,640	1,030	0	0	0	0	0	16,000
187,000	189,000	4,340	2,720	1,100	0	0	0	0	0	16,700
189,000	191,000	4,410	2,790	1,170	0	0	0	0	0	17,500
191,000	193,000	4,480	2,860	1,250	0	0	0	0	0	18,100
193,000	195,000	4,550	2,930	1,320	0	0	0	0	0	18,800
195,000	197,000	4,630	3,000	1,390	0	0	0	0	0	19,500

❯❯ 甲欄と乙欄とは？

　所得税の徴収においては、**甲欄**と**乙欄**という区分が存在します（詳細には丙欄という3つ目の区分もありますが、実務上使うことはほとんどないので割愛します）。

　両者では源泉徴収額が大きく変わり、上の源泉徴収税額表にある通り、甲欄のほうが所得税が少なく、乙欄ではかなりの金額の所得税を天引き徴収しなければいけません。

　甲欄は、「**給与所得者の扶養控除等（異動）申告書**」を提出した人を対象としたもので、その会社で主たる給与をもらっている役職員に適用されます。この扶養控除等申告書は、1カ所にしか提出することができず、ダブルワーク等で2カ所以上から給与を受け取っている従業員は、主たる給与をもらっている会社を選択して、この書類を提出することになります。

　一方、乙欄とは、2カ所以上で給与をもらっている従業員のうち、扶養控除等申告書を提出していない従業員が対象になります。

❯❯ 所得税は、給与に加えて外部費用支払も合わせて納付

　所得税の納付書を作成するときは、給与計算で天引きした所得税だけで

はなく、個人事業主やフリーランス取引先に対して費用を支払う際に徴収した源泉税についても、所得税徴収高計算書に合わせて記載をし、合算して納付する必要があります。

　外部費用支払については、人事労務では情報を持っておらず、経理側で支出を把握しているので、納付書を作成し納付する際には経理とも連携を行い、チェックし合うようにしましょう。

≫ 住民税の徴収と納付

　一方、住民税は、毎年4月〜5月頃に、前年末に年末調整を行った役職員に対しての「**住民税決定通知**」と、6月から次の年の5月までの12カ月分の「**納付書**」がまとめて会社に送られてきます。

　労務担当者は、この決定通知に記された各月の住民税額をそのまま役職員から徴収し、翌月10日までに納付することとなります。

3-18 人事労務の各業務⑮

社会保険・労働保険の概要

≫ 社会保険とは？

会社で働く人にかかわる社会保険は、以下のように分かれます。

広義の社会保険の範囲

▶狭義の社会保険
- 厚生年金保険
- 健康保険
- 介護保険

▶労働保険
- 雇用保険
- 労災保険

◎各社会保険の特徴◎

		趣旨／目的	保険料率 会社	保険料率 個人	徴収／納付	両者の違い
社会保険	厚生年金保険	老後の生活保障	9.15%	9.15%	翌月徴収 翌月納付	概算≒標準報酬で保険料を計算 ＆ 毎月納付方式
	健康保険	医療保障	4.99% ※協会けんぽ@東京都	4.99%		
	介護保険	(老後の)医療保障	0.8% ※40歳以上のみ発生	0.8%		
労働保険	雇用保険	失業の備え	0.95% ※一般の事業	0.6%	徴収：当月 納付：7月10日 (10月末／1月末)	実績賃金額で保険料を計算 ＆ 年度終了後での一括納付方式
	労災保険	労働中の事故への保障	0.3% ※その他の事業	－		
			16.19%	15.54%		

※保険料率は令和6年度のものを表示

193

社会保険を理解するためには、それぞれの保険内容・趣旨を覚えたうえで、各保険の「保険料の決定方法と料率」「保険料の徴収・納付方法」の違いを比較して理解することから始めましょう。

≫ 社会保険（狭義）の保険料の計算方法

社会保険（以降、「社会保険」と単に表現する場合、狭義の社会保険を意味します）は、「**標準報酬月額**」という概念を用いて決定します。

社会保険の保険料の計算方法

社会保険料 ＝ 標準報酬月額 × 保険料率

この標準報酬月額は、等級という形でいくつかに区分されています。なお、**保険料は労使で折半**になるので注意してください。

標準報酬月額を用いた保険料計算の例

45歳の中途入社、入社時に雇用契約で定めた給与額が、205,000円の場合

→報酬月額は195,000円〜210,000円の間になる

→標準報酬月額は、200,000円に決定

　※厚生年金保険は14等級、健康保険/介護保険は17等級となる。

→200,000円にそれぞれの保険料率を乗じて計算

・厚生年金＝200,000円×18.3％＝36,600円

・健康保険/介護保険＝200,000円×11.58％＝23,160円

◎健康保険・厚生年金保険の保険料額表◎

（東京都）　　（単位：円）

標準報酬		報酬月額		全国健康保険協会管掌健康保険料				厚生年金保険料（厚生年金基金加入員を除く）	
				介護保険第2号被保険者に該当しない場合		介護保険第2号被保険者に該当する場合		一般、坑内員・船員	
等級	月額			9.98%		11.58%		18.300%※	
				全額	折半額	全額	折半額	全額	折半額
		円以上 ～ 円未満							
1	58,000	～	63,000	5,788.4	2,894.2	6,716.4	3,358.2		
2	68,000	63,000 ~	73,000	6,786.4	3,393.2	7,874.4	3,937.2		
3	78,000	73,000 ~	83,000	7,784.4	3,892.2	9,032.4	4,516.2		
4(1)	88,000	83,000 ~	93,000	8,782.4	4,391.2	10,190.4	5,095.2	16,104.00	8,052.00
5(2)	98,000	93,000 ~	101,000	9,780.4	4,890.2	11,348.4	5,674.2	17,934.00	8,967.00
6(3)	104,000	101,000 ~	107,000	10,379.2	5,189.6	12,043.2	6,021.6	19,032.00	9,516.00
7(4)	110,000	107,000 ~	114,000	10,978.0	5,489.0	12,738.0	6,369.0	20,130.00	10,065.00
8(5)	118,000	114,000 ~	122,000	11,776.4	5,888.2	13,664.4	6,832.2	21,594.00	10,797.00
9(6)	126,000	122,000 ~	130,000	12,574.8	6,287.4	14,590.8	7,295.4	23,058.00	11,529.00
10(7)	134,000	130,000 ~	138,000	13,373.2	6,686.6	15,517.2	7,758.6	24,522.00	12,261.00
11(8)	142,000	138,000 ~	146,000	14,171.6	7,085.8	16,443.6	8,221.8	25,986.00	12,993.00
12(9)	150,000	146,000 ~	155,000	14,970.0	7,485.0	17,370.0	8,685.0	27,450.00	13,725.00
13(10)	160,000	155,000 ~	165,000	15,968.0	7,984.0	18,528.0	9,264.0	29,280.00	14,640.00
14(11)	170,000	165,000 ~	175,000	16,966.0	8,483.0	19,686.0	9,843.0	31,110.00	15,555.00
15(12)	180,000	175,000 ~	185,000	17,964.0	8,982.0	20,844.0	10,422.0	32,940.00	16,470.00
16(13)	190,000	185,000 ~	195,000						
17(14)	200,000	195,000 ~	210,000	19,960.0	9,980.0	23,160.0	11,580.0	36,600.00	18,300.00
18(15)	220,000	210,000 ~	230,000						
19(16)	240,000	230,000 ~	250,000	23,952.0	11,976.0	27,792.0	13,896.0	43,920.00	21,960.00
20(17)	260,000	250,000 ~	270,000	25,948.0	12,974.0	30,108.0	15,054.0	47,580.00	23,790.00
21(18)	280,000	270,000 ~	290,000	27,944.0	13,972.0	32,424.0	16,212.0	51,240.00	25,620.00

※東京都の協会けんぽの例

≫≫ 労働保険の保険料の計算方法

　労働保険（雇用保険、労災保険）の保険料は、4月～翌年3月を計算期間として賃金合計を算出したうえで、保険料率を掛けて計算します。

労働保険の保険料の計算方法

労働保険料 ＝ 4月～翌年3月の賃金総額 × 保険料率

　狭義の社会保険との違いは、社会保険料は標準報酬月額という概算数値を使って見積もりで保険料を算出する一方で、**労働保険料は実績の賃金から保険料を算出**、労使の負担割合も、社会保険料のように折半ではなく、以下の計算式で求める点です。

労働保険の労使負担割合

・**雇用保険**（一般の事業）：会社側0.95％＋個人側0.6％＝合計1.55％
・**労災保険**（その他事業）：会社側0.3％

第3章 バックオフィス業務：人事労務編

195

なお、労働保険料は、雇用保険と労災保険のそれぞれが、業種によって保険料率が定められています。いずれも厚生労働省のホームページで公開されていますので、自分の会社の業種にあてはめて保険料率を給与計算システム等に設定しておきましょう。

　保険料率は、各年ごとに変更されますので、定期的にチェックしましょう。

業種によって労働保険料率が異なる

- **雇用保険**：一般／農林水産 清酒製造／建設の３つのいずれかで保険料が決定される
- **労災保険**：54種類の業種ごとに保険料が決定される

3-19 人事労務の各業務⑯

社会保険の月額変更届と定時決定

≫ 社会保険の標準報酬月額の決定方法

社会保険の標準報酬は定期的に改定されます。標準報酬月額が改定されるタイミングは、以下の3つです。

- 資格取得時決定（資格取得届）
- 定時決定（算定基礎届）
- 随時改定（月額変更届）

※カッコ内は、そのときに提出する書類名になります。
※この他に、頻度は少ないですが、育児休業明けでの改定もあります。

≫ 定時決定（算定基礎届）とは？

定時決定では、全従業員を対象に、「算定基礎届」という書類を作成・提出することで、9月分から1年分の標準報酬月額をまとめて改定する手続きを行います。

◎標準報酬月額の定時決定◎

項　目	説　明
提出書類	算定基礎届
提出先	年金事務所
提出時期	7/1～7/10
改定対象	原則として全従業員 【改定対象外となる人】 ・6/30以前の退職者 ・6/1以降に資格取得した者 ・7～9月に随時改定（月変）の対象となった者
改定時期	9月分（10月納付分）から改定
報酬の対象月	4～6月 ・「支払った月」で計算（発生月ではないので注意） ・支払対象となる日数が17日未満となる月は除く

≫ 随時改定（月額変更届）とは？

　随時改定とは、固定的賃金の変動があった人に対してのみ、「**月額変更届**」という書類を作成・提出することで、期中において標準報酬月額の変更を行う手続きとなります。

◎随時改定の定時決定◎

項　目	説　明
提出書類	月額変更届
提出先	年金事務所
提出時期	以下の条件を満たしたときから、速やかに
改定対象	以下の条件を「すべて」満たす場合 ①昇給または降給等により固定的賃金に変動があった ②変動月から３カ月間の平均報酬で計算した標準報酬月額とこれまでの標準報酬月額で２等級以上の差が生じた ③３カ月間の各月支払基礎日数が17日以上
改定時期	報酬変動月の４カ月目から改定
報酬の対象月	報酬変動月から３カ月 ・「支払った月」で計算（発生月ではないので注意）

≫ 報酬の対象

　標準報酬月額を計算する際には、定時決定も随時改定でも３カ月分の報酬を平均して計算します。「報酬」に含まれるもの、含まれないものは、下の表の通りです。

◎標準報酬月額の計算における報酬の対象◎

報酬の対象となるもの	報酬の対象とならないもの
基本給、役付手当、勤務地手当、家族手当、通勤手当、住宅手当、残業手当、現物支給、年４回以上支給される賞与など	年３回以内の賞与、退職手当、出張旅費、交際費、慶弔費、大入袋、見舞金、解雇予告手当、傷病手当金、休業補償給付など

実務上の計算では、以下のポイントは押さえておきましょう。

標準報酬月額の対象において覚えておきたいポイント

- **通勤手当は報酬に含まれる**：通勤手当は、多くの社員に支給されますが、社会保険では報酬に含まれるので、漏れないように注意しましょう。
- **毎月支給される手当は基本的には報酬に含まれる**：手当の名前や性質は会社によっても異なりますが、基本的に報酬に含まれると覚えておきましょう。
- **実費の精算は含まれない**：旅費や交通費の立替精算は、報酬ではなく事業経費なので報酬の対象外です。
- **賞与は含まれない**：賞与（年3回以内）は報酬月額には含めません。賞与を支払う際には、別の書類を提出して社会保険料を支払う必要があります（後述）。

≫ 賞与支払届

　賞与にも社会保険料はかかります。賞与を支払った際には、「**賞与支払届**」という書類を作成・提出することによって、賞与に対応する社会保険料を納付します。

　「賞与支払届」は、賞与支給日から5日以内に作成・提出しないといけないので、遅れたり忘れたりしないように気をつけましょう。

◎賞与を支払った際の社会保険料の手続き◎

項　目	説　明
提出書類	賞与支払届
提出先	年金事務所
提出時期	賞与の支給日から5日以内
保険料納付時期	賞与支払日の翌月末日
賞与の対象となる報酬	年3回以下の支給される報酬 ※賃金、給料、俸給、手当、賞与などの名称は問わない

賞与支払届の実務において最も注意すべきことは、従業員に支払った全額が賞与支払届の対象となる報酬だと思わなかったために、届出と納付を怠ってしまうケースがある点です。**名称を問わず、年に３回以下の頻度で支払われる報酬はすべて賞与として社会保険料を徴収しなければいけません。**

　例えば、従業員が紹介（リファラル）で入社した際に、紹介者側に支払う紹介手当、入社時に前職の年収が下がる分の補填を行うために支払うサインアップボーナスと呼ばれる一時金、営業に対して半年や１年単位のノルマ達成で支払われるインセンティブ、特許登録などの知的財産権に対する功績表彰などは、すべて賞与支払届を提出して社会保険料を納付しなければいけない報酬となります。

≫ 社会保険の改定スケジュール

　社会保険の改定は、まとめると以下のようなスケジュールで進んでいきます。

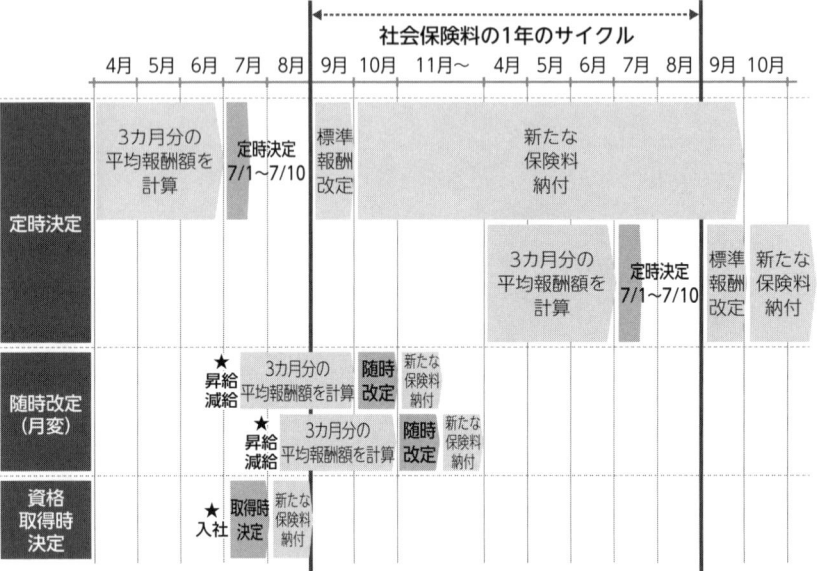

◎社会保険の改定スケジュール◎

3-20　人事労務の各業務⑰

労働保険の年度更新

❯❯ 労働保険料の決定と納付の仕組み

労働保険料は、主に以下のように分けて、保険料の計算を行います。

① **概算保険料の納付**：年度が始まった段階で、今年度発生する保険料をあらかじめ概算で支払う。

② **確定保険料の納付**：年度が締まった段階で、昨年度発生した保険料の実績を計算し、概算で支払っていた差額を精算する。

この①と②は、ともに同じ「6/1〜7/10の間」で計算を行います。労働局に対して、計算結果を示した書類を提出し、納付を行う業務のことを「**年度更新**」といいます。

❯❯ 雇用保険と労災保険の違いを理解する

労働保険は**雇用保険**と**労災保険**の2種類があります。それぞれは趣旨の全く異なる保険ですが、年度更新では一緒に計算して納付を行うため、その計算上の違いを理解しておきましょう。

◎雇用保険と労災保険の概要◎

		雇用保険	労災保険
保険料※	会社負担分	0.95%	0.3%
	従業員負担分	0.6%	なし
対象	役員	対象外	対象外
	従業員	・週労働20時間以上の従業員 ・昼間学生、季節的な雇用や1カ月未満の短期雇用は除く	全従業員

※雇用保険は「一般の事業」、労災保険は「その他事業」を想定しており、令和6年度時点の保険料率となります。

つまり、雇用保険は会社も従業員も負担するため、毎月の給与計算において従業員から天引き徴収を行います。一方、労災保険は会社負担のみなので、給与計算の天引き項目には出てこないこととなります。これは会計処理においても、雇用保険は「預り金」が生じる一方で、労災保険は預り金が発生せず未払費用のみ生じる、という点で違いがありますので、注意しておきましょう。

また、報酬の対象者ですが、「役員はいずれの保険も対象外である」「労災保険は全従業員が対象だが、雇用保険は週労働20時間未満は含まれない」と覚えておきましょう。

労働保険の年度更新を含めた保険料の徴収・計算・納付スケジュールをまとめると、以下のようになります。

◎労働保険料の全体スケジュール◎

労働保険料の１年のサイクル

		4月	5月	6月	7月	8月	9月	10月	11月	12月	1月	2月	3月	4月	5月	6月	7月

労働保険 申告期間：6/1~7/10 ／ 労働保険 申告期間

前年度
- 従業員分：★徴収 ★徴収 ★徴収（概算で前納する） ★徴収 ★徴収 ★徴収 ★徴収 ★徴収 ★徴収 ★徴収 ★徴収 ★徴収
- 会社分：月次での徴収対応は不要
- 前年度の概算納付との差額を確定納付

当年度
- 従業員分：★徴収 ★徴収 ★徴収（概算で前納する） ★徴収
- 会社分：処理不要 ／ 前納する

≫ 労働保険料の分納

労働保険料は、通常は年度更新の時期に１回納付するのみですが、「概算保険料が40万円以上」になる場合は３回に分けて納付（分割納付）することになります。分割納付時は、年度更新の場合のように毎回書類を作成する必要はなく、労働局から納付書が届くので、届き次第、納付をすれば

問題ありません。

◎労働保険を分納する際のスケジュール◎

	計算期間	納付期限※
第1期納付	4/1～7/31	7月10日
第2期納付	8/1～11/30	10月31日
第3期納付	12/1～3/31	1月31日

※土・日・祝日の場合は、その翌営業日

Column　7月は労務の繁忙期

　労務担当者にとって、7月は繁忙期になります。なぜかというと、社会保険の定時決定（算定基礎届）と労働保険の年度更新が一緒にやってきて、どちらも7/10が締切となっているからです。特に定時決定は4～6月の報酬を支払ってから計算をはじめ、提出期限が7/1～7/10と非常にタイトなスケジュールになっており、人数の多い会社で全社員の報酬計算を行うのは大変です。

　労務担当者の繁忙期はもう1つあって、それは年末調整の時期です。特に、11月後半から各種の書類チェックや計算チェックで忙しくなり、12月の給与計算で還付額を算出し、1月には各市区町村に給与支払報告書を提出するという実務は、なかなか大変なものです。

　これらは労務担当者の内々の実務も多く、外の部署にはこの時期が忙しいことが知られていないことも多かったりします。この時期の労務担当者は非常の多くの情報処理を行ったり質問を受けたりしていますので、ぜひ他の部署の皆さんにはご理解いただき、優しく労わっていただければありがたいです（笑）。

年末調整

≫ 年末調整とは？

　年末調整とは、一言で言えば、「１年間の従業員の税金（所得税）を確定精算する行為」です。所得税の項目でも説明しましたが、給与計算では、毎月、所得税の源泉徴収を行って、給与から天引きをしています。ただし、天引き金額はあくまで月次で計算した概算金額で、年間の全体所得にかかる所得税とは異なります。そこで１年間の所得が決まった段階で再度計算して、これまでの天引きしていた金額との差額を精算しなければいけません。これが年末調整です。

　また、毎月の給与計算での所得税徴収額は、本来の金額よりも少し多めに徴収していたり、保険料などの所得控除が加味されていなかったりします。年末調整で再度計算を行うと、多めに徴収されていたため、還付されるケースが一般的です。

年末調整の還付（追徴）金額

これまで毎月支払った所得税－年間での所得税の確定金額

※これがプラスなら還付となり、マイナスなら追徴となる

≫ 年間所得の計算方法

　年末調整を行うためには、まずは所得税の計算方法から理解する必要があります。所得税は、次の計算式で求めます。

所得税の計算方法

所得税額＝課税所得（給与収入－給与所得控除－所得控除）×税率－税額控除額

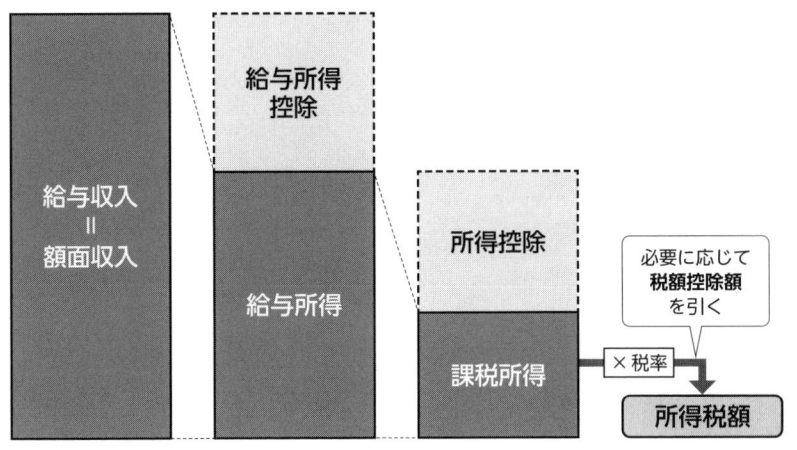

◎所得税のイメージ図◎

所得税を計算するためには、以下の3つの作業が必要になります。

所得税を計算するために必要な作業

① 年間の給与収入、つまり額面収入を確定させる
② 給与所得控除を計算する＝給与所得を決める
③ 所得控除の情報を集める＝課税所得を決める

①〜③の過程を示すと、上の図のようになります。また、それぞれの計算項目においては、以下の書類の記入が必要となります。

• 扶養控除等（異動）申告書
• 保険料控除申告書
• 基礎控除申告書・配偶者控除等申告書・所得金額調整控除申告書

3つの書類が各控除項目に対応していますが、書類の名称が長いのでそれぞれを「マル扶」「マル保」「基・配・所（キ・ハイ・ショ）」と呼んだりもします。

◎年末調整の例◎

給与＆賞与の額面 ①	4,000,000
給与所得控除	1,240,000
社会保険料控除（給与）	600,000
基礎控除	480,000
所得金額調整控除	0
配偶者控除	380,000
扶養控除等	380,000
生命保険料控除	50,000
地震保険料控除	20,000
社会保険料控除	0
小規模共済等掛金控除	120,000
控除額 計 ②	3,270,000
課税所得 ①－②＝③	730,000
算出税額 ③×税率＝④	36,500
毎月源泉徴収した金額 ⑤	53,760
年末調整還付額 ⑤－④	17,260

◎年末調整の作成資料◎

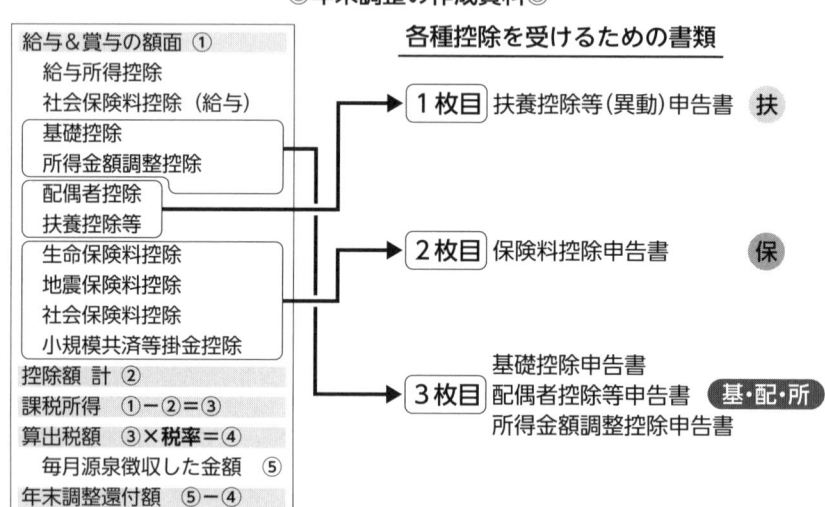

206

≫ 各書類の情報と作成方法

　各種控除を受けるための３つの書類と、それぞれの記入ポイントは以下のようになります。非常に細かく情報量の多い書類なので、すべてを覚えようとするのではなく、「各書類のどの場所にどういう情報を入れるのか」という構造を理解しながら記入していくと、間違いや混乱なく実務ができるでしょう。なお、これらの書類は変更されることもあるので、最新のものか確認して使用してください（以下では令和５年分の書類を使っています）。

◎年末調整の作成資料：１枚目◎

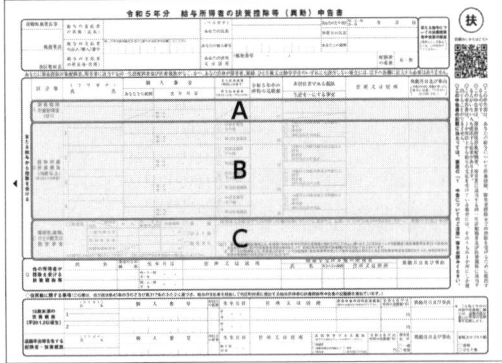

A) 配偶者控除（控除額38万円）
・同一生計が対象
・合計所得が48万円以下
　（給与収入なら103万円以下）

B) 扶養親族控除（控除額38万円/人）
・同一生計が対象
・16歳以上のみを記載
　※特定扶養／
　　老人ならば控除48〜63万円

C) 障害者/寡婦/ひとり親/学生
・対象者がいれば控除対象に

◎年末調整の作成資料：２枚目◎

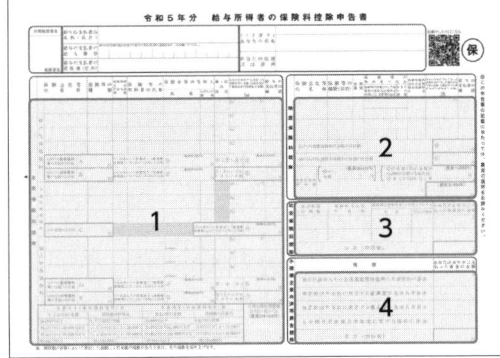

1. 生命保険料控除
・生命保険、介護医療保険、個人年金保険を区分する
・生命保険は新旧制度を区分する
・控除額は最大12万円まで

2. 地震保険料控除
・控除額は最大５万円まで

3. 社会保険料控除
・個人加入する社会保険が対象（会社で天引きされている分は対象外）
・国民健康保険／国民年金／国民年金基金／任意継続等を記入

4. 小規模企業共済等掛金控除
→小規模企業共済／確定拠出年金／iDeCo等があれば記載

◎年末調整の作成資料：3枚目◎

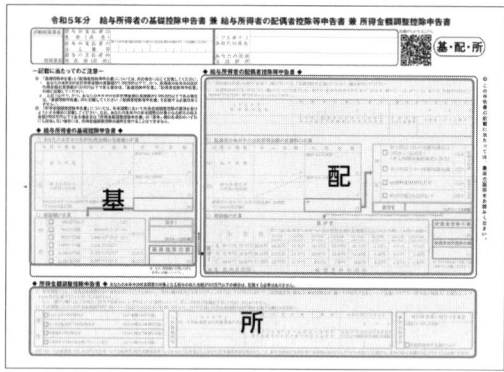

■基礎控除
・給与所得＋他所得を入力
・合計所得が**2,400万円超**で
基礎控除48万円が減額する仕組み

■配偶者控除等
・配偶者と本人所得に応じて、
控除額を1万～48万円の間で決定する

■所得金額調整控除
・給与収入850万円超なら入力
・特別障害者/23歳未満の扶養があ
れば**850万円超を10%控除**

≫ 年末調整の対象者

　年末調整は基本的にはすべての役職員が対象なので、正社員・契約社員・アルバイトなどの形態に関係なく年末調整を行う必要があります。ただし、次の場合は、年末調整の対象外となるので注意しましょう。

年末調整の対象外となる役職員

- 給与額面2,000万円を超える人
- ダブルワークをしており、他の会社で年末調整を行う人
- 年末付近で転職があり、転職先で年末調整を行う人

≫ 年末調整のスケジュール

　年末調整は、基本的には12月に支払う給与のときに還付や追徴を行います。万が一、間に合わない場合や12月の計算を間違えた場合には、1月に還付や追徴の修正計算をすることもあります。

　12月の給与支払時に間に合わせるためには、10月の後半、遅くとも11月中には、年末調整のための情報収集を各従業員から行わなければいけません。スケジュールは次ページの図表を参考にしてください。

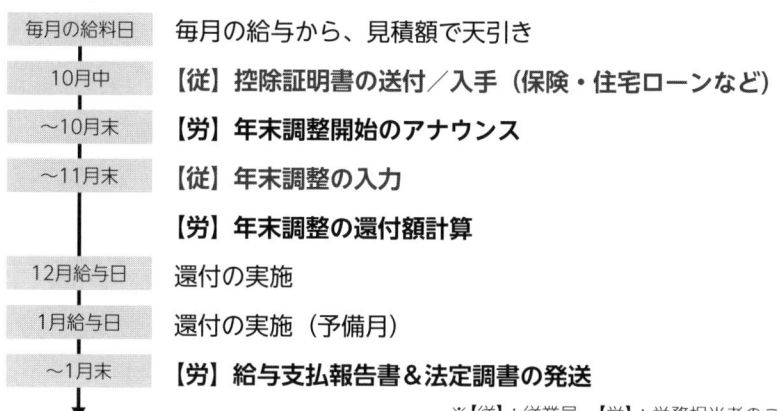

◎年末調整に向けたスケジュール管理◎

■スケジュール

毎月の給料日	毎月の給与から、見積額で天引き
10月中	【従】控除証明書の送付／入手（保険・住宅ローンなど）
～10月末	【労】年末調整開始のアナウンス
～11月末	【従】年末調整の入力
	【労】年末調整の還付額計算
12月給与日	還付の実施
1月給与日	還付の実施（予備月）
～1月末	【労】給与支払報告書＆法定調書の発送

※【従】：従業員、【労】：労務担当者のこと

≫ 年末調整は給与計算システムと連動したシステムを使おう

　年末調整は、非常に多くの情報を入力・確認し、所得税の知識を持ったうえで正確な計算を行わなければいけません。これをいきなり担当者がすべて完璧に行うことは難しいため、紙やスプレッドシートではなく、年末調整システム、そのなかでも、給与計算システムとデータ連携が可能なシステムを用いるようにしましょう。

　年末調整システムを用いれば、「扶養控除等（異動）申告書」などの書類をイチから作る必要はありません。システムの入力項目に従って、以下の情報を1つひとつ入力していけば、最終の還付（追徴）結果まで計算してくれます。

年末調整システムに入力する情報

- 本人の情報
- 扶養家族
- 保険料情報
- 住宅ローン減税
- 前職の給与＋社会保険料＋源泉所得税の情報

◎年末調整システムでの入力画面イメージ◎

本人情報 依頼前	2022年1月1日時点での本人情報	
家族情報 依頼前	姓名	楢西 祐介
保険料 依頼前	姓名カナ	ウエニシ ユウスケ
住宅ローン 依頼前	従業員番号	001
1〜12月給与 依頼前	生年月日	
	雇用形態	
	入社日	
	肩書 ❓	
	郵便番号 ❓	
	都道府県 ❓	
	住所 ❓	
	寡婦/ひとり親 ❓	
	障害 ❓	
	結婚	
	勤労学生 ❓	
	外国人	

※画像はfreee人事労務の入力画面

Column ▶ 年末調整は経理の仕事？ 労務の仕事？

　年末調整は、計算担当者にとっては一大イベントになりますが、労務で行うのか経理で行うのかについては、実は会社によって分担がかなり異なっています。

- **労務**：毎月の給与計算を行っており、年末調整も最終的には給与計算の結果に反映されるため、その延長線上に年末調整があると考える。
- **経理**：税金・お金を取り扱う部署であり、所得税とその先の住民税を計算する年末調整もその業務の一部であると考える。

　それぞれの部署の日常業務の役割分担を考えると、どちらも正しい考え方でしょう。

　ですのでどちらが行うかの正解はないのですが、一般的な傾向としては、組織が大きくなるにつれて労務担当者側が主導することが多くなります。理由はいくつかあるのですが、マイナンバー・所得・住所・家族といった個人情報に触れる業務であるという点が大きいのではないでしょうか。

　個人情報の管理は最近は非常にセンシティブで、人事労務以外の部署が情報を持つことは大きなリスクがあります。また、給与計算の実務は労務にとって重要性の高い業務であるため、シンプルに年末調整だけを切り離せない、という事情もあるでしょう。

　とはいえ、バックオフィス人員がまだ少ない小規模企業であれば、無理に経理と労務で業務を分けることもなく、日々の業務の一環として年末調整を行っているのが実情です。

　こういった役割分担の考え方は、バックオフィス部門のポリシーやビジネス全体への考え方が表れる行為でもあり、会社ごとの特徴が垣間見える瞬間でもあり興味深いですね。

退職時の労務手続き

≫ 従業員が退職する際は何をすればいい？

　従業員の退職時には複数のステップを踏んで手続きを進めていく必要があります。退職時に行うべき対応と、各ステップの詳細についてここでは解説します。

退職前のステップ

① 退職の意思を受け取る
② 退職願を預かる
③ 退職までの勤怠・有給休暇・経費精算処理
④ 会社からの貸与品、保険証の返却

退職後のステップ

⑤ 社会保険・雇用保険の資格喪失手続き
⑥ メールアドレスや各種アカウントの削除
⑦ 最終給与の支払計算と源泉徴収票の送付、退職金の計算と支払
⑧ 退職証明書の作成と送付
⑨ 住民税の異動届出書の作成と送付
⑩ 退職金の計算と支払

---

① 退職の意思を受け取る

　退職の意思表示は、通常であれば従業員から直属の上司に対して示されます。ですので、人事労務側では直属の上司ないし、上司から連絡を依頼された従業員本人から、退職の意思表示を受け取る形になります。

　誰かが退職する話を聞いた際には、その退職の内容自体が労働基準法に照らして問題ないかどうかを必ず確認しましょう。退職は会社にとっても従業員本人にとってもエネルギーのいる事態であるため、できるだけ円満・

円滑にプロセスを進めるべきです。そのためには、退職の状況を人事労務がしっかりと把握していることが重要です。

◎退職の意思を受け取った際、人事労務担当者が確認・意識しておくこと◎

✓：**契約形態は何だったか**
　▶契約期間終了に基づく退職か、無期雇用に対する退職か、定年退職か

✓：**不要な解雇ではないか**
　▶解雇制限があるため、会社から一方的に解雇することはできない
　▶契約社員であっても、契約更新が何度も行われている無期雇用に近い場合は、雇止めに制限がある

✓：**現場で無理に引き留め行為を行っていないか**
　▶労働者には自由意思で退職することができる

✓：**退職に際して、現場でもめごとに発展していないか**
　▶退職時に引継ぎ不足や、業務混乱が起きていないか

✓：**退職理由は何だったか**
　▶人事労務上の対策・フィードバックとして今後に活用する
　▶他社からの引抜き、情報漏洩などが感じられる場合には注意

✓：**退職時期は明確か**
　▶就業規則上の退職の事前通知時期と業務引継ぎの両方を考慮して決める
　▶現場の統括者とすでに調整済みか、それとも業務引継ぎをしながら正確な時期を決めるのかなどを確認

✓：**有給休暇の処理はどうするか**
　▶有給休暇の残日数を考慮して、最終出勤日が決まる
　▶有給休暇の買取りは違法だが、退職時には例外的に認められており、買取規定がある場合は可能

② 退職願を預かる

　退職時には言った言わないの問題を避けるため、退職願を書面で受け取っておくようにしましょう。よくある質問として「退職願」と「退職届」の違いについて聞かれることがありますが、違いは以下の通りです。

- **退職願**：退職を「願い出る」もの。合意のうえ、退職を進めていくための書類
- **退職届**：退職を「通告」するもの。退職を一方的に確定させるための書類

　通常であれば、事前に提出する書類は「退職願」になります。会社側も従業員側も、退職にあたって円滑に手続きを進めていくことが望ましく、片方が勝手に通告するのではなく両者の合意によって進めていくためです。

③ 退職までの勤怠・有給休暇・経費精算処理

　退職までの間に、従業員側では最終の業務引継ぎを進めてもらうことになるのですが、それと並行して残っている有給休暇や勤怠の処理方針を決めてもらいます。有給休暇が残っている場合は、その処理方針によって、退職時期や業務引継ぎ期間が変わってくるため、それらを考慮したうえで退職までのスケジュールを決定しましょう。

　退職後は社内のシステムの本人アカウント情報が停止されるので、勤怠・有給休暇処理は、必ず退職する前の在職中に行ってもらうようにしましょう。

　同様に、立替経費が最終月で発生しており、精算処理をする場合も、アカウント停止前に処理をするようにアナウンスしておきましょう（通常ルーティンであれば、経費申請は締日後に行う場合が多いので、人事労務側も本人側も申請を忘れないようにしましょう）。

④ 会社からの貸与品、保険証の返却

　最終日には、会社からの貸与品をすべて返却してもらいます。入館証、社員証、貸与PC、携帯電話、名刺など、会社によって貸与品は異なるので、自社のリストを見ながら返却物のチェックをします。

　また、社会保険の手続き上、健康保険証も扶養家族分も含めて必ず返却してもらいましょう。

⑤ 社会保険・雇用保険の資格喪失手続き

以下に挙げる手続きを退職後速やかに行います。

◎従業員の退職後速やかに行う手続き◎

項　目	届出先	提出期限
健康保険・厚生年金保険被保険者資格喪失届	年金事務所	退職日の翌日から5日以内
雇用保険被保険者資格喪失届	ハローワーク	退職日の翌々日から10日以内
雇用保険被保険者離職証明書（離職票）	ハローワーク	退職日の翌々日から10日以内

⑥ メールアドレスや各種アカウントの削除

退職日以後、メールアドレスや各ツールのアカウント情報を速やかに削除・整理しましょう。そのままにしていると社内業務が混乱したり、情報漏洩リスクが高まります。

⑦ 最終給与の支払計算と源泉徴収票の送付、退職金の計算と支払

退職日までの勤務に対して、最終給与の計算と支払を行い、源泉徴収票を送付します。

最終月の計算・支払においては、「**月末退職かそうでないかによって、社会保険料の徴収月が変わる**」点に注意しましょう。「社会保険の喪失日＝退職日の翌日」と「社会保険料は喪失した月の前月まで徴収する」という2つのルールがあるからです。

- **月末日退職：退職月も保険料を徴収・納付する**
- **それ以外の退職：退職月は保険料を徴収・納付しない**

また、これに加えて自社の社会保険料が、

❶ 当月徴収か翌月徴収か

❷ 締日と支払日が同月になるか

によっても最終月の給与で徴収するかどうかが変わるので、徴収漏れや二重徴収がないように注意しましょう。

215

例1） 10月末退職で、翌月徴収で、当月末締め当月25日支払の場合
→最終給与（10月25日支払時）で2カ月分の社会保険料を徴収

例2） 10月18日退職で、翌月徴収で、当月末締め翌月25日支払の場合
→最終給与（11月25日支払時）では徴収をしない

　徴収していいのか心配な場合は、経理にも確認してみましょう。徴収がおかしいときは、会計帳簿の未払費用と預り金の残高が合わなくなり、納付時にうまく消込ができなくなりますので、経理処理側でもチェックが可能です。

◎退職証明書のフォーマットと記載項目◎

退職証明書

　　　　　殿

以下の通り、あなたは当社を退職したことを証明します。

退職年月日	令和　　　年　　　月　　　日
使用期間	
業務の種類	
その事業における地位	
離職以降の賃金	
退職の事由	1．離職者の自己都合による 2．定年、労働契約期間満了等による 3．事業主からの働きかけによる 4．その他 （具体的に　　　　　　による） 5．解雇 （具体的に　　　　　　による）

尚、本人が証明を求めた項目に限って記載しています。

令和　　　年　　　月　　　日

⑧ 退職証明書の作成と送付

　退職証明書は、必ず作成するものではなく、従業員から依頼された場合に作成義務のある書類です。退職証明書は決まったフォーマットでなくてもいいですが、左記のフォーマットに入っている項目は必ず記載するようにしましょう。

⑨ 住民税の異動届出書の作成と送付

　従業員が転職先でも住民税の特別徴収を続ける際には、特別徴収の「**給与所得者異動届出書**」という書類を作成して、退職者に渡します。市区町村ごとにフォーマットが決まってるので、退職者の居住地である市区町村のホームページから書式をダウンロードしておきましょう。

　なお、会社側で記載した給与所得者異動届出書は、退職者に渡した後、転職先の労務担当者が同じ書面に記載をして市区町村に提出することで、転職先で特別徴収を継続することができます。

⑩ 退職金の計算と支払

　最終給与のほかに、退職金規程のある会社では、退職にともない、退職金の計算と支払が必要になります。退職金計算とその手続きは複雑なので、次項で詳細を説明します。

退職金制度

>> 退職金制度とは？

　退職金制度をつくる目的は、従業員の老後の資産形成のサポートと、それにともなうモチベーション向上になります。

　退職金制度にはさまざまなものがあり、各制度の効果も異なるため、違いをしっかりと理解したうえで導入を進めましょう。実際に導入する際には、それぞれの運用機関との契約が必要なので、説明を聞いたうえで慎重に導入を進めていくこととなります。

◎各退職金制度の比較◎

	メリット	デメリット
確定給付企業年金（DB）	従業員が安全に低リスクで退職金や年金資産を受け取れる	積立不足や運用失敗などによって追加負担が必要
企業型確定拠出年金（企業型DC）	従業員が自由に運用できる企業側で追加負担が不要	従業員の運用失敗のリスクがある
中小企業退職金共済（中退共）	中小企業でも手軽に始められる 企業側で追加負担が不要	掛金限度額が月３万円と低め退職するまで掛金拠出をし続ける必要あり
特定退職金共済（特退共）	中退共と同様のメソッドだが、中退共と違い、中小企業でなくとも加入可能	中退共と同様のメソッドだが、中退共と違い、１年未満の退職でも支給される

>> 会社の人事労務上の施策に合わせて導入を検討する

　退職金制度の導入については、労働法上の義務はなく、あくまで会社側の判断によって自由に決めることができます。一方、退職金は「中長期的なコミットメントを生み出すもの」「短期的ではなく長い目線での施策になる」という特徴を持つ人事施策となります。

退職金と対比される人事施策としては、「賞与」「インセンティブ」「福利厚生」などが挙げられます。これらは退職金制度と比べて短期的な目線で設定されることが多く、中長期と短期の両方のバランスを取りながら、退職金の導入設計をするといいでしょう。

導入タイミングについては、人事ポリシーによっても変わりますが、「事業が成長途上にあり従業員の定着率がまだ安定していない」「賞与や福利厚生などの短期施策が未導入」という場合であれば、もう少し後の段階になってからでも導入は遅くないでしょう。

▶▶ 就業規則、運用規約の新たな作成・改定が必要になる

退職金自体は「賃金」の一要素として考えられます。ですので、退職金制度を開始するにあたっては、就業規則や賃金規程の改定や、退職金規程自体の新設、労働基準監督署へも届け出が必要となるので注意しましょう。

また、新たに退職金の運用規約が必要な場合があればその規約も作成する必要があります。退職金の運用機関に相談しながら、規約をつくっていくこととなります。

▶▶ 退職金にかかる所得税

退職金については、所得税の計算が通常の給与や賞与と違います。**退職所得は「分離課税」といって、給与所得とは別に計算して、別で納税を行う仕組みになっています。**

退職金は、所得控除が大きく、さらに退職所得の2分の1の金額に対して所得税がかかるため、課税が優遇されている所得となります。

また、退職金は所得税だけではなく、住民税についても同時に計算をして天引きします。住民税については、退職所得の10%になります。

◎退職所得と所得税の計算方法◎

※国税庁ホームページを基に作成

所得税及び復興特別所得税の源泉徴収税額の計算方法

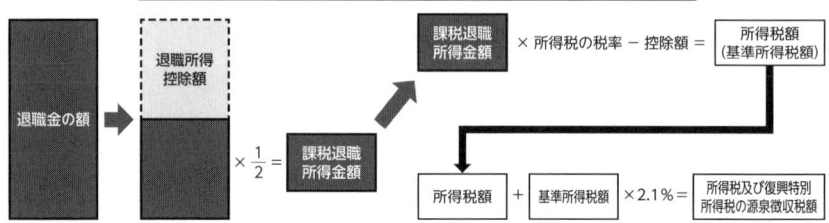

退職金の額から退職所得控除額を差し引いた額に1/2を掛けて課税退職所得金額を算出し、これに所得税の税率を掛けて、控除額を差し引いた残額が所得税額（基準所得税額）となります。この金額と、基準所得税額に2.1％を掛けて計算した復興特別所得税額を合計した金額が所得税及び復興特別所得税の源泉徴収税額となります。

［計算例］30年勤務した人が退職金を2,500万円受け取った場合

退職所得控除額	800万円 ＋ 70万円 × （30年 － 20年） ＝ 1,500万円
課税退職所得金額	（2,500万円 － 1,500万円） × $\frac{1}{2}$ × 500万円 ◎1,000円未満端数切捨て
所得税額	500万円 × 20％ － 42万7,500円 ＝ 57万2,500円
所得税及び 復興特別所得税の額	57万2,500円 ＋（57万2,500円 × 2.1％）＝ 58万4,522円 ◎1円未満端数切捨て

注：このほかに住民税として、50万円が特別徴収されます。

◎退職所得控除の額◎

勤続年数	退職所得控除額
20年超	800万円＋70万円×（勤続年数－20年）
20年以下	40万円×勤続年数 ※最低80万円

◎退職所得と住民税の計算方法◎

退職所得 ＝ ［ 収入金額（源泉徴収される前の金額） － 退職所得控除額 ］ ×1/2

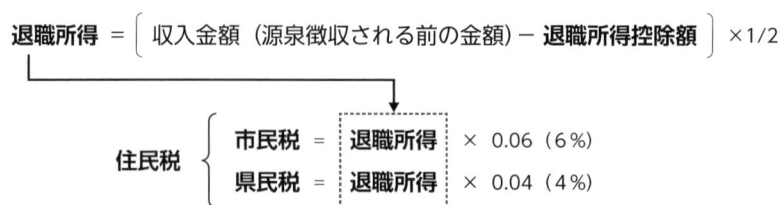

>>> 税務署と市区町村への申告・納税

　また、退職金の支給をする際には、以下の書類と申告手続きを忘れないように留意しましょう。

◎退職金を支給する際に必要な書類◎

書　類	説　明
退職所得の受給に関する申告書	・退職所得の申告を行う書類。提出を忘れると、通常通り計算した所得税ではなく「退職金×20.42％」を掛けた所得税を徴収しなければならなくなります ・退職者が作成して会社に提出する書類ですが、実務上は会社が作成して退職者に確認してもらうことが多いです（税務署に提出する書類ではなく、会社が保管する書類です）
給与所得・退職所得等の所得税徴収高計算書（納付書）	・税務署に対して提出する書類です（毎月給与で所得税を翌月10日までに納付する際の書類と同じものです）。毎月の給与に加えて、退職金の金額と納税額を追加記載して、合わせて申告・納付を行います
退職手当等に係る市民税・都道府県民税特別徴収税額納入申告書兼内訳書	・市区町村に対して作成する書類です ・退職所得に関する情報を記載して、納付申告を行います

第**4**章

バックオフィス業務：
法務編

業務の分類

　企業法務の業務は、その名の通り法律を扱う仕事ですが、会社を取り巻く法律には実にさまざまな種類がありますし、属する業界やビジネスモデルによっても、関連する法規制は異なります。

　まず、一般的に企業法務が扱う業務領域について紹介します。企業法務は、「ビジネス法務」「コーポレート法務」「その他コンプライアンス」に大きく分かれます。

◎法務が扱う業務領域◎

分　類	業　務	内　容
ビジネス法務	ビジネス契約書対応	フロント部署から上がってきた取引先との契約書をレビューしたり、契約書フォーマットを作成・提供してフロントが契約実務を進められるようにする。締結した契約書を、更新も含めて管理することも含まれる
	新規ビジネスへのリーガルチェック	新しい事業やエリアへの展開を行う際に、各種法令の調査やリスクのチェックをする
	債権管理・与信管理	取引先に対する貸倒れリスクを減らし、債権回収を確実にする。不良債権が発生した後の回収対応を行う
	知的財産権	商標、特許権、著作権といった知的財産権を中心に、その取得や他社とのライセンス契約を管理する
	労務問題対応	違法残業や不当解雇など、労働基準法や関連労務法令への対応を管理する
	業界規制対応	業界ごとに特有の法令を管理する。下請法、独占禁止法、景品表示法、貸金業法、資金決済法等、企業によってもその取扱い範囲が変わる

コーポレート法務	株主総会	会社法に基づき、定期株主総会および臨時株主総会の管理・運営を行う
	M&A	M&Aに際して、組織再編スキーム設計や、独占禁止法の検討、M&A契約書のチェック、法務デューデリジェンスの実施などを行う
	コーポレート・ファイナンス	金融商品取引法を中心に、上場会社が株式資本市場から資金調達を行う際の法対応を行う
その他	紛争・訴訟対応	取引先や社内役職員からの紛争・訴訟に発展する可能性のあるケースへの対応を行う
	ガバナンス、コンプライアンス	J-SOX、コーポレートガバナンス・コード、ISOなど企業の内部統制テーマへの対応・設計を司る
	ハラスメント対応	パワハラ・セクハラ等のハラスメントへの対応窓口、規程整備、通報後の対応、再発防止策などの対策を行う
	個人情報管理	個人情報保護法に基づき、漏洩防止のための取扱規程を設け、社内に浸透させる

　また、法務業務のもう1つの考え方として、法務対応の時間軸に焦点を当てて整理することもあります。

・**臨床法務**
　紛争・訴訟等の法務問題が起こった後で対応を行う法務

・**予防法務**
　法務問題が起こる前に、事前にリスクを把握して、問題の発生自体を予防する法務

・**戦略法務**
　ビジネスの早い段階から法務が関与して、ビジネスの視点に加えて法的視点を組み合わせて、意思決定の精度を上げるための法務

4-2 法務の特徴②

法務業務を行ううえでのポイント

≫ 法務は「会社の最後の良心」

　法務と聞くと堅いイメージを持たれる方もいらっしゃるかもしれません。それは法務という部署が会社の最後の砦であることに起因しています。**法務がまず果たすべき役割は「会社を法的リスクから守ること」になります。**そのため、法務業務において見逃しや曖昧な状態で進めることは許されませんし、法務は「会社の最後の良心」として、セーフティネット機能とブレーキ役を果たす重要な使命を持ちます。

　一方で、近年では「攻めの法務」といわれるように、**ビジネスに対してブレーキと同時にアクセルを踏む役割が求められるようになっているのも事実です。**

　例えば、戦略法務の領域では、事業部が新規事業を進めようとしているなかで、事前に法律の調査分析を十分に行い、理論武装することで、事業部が安全にアクセルを踏めるような構造・ビジネス座組みを積極的に考えていく行動が挙げられます。

≫ 法務に求められる力・スキル

　このように、法務は攻めと守りの絶妙なバランスを求められる業務です。そのバランスを十分に発揮するためには、以下のような力やスキルが求められます。

① 論理的思考

　法律は、基本的にはすべて論理的な構造をしています。契約交渉を行う際も、契約条文間の論理構造を理解して矛盾がないかをチェックしたり、ビジネス実態や一般法と照らし合わせて妥当かどうかを比較検討したりすることで実務を進めます。このため、記載している文章を論理的に読み解き、書き換えていく力が最低限求められます。

② 知識への探求心

　法務は実に多くの法令・ルールに囲まれて業務を行っています。法令も毎年改正・アップデートが起こり、一度知識を得ればいいというわけではありません。また社内で法令教育を行うためには、中途半端な理解でなく、人に伝えられるレベルまで理解度を高めなければいけません。

　「誰かに伝える」というのは、「ラーニング・ピラミッド」という知識定着のフレームワークにおいて、最も深度の深い理解（90%の定着率）といわれており、一朝一夕でできることではありません。そのための知的探求心が法務には求められます。

　ただ、これらの膨大な法令をすべて覚える力や記憶力が必要なわけではありません。より重要な性質としては「**探求心を常に持ち続けること**」自体であって、新しい情報に対して、自ら能動的に調査分析し、人に伝える試みをできるほうが大切です。

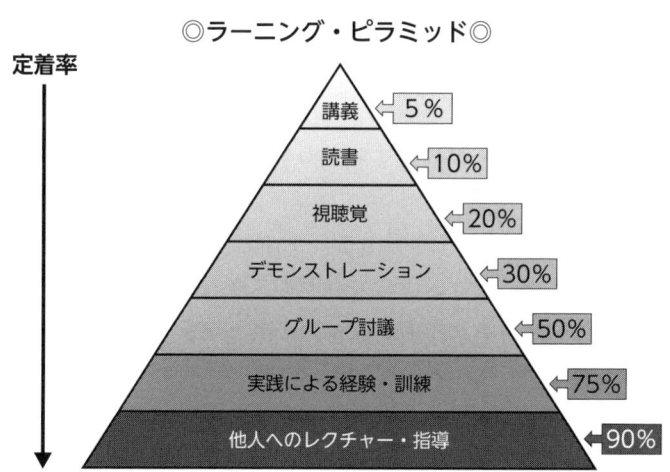

◎ラーニング・ピラミッド◎

③ 他部署や経営陣とのコミュニケーション・信頼関係構築

　法務業務で、よく議論されるのが、「法務担当は必要なのか？」「顧問弁護士ではダメなのか？」という話題です。これは明確に「法務担当は必要」と答えることができるでしょう。

　その大きな理由は、社内法務機能を持たないケースでは、ビジネス現場とのコミュニケーションが十分にできず、法的リスクも増大し、ビジネス

の意思決定の精度も下がる事態につながってしまうことはあります。

　法務実務を少しでも行ったことのある人ならば、例えば外部専門家だけでは契約書を正しくチェック、判断できない場面も多いことが理解できると思います。

　専門家は多くの場合、一般条項についてのチェックはしっかりと返してくれるのですが、ビジネス現場が本当に大事にしたい論点がわからず、法的安定性と収益性のバランスについてはどうしても判断できません。

　外部弁護士は、法的専門性の高い高度で複雑な案件に対する信頼性は高いのですが、企業法務を中心とするビジネス現場に紐づく法務に関しては、やはり情報量が不足する傾向にあります。どんなに優秀な弁護士でも、常にビジネス現場とコミュニケーションを取ることは難しく、情報戦には勝てないのです。

　そのため、**法務判断の精度を上げる近道は、ビジネス現場との円滑なコミュニケーションによる情報連携**なのです。

④ ビジネス理解と一般常識センス

　ビジネスについての十分な理解は、特にビジネス法務に携わる場合は非常に重要な視点になります。ビジネスの原理原則は「リスクとリターンが相関している」ということです。より具体的には、「ハイリスク・ハイリターン」「ミドルリスク・ミドルリターン」「ローリスク・ローリターン」という関係が成立するので、1つの取引やスキーム、契約には、リスクとリターンを、契約当事者がどの程度負担・享受するか、という変数が存在することになります。

　ここで大事な点は、「**ビジネスモデルを理解することは、リスク・リターンのバランスを理解することとほぼ同じ意味になる**」ということです。

　もし、ビジネスモデルを理解していないと、事業部やフロント部門が、この取引やスキームでどのように収益やリターンを得ようとしていて、一方でどういうリスクなら許容しようとしているのか、というバランスを理解できないまま、契約が進んでしまう恐れがあります。

　このように、ビジネスモデルの理解は非常に重要です。例えば、SaaS型の事業モデル（334ページ参照）であれば、顧客を定着させる＝解約率を下げることがモデル上の最重要KPIであり、解約リスクを低下させる条

項が契約書・利用規約などに盛り込まれているか、という視点で判断をすることができます。

また、リスク・リターンの関係性を考えるためには、**一般常識の感覚を持つことも重要です**。事業にその身を投じていると、どうしても「一般的に考えて……」「常識的には……」という考え方ができなくなります。事業の最前線で汗水流しているフロント現場は、特にそのような傾向が生まれやすいものです。

法務の「最後の砦」としての機能を全うするためには、ビジネスモデルと一般常識を組み合わせて、最適で許容できるリスク・リターンのバランスを検討する力が求められています。

◎ビジネスにおける法的意思決定◎

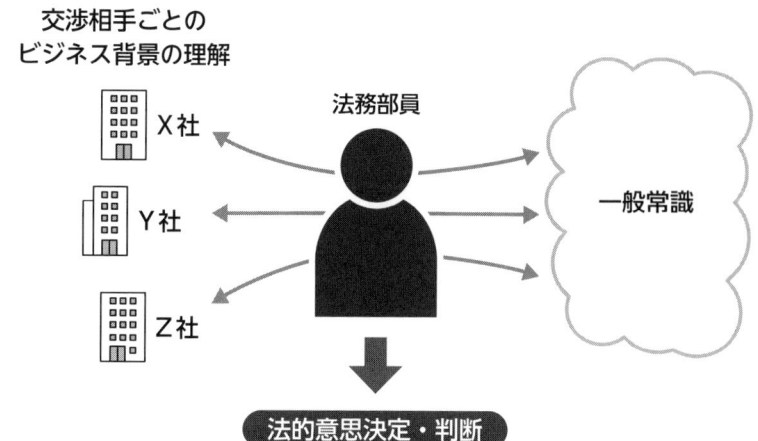

交渉相手ごとの
ビジネス背景の理解

X社　Y社　Z社

法務部員

一般常識

法的意思決定・判断

法務の登場人物と役割分担

法務業務における関係者や役割分担は、以下の通りになります。

◎法務業務の主な関係者◎

フロント部門・現場部門	ビジネス現場を進める部門。ビジネス契約を中心に、頻繁にやり取りが発生します
弁護士	社外専門家として、訴訟やM&A、独占禁止法対応など専門性の高い法務案件において、アドバイザーとして支援します
法務局	取締役の就任・退任、本店住所変更、社名変更、資本金増減など、登記情報の変更の際に申請を行う役所です
弁理士	商標・特許などの知的財産権のエキスパート。知的財産権の調査／クリアランスから、申請実務、特許庁対応までの支援をします
株主	株主総会運営時において、やり取りが発生します。上場会社か非上場会社かによっても株主とのコミュニケーションは大きく変わります
社外取締役／監査役／各種委員会	会社法上で定めるガバナンス機関として機能します。法務部がこれら役員や委員会とのパイプ役になり、コミュニケーションを取ります
各管轄官公庁	労働基準監督署、公正取引委員会、裁判所、証券取引所、特許庁などが挙げられます

契約書チェック

≫ 契約の基本ルール①：契約書の意味

　契約とは、「双方での合意」ということです。契約は契約書という書面がなければ拘束力が生まれないという誤解をされる方がよくいますが、契約＝合意は口頭であっても成り立ちます。

　ただし、契約書による書面合意がなければ、ビジネス取引は円滑に進みません。ビジネスの場面では多くの議論や過程が存在し、さまざまな関係者がやり取りを進めるため、書面での合意確認がなければ、双方が不安でたまらなくなるでしょう。また、万が一、訴訟にまで発展した際にも、契約書は合意があったことに対する強い証明になります。

契約書を締結する理由

① 将来の紛争・問題を未然に防ぐため

② 取引を円滑に、安全に行うため

③ 訴訟時に合意の証明となるため

≫ 契約の基本ルール②：合意文書の種類

　ビジネスで扱われる書面として、「契約書」の他に、「覚書」「合意書」「○○Agreement」「MOU（Memorandum of Understanding）」「LOI（Letter of Intent）」など、さまざまなタイトルの合意書面があります。

　例えば、営業の担当者が「契約書だと重いので、ライトに覚書でも結んでおこう」というトーンで話をするときがたまにありますが、「**タイトルが何であっても、双方が合意する内容であれば、法的効果は変わらない**」という点に注意しましょう。法務担当者としては、どの文書であっても押印し合意する以上は、その内容を精査して評価する必要があります。

➤➤ 契約の基本ルール③：契約内容の自由

　契約は双方が合意すればどんな内容を決めても問題はありません。これを「**契約内容の自由**」と表現します。契約実務で、「民法・商法では○○という規定があるので変えてもらえますか？」というやり取りが発生することがありますが、その意図は、民法に従わなければいけないという「義務」ではなく、民法という一般法に基づくとズレがあるので調整をしたいという「交渉」の意味になります。

　ただし、すべてが契約自由の下で決められるわけでなく、一部だけ例外があります。「公序良俗に反しない」「強行法規（強行規定ともいいます）には逆らえない」という２つのルールだけは守らなければいけません。これらに反した内容は、公序良俗と強行法規が優先されます。例えば、男女差別的な内容の契約、高利貸しのような暴利行為、犯罪を前提とした契約、片方にあまりにも不利益な内容の契約などは無効になります。これらの関係を図で示すと以下のようになります。

◎有効となる契約の範囲◎

公序良俗・強行規定

公序良俗・
強行規定に
反する内容
➡無効となる

契約内容
任意規定で定められていない部分
➡自由に決められる／任意規定を
　上書きすることも可能

任意規定
契約内容で定められて
いない部分
➡民法・商法などの一
　般規定に従う

アミかけ部分が、双方が守るべき法的拘束力の範囲

➤➤ 契約内容のチェックポイント

　「ビジネス契約」といってもその種類はさまざまです。

　契約書のタイトルでいえば、「販売基本契約書」「秘密保持契約書」「ライセンス契約書」「投資契約書」「業務提携契約書」「ジョイントベンチャ

ー契約書」「業務委託契約書」などなど、数え出したらキリがありませんが、共通で留意すべき内容と、契約書ごとに注意すべき点があります。契約書に関して、共通で留意しておくべき事項は主に以下のものです。

◎契約書に関して一般的に留意すべき事項◎

契約不適合 （瑕疵担保）	免責特約が付いているかどうか。期間が極端に短く、あるいは長くなっていないか
損害賠償	自社に過失がない場合の損害賠償が含まれていないか。直接損害だけではなく間接損害（機会損失）や先方弁護士費用も含まれていないか
契約期間	契約期間が過度に長く、あるいは短くないか。自動更新があるかないか
独占権	相手方に独占権を与える場合、その範囲が過度に広いと将来の強い事業拘束になる
契約解除	理不尽な契約解除の条件が含まれていないか
管轄裁判所	管轄裁判所が遠方でないか。国外だと訴訟時の負担が一気に重くなるので留意

株主総会運営

>> 株主総会とは

　「**株主総会**」は、株式会社においての最高意思決定機関です。

　資本主義では、株式会社は株式という分割された権利を、出資者である株主が分割して保有しています。「株主は、保有する株式数に応じて支配力を持ち、議決権を行使して意思決定をする」という仕組みで、株式会社は成り立っています。

　株主総会とは、株主たちが会社の事項について決議・意思決定を行う場です。ただし、会社法上の機関設計として**取締役会**を選択・設置している会社であれば、意思決定権限を一部取締役会に移譲する仕組みになっています。**すべてを株主総会で決めるわけではなく、重要議題のみを株主総会で決議する**ということとなります。

　株主総会には主に以下の2つが存在します。

- **定時株主総会**

　　決算日から3カ月以内に開催されます。決算承認が必ず議題の1つに上がります。

- **臨時株主総会**

　　言葉の通り、臨時にいつでも開催できます。取締役会（取締役会非設置会社の場合は取締役）が招集を決定します。

　この項では主に、毎年必ず一度行われる、定時株主総会とその決議事項の1つである決算承認の進め方について解説します。

>> 定時株主総会のスケジュール

　決算日を過ぎてから定時株主総会を開催するまでのスケジュールは、「公

開会社で取締役会設置会社」か「非公開会社で取締役会非設置会社」かによって大きく変わります。

　というのも両者では、監査役の設置義務（会社法327条2項）と、株主総会の招集通知の期限に違いが生じるからです。

　また、株主総会の開催日は、決算書（とそれにともなう税務申告書）の税務署への提出期限に左右されます。税務署の提出期限は、原則は2カ月以内で、期限延長を事前に届け出た場合にのみ3カ月後まで延長可能となっています。

　また、税務署に提出する決算申告書は、株主総会で承認を受けたものでなければならないため、決算書を株主総会に承認してもらった後に、税務署に決算申告書を提出する必要があります。

　よって、これらの事情を踏まえて、定時株主総会スケジュールは主に「2カ月以内」「3カ月以内」の2パターンに分かれます。

◎公開会社かどうか、取締役会設置の有無がスケジュールの差を生む◎

	公開会社かつ取締役会設置会社	非公開会社かつ取締役会非設置会社
差を生む要因①：監査役の有無＝監査報告の作成有無	あり	なし
差を生む要因②：招集通知の期限	2週間前	1週間前（定款にてさらに短縮可能）

	公開会社かつ取締役会設置会社	非公開会社かつ取締役会非設置会社
株主総会開催日スケジュール	決算申告期限は必ず3カ月以内に延長させて、総会も3カ月後の直前に行う	決算申告期限は2カ月以内でも運用可能なため、総会は2カ月後の直前に行う

◎株主総会開催までのスケジュール例（3月決算の場合）◎

	公開会社かつ 取締役会設置会社 （申告期限6月末）	日程	非公開会社かつ 取締役会非設置会社 （申告期限5月末）
3/31	決算日	3/31	決算日
4/1	決算書の作成開始	4/1	決算書の作成開始
		5/20	計算書類、事業報告の完成
		5/21	・取締役会での計算書類、 　事業報告の承認 ・招集通知発送の決定
		5/22	招集通知
		5/30	株主総会
		5/31	決算申告
6/1	計算書類、事業報告の完成 ➡監査役への提出		
6/10	監査役による監査報告作成		
6/12	・取締役会での計算書類、事 　業報告の承認 ・招集通知発送の決定		
6/14	招集通知		
6/29	株主総会開催		
6/30	決算申告		

≫ 株主総会開催前の事前準備

　株主総会は、法務部門にとっては1年に一度の大イベントになります。開催に向けて以下のようにしっかりと準備を進めていきましょう。

◎株主総会に向けた事前準備◎

事前準備	説　明
会場予約	上場会社であれば相当数の株主が参加するので、大きな会場を半年近く前から予約しておくこともあります
式次第	議長が総会当日に読み上げる台本シナリオを作成します
想定問答集の作成	株主からの質問に対する想定問答集を作成します。事業部、経理、人事、法務等の各分野からの回答を募ります
リハーサル	開催前にて、通しでのリハーサルを行います

▶▶ 取締役会議事録および株主総会議事録の作成

　取締役会および株主総会後は、その議事録を作成しなければいけません。議事録に記載すべき事項は以下の通りです。

取締役会議事録の記載項目

- 開催日時
- 開催場所
- 出席した取締役および監査役の氏名と総数
- 出席した会計参与、執行役、会計監査人、株主の氏名
- 議事の内容に利害関係を有する取締役がいる場合、その氏名
- 議長の氏名
- 特別取締役による取締役会の場合はその旨
- 特別の招集にあたる取締役会の場合はその旨

株主総会議事録の記載項目

- 開催日時および場所
- 株主総会の議事の経過の要領およびその結果
- 会社法の規定により株主総会において述べられた意見または発言があるときは、その意見または発言の内容の概要
- 株主総会に出席した取締役、執行役、会計参与、監査役または会計監査人の氏名または名称
- 株主総会の議長が存するときは、議長の氏名
- 議事録の作成に係る職務を行った取締役の氏名
- 上記の法定記載事項のほか、実務上の任意的記載事項

登記変更

≫ 登記簿謄本（登記事項証明書・履歴事項全部証明書）とは

　「**登記簿謄本**」とは、法務局に登記されている法人の事項を証明した書類のことです。記載されている内容は、商号・本店住所などです。

　「**登記簿謄本**」「**登記事項証明書**」「**履歴事項全部証明書**」など、取引先や金融機関などから資料提示を依頼される際に、異なった名前で呼ばれることがありますが、すべて同じ意味です。実務上は**履歴事項全部証明書**を法務局から入手すれば問題ありません。

◎履歴事項全部証明書の例◎

履歴事項全部証明書

東京都世田谷区○○○○○○○○○○○○
○○○○○○○○

会社法人等番号	○○○○○○○○○○○○
商　　号	○○○○○○○○
本　　店	○○○○○○○○○○○○ ○○○○○
公告をする方法	○○○○○○○○
会社成立の年月日	○○○○○○○
目　　的	○　○○○○○○○○○○○○○ ○　○○○○○○○ ○　○○○○○○○○○○○○○○ 　　○○○○○○○○ ○　○○○○○○○○○○○○○ 　　○○○○○○○○○○
発行可能株式総数	○○○○○○

- **登記簿謄本**：登記事項を紙で複写した書類
- **登記事項証明書**：登記事項を電子データで保存した書類
- **履歴事項全部証明書**：登記事項のうち、3年前までの過去履歴も記載した書類

≫ 登記事項の変更が生じたら、法務局で手続き

　株主総会で役員変更やその他の登記事項の変更が生じる場合は、法務局に対して**登記変更**を行わなければいけません。登記の変更期限は原則として変更が生じてから2週間となります。

　登記変更の申請をする際は、**登記変更申請書**を作成し、株主総会議事録や株主リストといった書類を添付して法務局に提出します。書類は法務局ホームページにてダウンロード可能です。

　また、登記変更には**登録免許税**がかかり、収入印紙も必要になりますので注意してください。

◎登記変更に必要な登録免許税◎

役員変更	1万円
商号変更	3万円
本店移転	・管轄内：3万円 ・管轄外：6万円
資本金増資	資本金増加額×7/1,000

　登記申請が終わったら、法務局の混雑具合にもよりますが、1〜2週間程度で登記手続きが完了します。登記完了後には、新たな登記簿謄本（登記事項証明書）が発行できるようになっているので、最新版を取得して保管しておきましょう。

取引先の与信管理・債権回収

≫ 与信管理とは？

　取引先に商品やサービスを提供する際には、ビジネス慣行上、掛売りで行われることが多いです。

　掛売りをするということは、入金時期を翌月などに遅延させることなので、ビジネス上ではその間に貸付を行っているのと同様の意味となります。

　この貸付行為は取引先に信用を与えている行為であり、「**与信行為**」と表現します。

　もし取引先が資金繰り悪化により倒産した場合には、その掛売り債権は回収されないまま貸倒れになるリスクも抱えています。自社にとってはこの債権が無事に回収できるかどうかを管理する必要があります。これを「**与信管理**」と呼びます。

≫ 信用調査と与信限度額の設定

　与信管理は、具体的には「取引先ごとに与信限度額を設定する」行為になります。与信限度額というのは、取引先との取引において「掛売りができる上限額」のことです。

　与信限度額は以下の情報を考慮して、総合的な判断で設定します。

与信限度額の設定要因

- 最大取引額、最大債権額
- 取引先の財務信用度・倒産確率
- 営業のリスク許容度・戦略方針
- 自社の財務体力、資金調達力
- 担保の有無

›› 取引先倒産後の債権回収対応

万が一、未回収の掛売り債権がある取引先が倒産した場合の債権の回収対応には、いくつかの方法があります。

1. 債務との相殺

もし、取引先に対して債権だけではなく、相互に取引があって債務も存在している場合には、債権と債務を相殺処理することを検討します。

債務と債権を相殺するためには、債権の期限が到来していることが必要なのですが、契約上「期限の利益喪失条項」にて倒産時に債権の弁済期限が到来するという約束になっていれば、取引先への債務との相殺が可能となります。

2. 商品の引き上げ

販売した商品を引き上げることで、債権発生自体を取り消す行為になります。ただし、法的整理が進んでいる場合は資産の保全処分が下されているために困難です。

知的財産権の管理

≫ 知的財産権とは？

「知的財産権」は、人間の知的創造活動によって生み出されたアイデアや創作物などに対して、一定の独占権を与えて権利として保護したものです。

◎知的財産権の種類◎

	説　明	例
特許権	自然法則を利用した、新規かつ高度で産業上利用可能な発明を保護	通信の高速化、携帯電話の通信方式に関する発明
実用新案権	物品の形状、構造、組合せに関する考案を保護	携帯性を向上させたベルトに取り付け可能なスマートフォンカバーの形状に関する考案
意匠権	独創的で美感を有する物品の形状、模様、色彩等のデザインを保護	美しく握りやすい曲面が施されたスマートフォンのデザイン
商標権	商品・サービスを区別するために使用するマーク（文字、図形など）を保護	電話機メーカーが自社製品を他社製品と区別するために製品などに表示するマーク
著作権	著作物（思想または感情を創作的に表現したもの）を保護	小説、音楽、絵画、地図、アニメ、漫画、映画、写真など

※特許庁HPより各定義を抜粋
(https://www.jpo.go.jp/system/basic/index.html#01)

≫ 知的財産権は競争優位性を構成する戦略資源

知的財産権は、企業活動における競争優位性の源泉として位置づけられることも多く、重要な権利の1つです。それゆえ、例えば製造業やライセンスビジネスにおいては、知財に専門特化した部署が設けられ、バックオフィス部門とは切り離されて存在するケースもあります。

すべての知的財産権の詳細についてバックオフィスが知ることまでは通常求められてはいませんが、ここでは、バックオフィスが最低限知っておくべき知的財産領域で論点となるケースをいくつか理解しておきましょう。

≫ 共同研究開発における知的財産権の帰属

研究開発スケジュールの短縮化や研究リソースの効果効率化という観点から、単独で開発を行うのでなく他社との共同開発を行うスキームが増えています。その際に研究開発成果の帰属が論点になることがあるので、基本的な考え方を整理しておきましょう。

共同開発時の成果の帰属は、一般的には**共同発明**として扱われます。共同発明の場合、日本においては共有者間の同意を得ない限りは片方が勝手に使用することはできないとされているので、例えば別事業で当該成果を利用しようとするとその制限も大きくなります。また、国によってこの使用許諾の取扱いが異なる点にも注意が必要です。

ですので、成果の帰属については、各当事者の貢献度や研究コストの負担割合、リスクテイクの度合い、もともと保持していた特許の価値などに応じて、成果配分を決定することが理想です。

一方で、これを客観的に決めることは実務上も交渉上も困難を極めることも多く、成果の帰属については、その最終的な事業用途の出口を考えながら、自社が許容できる権利帰属の着地点を想定しておく必要があります。

≫ 特許権の基本ルールの理解

開発活動を行う会社であれば、**特許権**を積極的に取得・管理していきます。実務上は特許出願・取得を進める際には、弁理士のサポートを受けて議論しながら進めることが多いのですが、基本的な特許知識は理解しておきましょう。

[特許の定義]

発明であれば何でも特許として保護される対象になるかというとそうではありません。特許の権利が「発明」として認められるためには、次ページ上の図表で示した、4つの要件を満たしている必要があります。

<h2>◎発明として認められる要件◎</h2>

要　件	認められない例
❶　自然法則を利用していること	×：万有引力（法則そのもの） ×：ゲームの世界のルール（人為的な取り決め）
❷　技術的思想であること	×：フォークボール（個人の技能） ×：絵画や創作（美的創作物）
❸　創作であること	×：天然物や自然現象の発見（単なる発見）
❹　高度のものであること	×：考案（実用新案権に該当）

新規性喪失の例外

　特許を受けるための発明は、「新しいもの＝新規性がある」ことが必要です。この「**新規性**」とは、「公然と知られていない発明」のことで、「すでに世の中に出てしまった発明は特許を取れない」という原則になります。

新規性が喪失されているケース

- 市場で販売されてしまっている
- 不特定多数が見学している
- 講演や学会で公表されている
- インターネット上で公開されている　など

　ただし、「**新規性喪失の例外**」という例外規定があり、これは公表されて新規性が喪失された日から起算して１年以内であれば、例外適用を受ける手続きを経れば、権利化ができるという規定です。

　製品やサービスが市場投入されることが先で、特許出願が遅れてしまったケースなどで活用できると覚えておきましょう。

特許明細書の構成

　特許出願する際には、「**明細書**」という書類を作成し、特許庁へ提出します。明細書の作成・記載については、自社に知的財産を扱うノウハウがない場合は、弁理士に依頼することが多いはずです。

　ただし、外部依頼をする場合であっても、明細書作成のために「その発明の効果」や「解決しようとする課題」「産業上の利用可能性」などの情

報をヒアリングされるので、明細書の構成・記載内容については、概要を
理解しておきましょう。

◎明細書の構成◎

明細書等の構成 （特許法施行規則24条〜 25条）

研究レポート
にたとえると

簡単・明瞭な文言で明確、簡素に記載する

研究レポートにたとえると	明細書の構成		説明
研究の名称	発明の名称		◎発明の内容を簡明に表現
研究の分野	発明の詳細な説明	技術分野	◎発明の関連分野（産業上の利用分野）
従来技術レベル、研究の背景		背景技術	◎改良の基礎となる最新の従来技術
		先行技術文献	◎特許文献、非特許文献
研究テーマ、目標		発明の概要：発明が解決しようとする課題	◎従来技術の問題点。新たなニーズ
研究手段、手法		発明の概要：課題を解決するための手段	◎どのような手段で解決するのか
実験結果、研究成果		発明の概要：発明の効果	◎従来技術より有利な点
		図面の簡単な説明	◎図ごとの説明
実験例、実験データ等		発明を実施するための形態、実施例	◎実際行った実験、試作の例。それらの論理的説明。理論からの推測で実施可能な発明をどのようにして産業上利用できるのか
		産業上の利用可能性	◎産業上の利用方法、生産方法、使用方法
		符号の説明等	◎図の主要な部分を表す符号の説明
	特許請求の範囲		◎特許を受けようとする発明の技術的範囲
	要約書		◎発明全体のポイント（公開公報に掲載）
装置図、フロー図等	（必要な）図面		◎明細書の表現の理解を助ける

特許庁HPを基に作成(https://www.jpo.go.jp/news/shinchaku/event/seminer/text/document/
2023_nyumon/1_2_1.pdf)

≫ 職務発明の取扱い

　職務発明とは、役職員が業務上で生み出した発明のことです。職務発明の論点は、「取り決めが何もない場合は、その発明の権利は自然人である役職員に帰属する」ということになります。

　個人に帰属してしまった場合は、ビジネス上の利活用が自由にできなくなるので、通常は職務上の発明の帰属は就業規則や契約に盛り込むことが必要です。

　権利帰属の取り決めにあたっては、役員・従業員・業務委託のいずれかによって合意文書が異なるので、注意しましょう。

職務発明を合意文書で取り決める際の対応

- 役員の場合：職務発明の帰属に関する覚書を締結
- 従業員の場合：就業規則にて、職務発明規程を明記
- 業務委託の場合：知的財産権の権利帰属の規程を明記

　また、権利帰属を会社にしただけでは足りず、職務発明を行った見返りとして合理的な「**発明報酬**」を支払う必要があり、これらを「**職務発明規程**」として盛り込んでおく必要があります。

コンプライアンス・ハラスメント対策

≫ コンプライアンス経営の高まり

　「コンプライアンス」という言葉が企業経営のなかに浸透してからしばらく経ち、今やその言葉はほとんどの方が耳にしたことがあるでしょう。

　コンプライアンスは少し前までは「法令等の遵守」と訳されていましたが、現代においては、**企業は単に法令を遵守するだけではなく、社会的責任（CSR）を果たす存在**であると捉えられています。高い倫理観とモラルを持って、正しい内部組織体制を構築し、自浄作用を保ちながら、ESGやSDGsに代表されるようなサステナビリティ社会を実現する経営＝「**コンプライアンス経営**」への意識が高まっています。

　つまり「コンプライアンス」とは、法令遵守に加えて、より広義には、内部体制の整備や社会的貢献を含んだ概念といえます。

◎コンプライアンスの概念◎

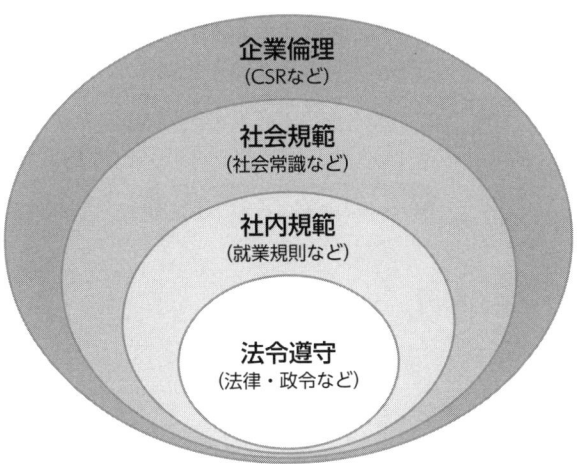

≫ 不正と内部統制システム

　コンプライアンスは不祥事の防止から始まります。不祥事を考えるにあたっては、なぜ不正が起こるのかというメカニズムを考察することから始まります。

　不正は、ドナルド・クレッシーが唱えた「**不正のトライアングル理論**」によると、以下の3つがそろったときに起こると考えられています。

◎不正のトライアングル理論◎

❶ 動機・プレッシャー	過度なノルマや金銭欲求など、不正を行う際の心理的なきっかけのこと
❷ 機会	内部チェック体制がないなど、不正を働くことができる環境のこと
❸ 姿勢・正当化	「誰かがやっているから自分もやっていい」など、不正を思いとどまらせる倫理観の欠如のこと

　このうち、「動機・プレッシャー」「姿勢・正当化」については、人間の資質が影響する一方で、「機会」については、内部チェック体制＝内部統制が影響しています。

　内部統制とは「経営者が会社を効率的かつ健全に運営するための仕組み」のことであって、こういった不正防止の観点から、2006年以降にその構築が義務付けられました。内部統制を構築するためには、以下の6つの要素が組み込まれた体制・プロセスを構築する必要があります。

内部統制の基本的要素

① 統制環境
② リスクの評価と対応
③ 統制活動
④ 情報と伝達
⑤ モニタリング（監視活動）
⑥ ＩＴ（情報技術）へ対応

　内部統制を新たに構築する際は、全社を巻き込んでのプロジェクトになります。内部統制には限界があることにも注意しなければいけません。「経営者自らによる内部統制の無視」「複数担当者による共謀」「費用対効果による統制機能の限界」などの場合には、内部統制が効かずに不正が引き起こされるリスクが残ります。

　内部統制だけではなく、役職員自身が倫理観・誠実性を向上させ、組織自体の自浄作用で「動機・プレッシャー」「姿勢・正当化」を引き起こさない対策も考える必要があります。

内部通報制度

　内部通報制度は、法令遵守や不正防止・リスクマネジメント対策の一環として、企業の自浄作用を高め企業価値向上に役立てる効果を持ちます。

　デロイトトーマツファイナンシャルアドバイザリー合同会社が調査実施した「企業の不正リスク実態調査（2016年）」によると、不正が発覚したルートは内部通報が25％と最も多く、内部監査の20％よりも多いという結果が出ています。先に述べたように、内部統制は経営者による不正を防げないなどの限界があるため、内部通報制度といった別制度も同時に展開することで、リスクマネジメントを有効化できます。

　また、内部通報制度については、2022年6月以降は、公益通報者保護法の改正により、従業員数300人を超える事業者には、内部通報に適切に対応するために必要な体制の整備が義務付けられています。

ハラスメント対策

　ハラスメント対策については、いずれも各法制度によって、会社に対して義務化がなされています。

ハラスメント対策を定める各法律

- パワーハラスメント：パワハラ防止法
- セクシャルハラスメント：男女雇用機会均等法
- マタニティハラスメント：男女雇用機会均等法および育児・介護休業法

いずれのハラスメントにおいても基本的な方針は同じであり、主に以下にようなルール・規程を設計し運用する必要があります。

◎企業がハラスメント対策として求められるルール・規程の整備◎

ハラスメント発生時の懲戒処分	・懲戒解雇、諭旨解雇、降格、出勤停止、減給、けん責などの対応
ハラスメント対応の体制整備	・相談窓口の設置 ・担当者および責任者の設置
ハラスメント発生時の迅速な対応	・事実関係把握のための、関係者への事情聴取 ・プライバシーの保護 ・行為者の処分、被害者の労働条件・職場環境の改善のための措置
再発防止策	・発生原因の分析、防止規程の周知再徹底、研修などの実施
ハラスメント行為の内容	・パワーハラスメント、セクシュアルハラスメント、妊娠・出産・育児休業等に関するハラスメントの種類の定義

具体的なハラスメント防止規程については、厚生労働省によるひな型が公開されていますので、参考にしてみてください。

第 5 章

バックオフィス業務：
総務編

業務の分類

▶▶ 総務の業務とは？

　総務とは、言葉の通り、会社の総合的な業務を行うことです。総務が「何でも屋」と呼ばれる由縁ではありますが、総務の仕事を定義するのは実は難しいです。

　まずは一般的に総務が主体的に行う業務をリストアップしてみましょう。

◎総務が行う主な業務◎

社内備品・資産管理	固定資産管理
情報システムツール・アカウント管理	オフィス美化・環境づくり
保険管理	社内イベント企画
来客・電話・メール対応	ファシリティマネジメント・オフィス管理
労働組合対応	お歳暮・暑中見舞い・贈答品
社宅管理	会社パンフレット・ホームページ作成

　これだけを見ると、非常に多岐にわたる業務のようですが、集約すると以下2つの役割に分けられることがわかります。

総務の役割

1. コミュニケーションセンターとしてカルチャー醸成
2. メンバーが安全・安心に仕事ができる環境づくり

　それぞれについて詳しくみていきましょう。

>> 役割①：コミュニケーションセンターとしてカルチャー醸成

　総務の仕事の1つは、社内外にわたってコミュニケーションをとること
です。来客や電話への対応、贈答品対応などの取引先とのコミュニケーシ
ョン円滑化とともに、納会・忘年会などの社内イベントにより、社内コミ
ュニケーション活性化を目指します。

　**総務は、コミュニケーションセンターとして機能する業務が求められま
す。**社内の納会イベント1つをとっても、たかが納会、されど納会です。
こういったイベントは始まる前は何だか面倒くさい、億劫だと感じていた
としても、「実際に参加してみると結構楽しかった」という経験をされた
方も多いのではないかと思います。

　組織のカルチャーや働くモチベーションというのは、実はこのような何
でもない活動から徐々に醸成されていくものです。1つひとつの地道なコ
ミュニケーション活動から、会社・組織・チームで働くことの楽しさや意
義を感じて、モチベーションにつながっていくのです。

　コロナ禍を経てリモートワークなどの出社が必須ではない業務環境が整
備されつつある今日だからこそ、コミュニケーションの重要性を感じる場
面が一層増えています。

　リモートワークを推進すれば業務の効率化自体は可能ですが、一方で孤
独感によるうつ病などのリスクが高くなることが指摘されています。また、
ITツールに不慣れなために、取り残される社員が出てしまうこともあり
ます。

　このような時代背景において、総務はオンラインとオフラインのコミュ
ニケーション環境を設計することで、社員のモチベーションに影響を与え
る重要な役割を担っているのです。

>> 役割②：メンバーが安全・安心に仕事ができる環境づくり

　職場環境づくりも総務の業務の1つです。会社で業務する際には、さま
ざまなストレスがかかります。乱雑で整理されていないオフィス、来客や
電話による仕事の中断、行方不明の貸与物、事故や災害……などなど、生
産性に悪影響を与える要因は、職場のそこかしこにあります。

　こういった悪影響は、会社が大きくなるほど肥大化します。最初は当事

者が多少の時間を割いて対応できる程度でも、会社が数十人、数百人の規模になるにつれて、大きな生産性のロスにつながり、会社全体での非効率が生まれることとなります。

　組織の規模や成長フェーズに合わせて、オフィス・設備・備品・ITの環境を整えたり、業務を仕組み化したりして、**バランス感覚を持って全体最適化を推進する**ことも、総務の重要なミッションです。

≫ 総務＝バックオフィスのなかのバックオフィス

　総務は、「会社のお母さん・お父さん」というイメージが最も適切であると感じます。**必要なときに足りないことを補ってくれる・見守ってくれる存在としての総務が、目指すべき理想的なビジョン**です。

　経理財務や人事労務などの各バックオフィスは、間接部門としてフロント部門が扱わないような全社共通業務を行いますが、総務はその各バックオフィス業務のなかでも、さらに隙間に落ちてしまうような、バックオフィス全体の共通業務を行うことが多くなります。

総務業務を行ううえでのポイント

　ここでは総務の業務を踏まえて、必要になるスキルや成長ポイントを3つ紹介します。

≫ スキル① 交渉力・コミュニケーション力

　総務で活躍されている皆さんは、コミュニケーション力が高いのはいうまでもないのですが、コミュニケーションスキルのなかでも、交渉力が非常に優れています。交渉力といっても相手を打ち負かすような力ではなく、お互いがより"win-win"な条件で、気持ちよく仕事ができるように働きかける力のことになります。

　総務は社内外で交渉する場面が多くあります。備品や設備発注において代理店やメーカーと交渉したり、オフィス移転の際には不動産会社や内装工事業者と打ち合わせしたりする場面など、至るところでコミュニケーション・交渉が発生します。

≫ スキル② お母さん力・お父さん力

　「お母さん力・お父さん力」とは、「誰かにお世話を焼きたい」という性質のことです。具体的には、次のような傾向のある人は、総務の仕事が向いているかもしれません。

- 誰か困っている人がいたらとりあえず話しかけてみる
- 自分にできないことはないかと考えて行動してみる
- 自分が輝くよりも他人が輝いているのを見るのが好き
- 誰かのためになるなら時間を惜しまず働ける
- 縁の下の力持ちタイプである

　総務の仕事は、全社を支える誇りあるものですが、自分たちが輝くよう

な仕事ではありません。裏方で会社を支えるプロフェッショナルとしての意識を持つと、良いパフォーマンスにつながります。

≫ スキル③ T字型スキル（経理力か、人事力か、法務力……）

　総務は他のバックオフィスの業務に比べると、専門性・深い知識を求められる仕事ではありません。ですので総務でのキャリアプランにおいて最も悩ましいのは、**深い専門性が身につきにくいという問題をどう解決するか**、になります。

　総務はバックオフィス全体を支えるバックオフィス業務である、ということは、ここまでに伝えた通りですが、専門性を身につけるヒント・糸口はここにあります。つまり、**バックオフィスにおいて専門性の高い、経理力（カネ）、人事力（ヒト）、法務力（法律）のどれか1つに強くなることを意識する**といいのです。

　総務でのキャリアプランは、その性質上、総務だけでなく他のバックオフィス業務をローテーションしながら積み上げていきます。カネ・ヒト・法律は、いずれも経営管理にとって必須の専門性になるので、総務自体が幅広いジェネラリスト型キャリアであることに加えて、これらのいずれか1つの専門性を高め、「T字型」のキャリア育成を目指すことをおススメします。

◎T字型スキルをつくる意識を◎

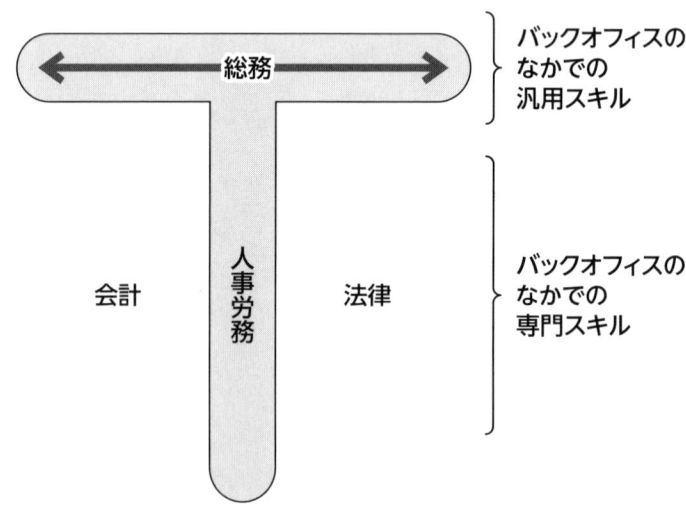

5-3 総務の特徴③

総務の登場人物と役割分担

総務業務がかかわる外部の関係者は、以下の通りになります。

◎総務がかかわる外部の関係者◎

サプライヤー・代理店	オフィス備品・消耗品・オフィス固定資産を取り扱う業者・代理店になります。扱う品目が多岐にわたる場合、Amazonや楽天、ラクスルなどのECサイトによる直接購買ルートも活用しながら、サプライヤー管理を行います
リース会社・レンタル会社	社用車や複合機、PCなど、高額な固定資産のリース・レンタルを提供する会社です。高額な調達をする際には、キャッシュフローや保守メンテの観点から、購入ではなくリース・レンタルを検討します。リース会社はメインバンクがグループ会社を紹介してくれることもあります
保険会社・保険代理店	火災保険や、第三者賠償責任保険に加入する際に保険会社を選択・検討します。直接保険会社とコミュニケーションをすることはほとんどなく、保険代理店と交渉することとなります
不動産管理会社	オフィスや事務所の新規契約を行う際や、契約後のオフィス管理をする際に、やり取りが発生します
内装工事会社・デザイン会社	オフィスを新たに契約する際の内装デザインを進める際に、やり取りが発生します
株主	株主総会やIR活動において、やり取りが発生します。上場会社か非上場会社かによっても、株主とのコミュニケーションは大きく変わります
取引先	季節贈答品や年末年始の挨拶、年賀状でやり取りなどを行います
地域団体・報道機関など	会社の窓口として、各社外機関への対応を行います。問合せ内容によっても、対応方法が異なります

ファシリティマネジメント

≫ ファシリティマネジメントは働きやすい環境づくりの第一歩

オフィスの環境づくりは「ファシリティマネジメント」といって、その範囲はオフィスの選定から、オフィスデザイン、家具・什器、OA機器、エネルギー管理、受付、郵便など、広範におよびます。

オフィスに関連するものは基本的にはすべて総務業務だと考えて、より良い環境づくりを試みましょう。

以下にファシリティマネジメントにおいて管理すべき項目を挙げていきます。

◎OA機器、レンタル機器の取扱い◎

設　備	説　明
複合機	ゼロックスやキヤノンといった複合機メーカーからリース契約を締結して導入する。本体リース料と、印刷した分の従量でのカウンター料金の合計で、毎月支払が発生する
PC	レンタルか購入かを選択する。レンタルにするためにはある程度導入数が多く法人契約にする必要がある。PCの必要スペックは部署・業務によっても異なり、モデルも年々変わるため、フロント部署と調整して機種を検討する
モニター	デスクワーク中心の場合は、作業効率に影響を与えるため、職種に合わせて準備する
その他OA備品	電話、FAX、シュレッダー、ネットワーク機器など

◎福利厚生用の設備◎

設　備	説　明
ウォーターサーバー	冷水、お湯を提供。補充用ボトルは業者に伝えればいつでも補充できる
自動販売機	飲料メーカーと契約して、社内に設置する。料金設定は自由にでき、会社側の福利厚生費用に合わせて設定できる
社員食堂・ランチスペース	従業員がランチを社内でとれる場所を提供。社食を提供するなら業者との契約が必要

>> オフィス消耗品の管理

　オフィスで常に使うような消耗品については、定期的に棚卸を行ったうえで発注を行います。Amazonや楽天市場のようなECサイトを通して発注する消耗品もあれば、専門業者にまとめて発注する場合もあります。

　棚卸・発注頻度に決まりはありませんが、週1回前後で考えるといいでしょう。棚卸・発注をする際には「**消耗品の管理リスト**」をつくって、漏れなく記入して明細がわかるようにしておきます。

◎**オフィス消耗品の管理リストの例**◎

		4月1週		4月2週	
		在庫	発注数	在庫	発注数
コピー用紙	A4用紙	10	5	12	0
	B5用紙	3			
ティッシュペーパー	5箱入り	3	2	2	4
……	……				

オフィス移転

オフィス移転は、総務にとっては部署を挙げての一大イベントです。成長中の企業であれば、人数の増加に応じてオフィスがどんどん手狭になっていくため、定期的に新しいオフィスを探す必要があります。

≫ オフィス候補地の考え方

これまでの主流は、今のオフィスを原状回復・撤去した後に、新しくオフィスを借りてイチから内装工事を施して、数年が経ったら移転する、という方法でしたが、今はさまざまな選択肢があります。

◎オフィス移転の際の選択肢◎

	シェアオフィス	レンタルオフィス	居抜き物件	通常の物件
特徴	いつでも好きなときにシェアオフィスのオープンスペースか個人席を使用する	内装／什器／共用スペース・設備付きのレンタルスペースを利用する	前の入居者が使用していた内装のまま入居する	賃貸借契約を結んで、内装工事を行って入居する
メリット	・初期費用が安い（内装／什器／敷金不要） ・移動しやすく柔軟性が高い	・初期費用が安い（内装／什器／敷金不要） ・什器等の基本設備が備え付け	・内装工事費が削減可能 ・条件が合えば良い内装が活用できる	・自由に内装・デザインを決められる ・物件候補が豊富
デメリット	・登録人数が多いとコスト高になる ・コミュニケーション機会が減る	・坪単価は高め ・内装の自由度が低い ・物件が少ない	・退去時に原状回復が必要 ・内装の自由度が減る ・物件が少ない	・入居時も退去時も費用が高い

>> 事前設計①：オフィス予算の考え方

オフィス移転は、賃料も含めて中長期的に大きな費用が発生します。検討の際には、予算を正確に見積もることが重要です。オフィス検討をするにあたっての予算の考え方を理解しておきましょう。

◎オフィス予算の考え方◎

分類	費用項目	予算の考え方
初期導入費	仲介手数料	賃料×月数分で予算を設定する ・通常は1カ月が相場
	敷金／保証金	賃料×月数分で予算を設定する ・6～10カ月が相場
	内装工事費 （B工事）	広さ×坪単価で予算を設定する ・通常は坪単価数万円が相場 ※B工事：防災／防水／空調といった建物全体に影響する工事のため、オーナーが業者を指定し工事する。C工事ほどの交渉余地はない
	内装工事費 （C工事）	広さ×坪単価で予算を設定する ・坪単価10万～30万円程度が相場
	その他什器／設備	広さ×坪単価で予算を設定する ・家具什器によって異なる。C工事に家具什器工事がどれだけ含まれるかによっても変動する
ランニング費用	賃料＋共益費	広さ×坪単価で予算を設定する ・東京都心の駅近物件であれば、坪2.5万～5万円必要
	水道光熱費	賃料に比して金額が少ないため、予算設定時にケアはする必要はない
退去時	原状回復費	広さ×坪単価で予算を設定する ・坪単価3万～10万円が相場

不動産仲介業者や内装デザイン会社などと話す際にも、予算を伝えたうえで交渉・検討するので、オフィス移転にかかる全体予算枠を必ず事前に設定しておきましょう。

なお、オフィス移転のときに必ず理解しておくべきこととして、オフィ

スの内装工事には、A工事・B工事・C工事という工事区分があることです。オフィスの賃貸借契約でこれらの工事区分が明記されているので、必ず確認しておきましょう。

◎オフィスの内装工事の区分◎

	費用負担	業者選定／決定権	具体的な工事例
A工事	オーナー	オーナー	地盤工事・躯体工事
B工事	テナント	オーナー	空調／防火防災工事／分電盤設置
C工事	テナント	テナント	シート／天井／電器配線

≫ 事前設計②：オフィスの広さ

オフィス候補地探しを始める前に、予算に加えて、どのくらいの広さ・坪数が必要かを概算で見積もっておく必要があります。オフィスの広さは、主に以下の要素から算出できます。

オフィスの広さを決める際の要素

（A）全体人数 ×（B）1人あたりの必要坪数 ×（C）オフィス利用率

（A）全体人数

これはそのオフィスを使用する人数から算出します。出張者などの対応については、出張の頻度が少なければ基本的に考慮をする必要はありません。

（B）1人あたりの必要坪数

オフィス用途であればおおむね1人あたり2〜3坪といわれています。3坪／人あれば、十分にゆったりとしたスペースになります。

（C）オフィス利用率（出社率）※フリーアドレスの場合のみ

固定席かフリーアドレスかによって必要坪数が変わってきます。リモートワークが導入されていたり、客先常駐や出張が多い業種の場合には、固定席にすると不必要なスペースを用意することになりがちなので、フ

リーアドレスにします。

フリーアドレスが選択された場合は、さらに出社率を想定・考慮します。リモートワークや出張等で不在にしている比率を乗じれば、最低限必要なスペースを算出できます。

例えば、40人の組織で1人あたり2.5坪を必要とし、リモートワークも併用した働き方で、出社率が大体60%（1週間に3日）だとすると、「40人×2.5坪×60％＝60坪」を必要坪数と考えておくといいでしょう。

加えて、これにイベントスペースや共用部を用意したいなどの特殊ニーズがあれば、それも必要坪数に加味しておきましょう。

≫ オフィス候補地の探し方

大体の予算と広さの方向性が決まったら、次は実際に不動産仲介業者に物件を紹介してもらいます。

さまざまな物件が紹介されるので、軸を明確にして検討しましょう。また、良いと思った物件については必ず内見して現物確認をします。

オフィス候補地の探し方のポイント

■ オフィス選びの軸
- エリアとエリアの特徴
- 最寄り駅、路線
- 駅からの徒歩時間
- 取引先や協業先との距離
- ビルの築年数・グレード
- 間取り

■ 内見のポイント
- 外観・エントランス・共用部
- エレベーターの台数、性能、混雑具合
- 柱の位置、天井の高さ
- 窓の位置、明るさ、日当たり
- トイレの位置、数、種類、清潔感

- 共用の休憩スペース
- ゴミ置き場
- 駐車場の位置、平置き／立体式
- 他テナント
- ビルのセキュリティシステム

>> オフィスデザイン企画

　物件が決まったら、内装工事業者と相談してデザインを決定します。オフィスデザインは、会社のカルチャーそのものなので、経営陣のこだわりやミッション・ビジョンを反映したデザインになるように設計します。

　社内で、デザインの要素をリストアップして、内装工事業者に伝えると、まずはいくつかのデザインパース案を出してくれます。

　最近は**BIM**（Building Information Modeling：データ上で実際の建築モデルを表現する方法）などを用いた３Dデザインをしてくれる会社も増えていて、デジタル世界でウォークスルーをしながら内装デザインを360度確認することもできます。

　デザイン案と合わせて、見積もりが送られてきます。内装工事はオフィス移転においてはかなり費用がかかる部分ですので、妥協せずに丁寧に予算見積もりについて交渉していきましょう。

■オフィスデザインをカルチャーと結び付けている事例

　会計ソフトのfreee株式会社では、会議室にコンセプトを持たせ、会議室名も「キンタイカンリ（勤怠管理）」「タイシャクタイショウヒョウ（貸借対照表）」など会計・労務に関連する名前を付けています（次ページ上の写真を参照）。

◎Free株式会社のオフィスデザインの例◎

※画像はfreee採用サイトより（https://jobs.freee.co.jp/environment/office-tour/）

>> 賃貸借契約の締結

　不動産管理会社・オーナーと賃貸借契約を結ぶ際には、いくつかのポイントがあります。以下の項目を押さえながらチェックしましょう。

契約書締結時のチェック項目

- 連帯保証人は必要か
- 賃料の支払スケジュールはどうか
- 中途解約の事前予告期間はどの程度か。不自然に長くないか
- 中途解約の違約金はあるか。あるならば、どのくらいか
- 禁止事項の内容は合理的か
- 内装工事の工事区分は合理的か
- 原状回復の工事区分は合理的か

≫ オフィス移転後の手続き

　オフィス移転をした後にも、役所への手続きや取引先への連絡など、多くの事務手続きが発生します。総務だけではなく、経理財務、人事労務、法務、営業など各部署と連携を取りながら、進めていきましょう。

移転時に行う手続き・連絡

- 法務局での登記変更
- 税務署、都道府県税事務所、市区町村への税務届出
- 労働基準監督署、ハローワーク、年金事務所、健康保険組合への労務届出
- 取引先や協業先への連絡
- 金融機関への口座情報変更
- パンフレット／名刺／封筒／ゴム印／ホームページの修正

各種保険の契約

≫ もしものときの保険加入

　自社の事業内容によってさまざまなリスクがあります。例えば、製造業や建設業であれば、高所作業を行っていた従業員が、仮に落下事故などにより一生の後遺障害を背負って、会社の管理責任を問われてしまうと、数千万円の損害賠償責任を負うこともあります。

　また、営業している店舗が火災になれば、自社の設備・備品だけではなく、賃貸借契約をしているオーナー側にも損害を与えてしまいます。スポーツ施設を運営するサービス業であれば、お客様対応の際に、案内を間違え、怪我をさせてしまうといった事故が起こる可能性もあります。

　このようなリスクは、関係者に多大な被害を与えるだけではなく、会社の事業活動・存続自体に影響を与える事態にもなりかねません。従業員や関係者が安心して働くことができ、会社が過度なリスクを負わないためにも保険に加入しましょう。代表的な保険の種類は以下になります。

◎会社が加入する主な保険の種類◎

第三者賠償責任保険	損害保険・火災保険	業務災害保険
対人サービス業や建設現場、工場現場作業における、一般消費者、法人顧客に対しての賠償保険	自社不動産や設備、テナント契約の場合にはオーナー所有の不動産に対して補償を実施。火災だけでなく、水災・台風・落雷なども含まれる	従業員の業務中の怪我、入院、死亡、障害、に対する補償（労災保険の上乗せ保険）

　また、個別契約という形ではなく、「**総合保険**」という形で事業活動全体のリスクに対してまとめて保険を掛ける方式もあります。この場合は、売上高のような事業規模に連動して保険料が変動する仕組みになっています。

▶▶ 保険はどこまで入ればいいのか？

　保険契約とは、万が一のリスクをカバーするものなので、考え出すとキリがなくなり、どこまでの範囲で保険加入すべきかの判断に悩む点です。もちろん、むやみな保障範囲の拡大は、いたずらに保険料負担を増やす結果にもつながります。

保険料を決める要因

- 保障範囲
- 保険金の金額
- 保障対象の資産総額
- 事故の発生確率（事業の大きさ ≒ 売上高や人員数によっても変わる）

　また、保険料は売上高や資産規模などに応じて変わりますし、全国の災害発生率や保険会社の保険金給付の状況によっても毎年改定される点に留意しましょう。保険を決める際には、会社の規模やさらされるリスクの重要度に応じて、カバーする範囲を変えられるようにしましょう。具体的には、以下を考えながら契約を進めるといいでしょう。

保険を決める際のポイント

- 自社よりも第三者に損害を与えるリスクの高い部分に対して保証することを優先させる
  - ▶自社設備に対する火災保険の加入は任意だが、オーナー所有物に対する保証は必ず加入する、など
- 会社のレピュテーションリスクなど、金銭だけで解決できない項目は優先的に加入する
- 毎年、契約内容を事業状況に合わせて、こまめに変更できるように代理店に相談する

全社イベント企画

≫ 全社イベントは、従業員モチベーション改善のチャンス！

　総務では、定期的に開催される**全社イベント**の幹事を担当します。全社集会や納会といったイベントでは、単なる顔合わせのためだけではなく、さまざまな企画を盛り込むことで、従業員が団結を強固にし、モチベーションを向上させるための機会として活用しましょう。

◎全社イベントをきっかけに盛り込むことのできる議題◎

項　目	説　明
従業員への表彰式	特別な結果を出したり、特別な貢献をしてくれた従業員を表彰することで組織のモチベーション向上につなげることができます。賞与や昇給・昇格とは別に表彰者を決めることができ、会社の価値基準に合致する人をピックアップするなど、日々の業務パフォーマンスとは違う形で柔軟に賞賛機会をつくることができます
ミッション・ビジョン・バリューの共有	新たにミッション・ビジョン・バリューを作成したり、改定したりした場合には、会社の最も重要な方針として、全員が集まる場で、その作成過程も含めて伝えると、早く浸透させることができます
事業計画の発表と目標の明確化	新年や年末、会社の節目となるタイミングに合わせて、改めて会社の事業目標を伝え共有することで、事業ベクトルを合わせることができます
組織変更や組織改善プロジェクトの説明	人事制度を改定したり、組織変更がある際に、その説明を丁寧にすることができます
社内改善に関するワークショップ開催	会社の課題が多く発生しているフェーズであれば、従業員1人ひとりが改善提案を考えられる機会を設けることも可能です。原則ルールとして、１人ひとりの意見を否定はせず、自由闊達な雰囲気づくりを心がけます

≫ まずは企画書からつくろう

　全社イベントを進める際にはいきなり動くのではなく、少なくとも以下の項目を企画として文書に落としてから進めましょう。

項　目	説　明
目　的	イベントの目的を必ず決めましょう
実施日	全社イベントであれば、1カ月以上前から調整しておくことを推奨します
場　所	外部会議室を借りるか、社内の大会議室で行うか、ホテル等のパーティ会場を借りるかを決定します。場所の選択は、イベントの雰囲気を左右するので重要です
時　間	1日／半日／数時間などのうちいずれかを決定します
議　題	前ページ図表の内容を盛り込みましょう。必ず経営陣と相談のうえで決定します。イベントの最後は懇親の場を用意することを推奨します
タスク・スケジュール	総務や他部署を巻き込んだスケジュールとタスクリストを作成します。各タスクの責任者を明確にしておきましょう
予　算	できる限り個人徴収はせず、会社の経費（福利厚生費）で予算化します。1人あたりの予算を決めて総額を配分しましょう

5-8 総務の各業務⑤

電話・受付対応

>> 電話・受付対応は基本や初心を忘れずに

　最近は電話や受付対応も決まった従業員が行うのではなく、気づいた人が行うケースが増えていますが、やはり総務が対応することが必然的に多くなります。

　電話・受付対応は、奇抜なことは考えずに、基本に忠実に丁寧に行うことを心がけましょう。社会人としての基本的な応対コミュニケーションができずに、会社のイメージに傷をつけることにならないよう、顧客と話す際の基本ルールは最低限、心得ておきましょう。

電話対応の基本

- 3コール以内で電話を取る。それ以上鳴った場合は「お待たせいたしました」と添える
- 会社名、自分の名前を伝える
- 相手の会社名・氏名をメモする
- 要件を聞き、メモする
- （次に進む場合）社内担当者につなぐ
- （担当者が不在の場合）確認して折り返す旨を伝える

受付対応の基本

- 入口で顧客の会社名と名前、アポイント要件を確認する
- （会議であれば）会議室にお通しする
- 担当者に取り次ぐ

社外の方と話すときの基本ルール

- 「会社の顔」としての意識を持つ
- 常に笑顔と丁寧な言葉遣いで対応する
- 清潔な格好でお迎えする
- 顔を上げて、目線を合わせてはっきりと話す
- 顧客に社内の人の名前を伝える際は、目上の人間であっても、敬称を付けずに呼ぶ

≫ 電話も受付もクラウドサービスが活用可能

　電話・受付対応は、昔から総務の仕事の代表ではありましたが、最近ではテクノロジーによって、必ずしも総務が対応しなくてもいい時代にもなってきています。

　「温かみがない」などの反論もあるかもしれない一方で、DXへの取り組みを顧客に伝えられるチャンスにもなりますし、他の業務へ時間を活用できることにもなりますので、積極的に検討してみることをおススメします。

　電話対応については、「クラウドPBXサービス」という、安価にかつ転送や電話帳など必要機能がすべてそろった電話サービスもあります。

　番号も、昔はIP電話だと050番号しか取得できないこともありましたが、今は市外局番の電話番号（東京都23区内なら03番号）を取得でき、通常の電話と同じ使い勝手です。また、オフィス受話器だけでなく手持ちのスマートフォンやPCに同時に架電できるといった機能も充実しています。導入・運用コストも既存の固定電話とほとんど変わりません。**IVRシステム**（電話での自動応答システム）機能も付いており、消費者向けのコールセンター運用にも同時利用が可能です。

≫ 受付対応もIT化が可能

　受付についても、総務が窓口に座って対応しなくて、iPadなどの端末で対応できるようなツールがあります。

　顧客が操作する端末をセットで貸与してくれるようなクラウドサービスも充実してきていますので、積極的に活用を検討してみましょう。

◎クラウドPBXサービスの概要◎

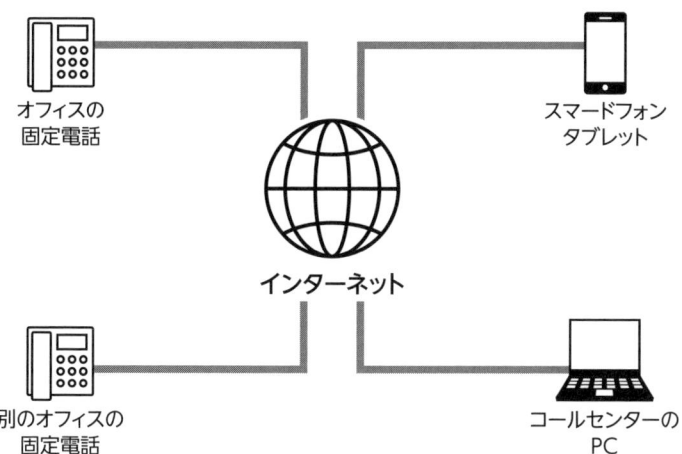

オフィスの
固定電話

インターネット

スマードフォン
タブレット

別のオフィスの
固定電話

コールセンターの
PC

インターネットを通じてオフィス以外でも
内線や外線を共有できる

贈答品対応

≫ 贈答品の力をあなどるなかれ！

　なぜ昔からお中元・お歳暮を贈り合う文化が存在しているのでしょうか。理由は明確で、ビジネスや人間関係を円滑化する効果が絶大だからです。ロバート・B・チャルディーニが唱えた、「**返報性の原理**」という心理原則がありますが、これはまさにお中元やお歳暮が持つ超強力な心理的効果を示しています。事業の売上や利益率に間接的に影響を与えることもできますので、戦略的に贈答品を活用することも検討してみてください。

返報性の原理のポイント

- 人は何かをもらうとそれ以上の価値で返そうとする本能がある
- 受け取ったものが本当にほしいものであるかどうかは関係ない
- 相手への印象が悪かったり中立的であったとしても、何かをもらうとその後は好印象に変わる

≫ 贈答品リストの管理をお忘れなく

　贈答品を送る際にはリストづくりが肝要です。住所付の取引先リストを作成し、取引重要度、性質、好み等の情報を考慮しながら、贈答品を予算別に設定します。贈答品のランクが決まったら、百貨店やギフトショップで贈答品を選定して発送処理を行います。

◎お中元とお歳暮の違い◎

お中元	7月15日までに到着（6月中には贈答品を選び、7月上旬に発送）
お歳暮	12月20日までに到着（11月中には贈答品を選び、12月上旬に発送）

5-10 ▶ 総務の各業務⑦

アカウント・パスワード管理

≫ 社内ITは現場を含めて多くのアカウントが存在する

　近年では、ITツール自体の浸透や、クラウドサービス普及による初期導入のハードルが下がっていることにより、社内には多くの業務用ツールのアカウントが存在しています。

　総務が把握していないツールが使われていることもあるかもしれません。アカウントやパスワード管理ルールが整っていない場合、情報漏洩のリスクも大きくなります。特に、退職や異動などでその業務に携わっている人が去っているにもかかわらず、業務ツールにログインできてしまう状態は問題です。

　また、経理や人事情報に触れられる人は限定的でなければならず、会計システムや給与計算システムのログイン権限を定めるなど、ITツールごとに権限設計をしておくことも必要です。

アカウント・パスワード管理のルールづくりのポイント

- ツール利用のルール・決裁権限を決める
- 各ツールごとに、アカウントやパスワード管理のルールを決める
- 定期的なアカウントの棚卸・チェックを行う

≫ アカウント管理ツールの活用で、社内のアカウントを一括管理できる

　最近では、ITツール自体の増加に伴って、各ツールのIDアカウントとパスワードをまとめて一括管理できるツールも普及しています。組織規模が大きくなったり入退職者が増えたりしてアカウント管理が複雑になるケースでは、導入を検討してみるのもおススメです。

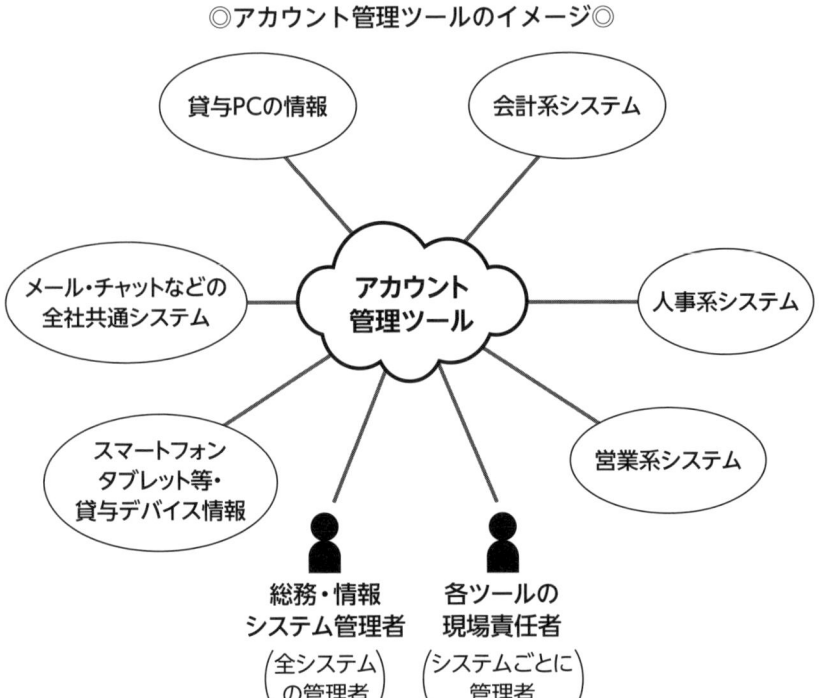

◎アカウント管理ツールのイメージ◎

貸与PCの情報

会計系システム

メール・チャットなどの
全社共通システム

アカウント
管理ツール

人事系システム

スマートフォン
タブレット等・
貸与デバイス情報

営業系システム

総務・情報
システム管理者
（全システム
の管理者）

各ツールの
現場責任者
（システムごとに
管理者）

第 6 章

バックオフィス業務：
経営企画編

業務の分類

>> 経営企画の仕事とは？

　経営企画の仕事について、皆さんは何を思い浮かべるでしょうか？　経営企画の典型的な仕事をまとめると以下のようになります。

◎経営企画の主な仕事◎

中期経営計画	事業計画	M&A検討
PMI実行	事業スキーム検討	グループ会社管理
KGI／KPI管理	予算編成	コスト合理化プロジェクト
ファイナンス戦略	設備投資意思決定	投融資予算管理
業績管理	役員会・経営会議運営	組織改革・組織改善
組織再設計	ミッション・ビジョン・バリュー制定	市場分析
事業ポートフォリオ管理	コーポレート・ガバナンス	業務フロー改善
ERP導入	DX推進	特命プロジェクト
CVC運営	新規事業推進	……

　経営企画は、内容も範囲もさまざまな、実に広い領域の重要テーマを扱います。一方、経営企画の仕事を考える際の最も重要な視点は、「**業務の領域をあえて明確に定めない**」ことになります。通常であれば、その部署の業務分担は明確に定められているほうが効果的・効率的に業務が回りますが、経営企画という部署だけは別です。

　なぜこのような特徴が生まれるかというと、経営企画は本質的に以下のような役割を持つ業務だからです。

- **経営企画の役割①**：社内の各部署をつなげる役割
- **経営企画の役割②**：経営者とのつながりを持つ役割

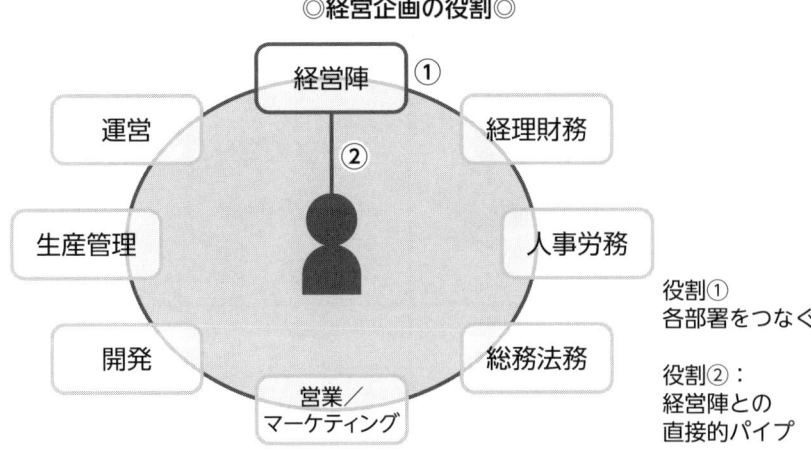

◎経営企画の役割◎

経営陣 ①

運営

経理財務

生産管理

人事労務

開発

総務法務

営業／
マーケティング

②

役割①
各部署をつなぐ

役割②：
経営陣との
直接的パイプ

　反対にいえば、この２つの特徴を持つ業務であれば、すべて経営企画の業務に当てはまる、ということになります。これを言い換えると、経営企画の役割は「**経営者の仕事の一部を切り出してサポートをする業務**」ともいえます。

　では、「経営者の仕事」とは何でしょうか？　経営者の仕事を明確に定義できる人は恐らくいないでしょう。本来、経営者の役割は、ビジネスモデルや成長フェーズ、組織状態などのさまざまな要因に応じて変化するからです。ですので、経営者をサポートする立場である経営企画も、本質的には「仕事を定義しようと思ってもできないし、定義しないほうがむしろ正解」と考えられます。

　それゆえ、実際に経営企画で働く人に、どんな仕事をしているか聞いてみても、多少の共通点はありつつも、その具体的な内容は千差万別ということが起こり得ます。

≫≫ 経営企画のタイプ

　業務範囲がとらえどころのない経営企画であるからこそ、会社によってもその仕事をどう位置づけるのかはさまざまですが、大きく280、281ページ図表で示した、４つのタイプに分けることができます。

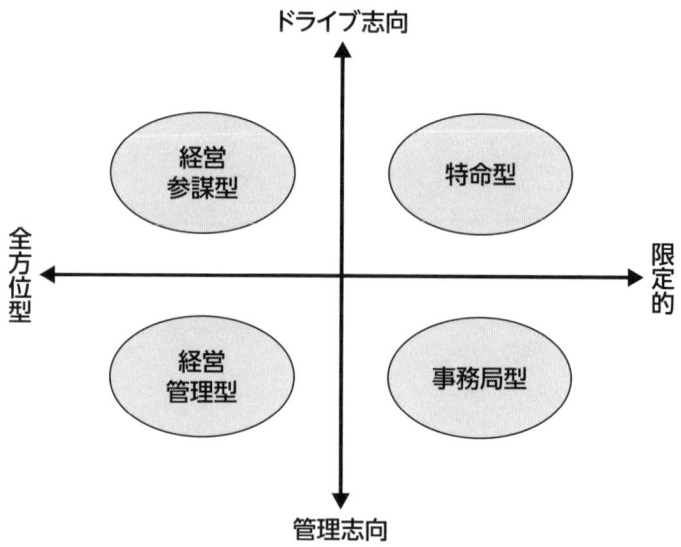

◎経営企画の大まかな分類◎

ドライブ志向

経営参謀型

特命型

全方位型 ←→ 限定的

経営管理型

事務局型

管理志向

≫ 1つ目の軸：ドライブ志向か管理志向か

　ドライブ志向は、**経営企画が主体的に前面に出て業務を回していくタイプ**です。経営陣やさまざまな部署が存在するなかで、各関係者に指示を出しながら、自身も全体マネジメントを推進していきます。最終的な意思決定は経営者が行うものの、経営者に代わって意思決定に近い状態まで業務を推進し、お膳立てしていきます。

　一方、**管理志向は、調整サポートをする裏方業務に徹するタイプ**です。全体を能動的に動かしていくというより、必要な資料を用意したり、煩雑な事務や分析調査を手伝ったり、部署間のコミュニケーションをとりもったりする調整業務がメインとなります。

≫ 2つ目の軸：業務範囲が全方位型か限定的か

　業務範囲・取り扱うテーマが全方位型である場合、会社の全社テーマを常に扱うこととなるため、幅広い視点から業務に取り組みます。会社の中長期的な戦略や組織設計、ミッション・ビジョン・バリューを理解しながら業務を進めたり、ときにはそういった全社的な目標指針自体でさえ事業

展開とともに修正していくことが業務のため、経営者と一体となっての遂行が求められます。

　一方、**扱う範囲が限定的である場合は、その会社で課題・論点になりやすい領域を中心に、狭く深くテーマに関与することが求められます。**各部署や事業部で足りていない視点やリソースを補うために、経営企画が関与することも多く、いざというときの助っ人・スーパーサブ的戦力としての役割を求められます。

◎経営企画の各タイプの特徴◎

経営企画のタイプ	説　明
経営参謀型	経営者の右腕として機能する万能型。経営企画メンバーも経営陣と議論が可能なレベルの能力を持った成熟しているメンバー構成でなければいけない。事業戦略の立案やM&A推進、投融資意思決定など、会社の中長期戦略を担うことも多い
特命型	営業・マーケティング・製造・開発などの各成長フェーズにおいて、その時々での大きな課題に対して、テコ入れを行う機能を持つ。必然的に特命プロジェクトや新規事業をこなすことが多くなる
経営管理型	数字を用いて分析を行ったりファクト情報を収集したりすることで、経営者が意思決定判断をしやすい状態に整理することが得意。予算や中期経営計画、KPI管理、グループ会社管理などの場面で真価を発揮することが多い
事務局型	自ら推進したり全社目線を持っているわけではないため、経営陣の右腕としての機能は弱いが、いざというときにかゆいところに手が届く、事務局的な存在として機能する。経営企画に秘書業務の機能を持たせている会社でよくみられるケース

　これらのタイプのあり方に、正解・不正解はありませんが、あるべきビジネスモデルをもとに、経営者や各部署の強み・弱みを埋めるように、経営企画もそれに合ったタイプ・関与が求められます。いずれにせよ、**経営企画がどういう業務を扱うかを考える際には、自社の戦略や組織把握が欠かせない**ものとなります。

経営企画に必要な基本スキル

　経営企画で業務を行ううえでは、さまざまなスキル・知識が必要とされます。

　業務の性質上、経営者が持つべきスキルをそのまま醸成できればもちろん言うことはないのですが、経営スキルを一朝一夕で育てることはできませんし、経営企画にすべてを求めるのも正しくはありません。

　あくまで「**経営をサポートするためのスキル**」を持つことが重要になります

≫ 新卒社員や経験の浅いうちはハードスキルを早めに積み上げる

　経営企画で求められるスキルは、ハードスキルとソフトスキルの両方があります。まずハードスキルについては基礎理解として学んでおく必要があります。

◎経営計画に必要なハードスキル◎

スキル	内　容
管理会計	管理会計とは、意思決定のための会計・数値管理のことになります。経理財務が扱う会計は主に「財務会計・税務会計」と呼ばれ、同じ会計といってもその内容は全く異なります。管理会計は、事業の意思決定に関するものならすべてが対象になり、その範囲も広いのですが、経営企画としては、「損益分岐点分析」「KPI管理」「予算編成」「業績分析」「設備投資意思決定」といった領域の管理会計をマスターしておくと非常に役立ちます。

ファイナンス	ファイナンスは資金調達することだけではありません。「資金を調達する＝資金を投資する＝調達方法と投資バランスを考える＝投資分野と投資回収を設計する＝事業の価値創造サイクルを設計する」のことになります。よって、企業経営におけるファイナンスとは、企業がその企業価値を最大化させるために、調達と投資を両面で設計する理論になります。 ファイナンスと一言で言っても、証券投資理論やコーポレートファイナンスやベンチャーファイナンスなどのさまざまな領域がありますが、経営企画が知るべきファイナンス領域としては「企業価値評価」の部分を中心的に学ぶといいでしょう。
リーガル理解	ビジネススキームを検討する際に必ず法的検討を行うことになります。 会社法、独占禁止法、知的財産法などの重要な法令については基本的な項目を習得し、法律の条文や細かいルールについては法務のサポートを得ながら理解します。一方、有利なビジネス契約や座組みを考える際には、リターンとリスクのバランスを考えながら契約に落とし込んでいく力が必要であり、ビジネスセンスを1つずつ積み上げ、高めていくことになります。

≫ 中堅社員以上では総合力が必要なソフトスキルを育てる

　中堅以上の経営企画社員であれば、基礎的ハードスキルに加えて、各部署や経営陣から信頼を得るために、ソフトスキルを醸成することが不可欠になります。

　特に、意思決定を進めるためのコミュニケーション関連のスキルが重要です。このようなスキルは、即座に獲得できるわけではなく、それまでの経験が積み上がって醸成されるものも多いです。

◎経営計画に求められるソフトスキル◎

必要な ソフトスキル	説　明
ロジカルシンキング	ロジカルシンキングは、存在する情報を正しく整理する力や、与えられた情報を論理でつないで筋道立てる力になります。さまざまな情報を、複数の情報ソースから収集・分析する機会も多く、必要な情報を取捨選択し整理する業務において基本となる必須スキルになります。 また、重要な経営判断は、常にダイナミックな取捨選択と論理の両面を紡いで行われます。前者は経営者でなければできないので、経営企画としては、後者の論理的な筋道を整理する力を最低限身につけて、経営意思決定をサポートできることが必要です。
プロジェクトマネジメント	プロジェクト全体をまとめ、スムーズに進捗させていく力です。プロジェクトマネジメントは、目標設定、予算管理、進捗管理、To-Do設計、体制・役割分担など、プロジェクトの成否を決める要因に対して全体マネジメントを行うことになります。経営企画内だけでなく、他部署を巻き込んでの業務を行う際には必須のスキルです。
ファシリテーション	ファシリテーションスキルとは、会議やディスカッションの場を活性化させ、会議がその目的を達成するように進める力になります（何も進まない・決まらない会議は、ファシリテーションに失敗している状態です）。 経営企画は多くの会議において、事務局・まとめ役としての役割を担うので、会議の成功自体がプロジェクトの成功可否にも直結します。会議中は、事実把握・傾聴・質問・交渉・期限設定・サマリーなど、さまざまなアクションを行い、議論を前に進めていく必要があります。

6-3 経営企画の特徴③

経営企画の登場人物と役割分担

経営企画業務で関与する関係者は以下の通りになります。

◎経営企画業務の関係者◎

経営陣	経営企画の業務は、基本的には経営陣の経営方針を反映させながら意思決定します。経営企画メンバーにとっては、実質的な上長となります。 特にCEO、CFO、COOと一体になって業務を推進することが多いです。
各事業部・フロントメンバー	現場の業務実行を担うビジネス現場の主役であり、経営企画の業務において常にともに働く存在です。 経営企画からの関与としては、現場での実務に対して、全社的・中長期な視点で、普段の実務からは見えにくい視点から、サポートすることになります。 特に部署横断プロジェクトを推進する場合は、事業部との連携が不可欠になります。
その他バックオフィス部門（経理財務・人事労務・法務・総務）	経営企画の業務を推進するにあたって、サポートをしてくれる存在です。 業績数値の情報を得る場合は経理、人事組織パフォーマンスを知りたい場合は人事労務など、知りたい・分析したい情報に合わせて各バックオフィスからの詳細情報を得ることで、業務を進めていくことができます。
株主	経営企画ひいては会社経営全体の1つの目的である「企業価値の最大化」に対して、ミッションを果たすべき相手です。 事業を成長させ株主からの評価を得ることが、企業価値最大化のポイントであるため、株主が求めるニーズを理解することは、経営企画業務にとってか欠かせない視点となります。

金融機関（銀行・証券会社・投資銀行）	企業価値の最大化や、そのために必要な最適な資本構成を考えるために、株主とともに重要なステークホルダーです。 M&Aの局面では金融機関が案件紹介やアドバイザー機能を果たすことも多く、投融資戦略にとっての重要な役割を担います。
経営コンサルティングファーム	戦略系、総合系、IT系、シンクタンク系などさまざまなコンサルティングファームがあり、プロジェクトの特性に合わせて支援依頼します。 顧問というよりもプロジェクトごとに、必要なノウハウやリソースを支援してもらうために依頼するパターンが多いですが、大手企業であればお抱えのコンサルティングファームと定期的なつながりを持ち、社内メンバーに近い形でコンサルタントが常駐している場合もあります。
グループ会社・子会社	グループ会社管理を行う際には、経営企画が窓口となって、さまざまな情報のやり取りを行います。 グループ会社の業績・組織・事業展開のさまざまな課題について把握することが求められます。
共同プロジェクトの他社経営企画	ジョイントベンチャーや資本業務提携など、2社以上で共同プロジェクトを展開する場合、お互いの会社の経営企画が窓口になって業務連携を行います。 会社の窓口としての行動が求められることとなります。
ファンド・VC	M&Aを推進する際に、アドバイザーや、ときには出資者として活動します。M&A案件自体を紹介してくれたり、出資スキームに関与する場合は、ファンドが経営支援・協力をしてくれることもあります。 また、自社がCVC（コーポレートベンチャーキャピタル：事業会社が設立するベンチャーキャピタルのこと）を開始運営する場合には、LP出資（リミテッド・パートナーシップ出資：ファンドへの出資を通じたベンチャー投資）や投資案件の紹介など、ファンド・VCと横の連携を持つことが重要です。
弁護士・公認会計士・税理士・社会保険労務士	法務・財務会計・税務・労務の各分野のスペシャリストです。 M&A推進時にデューデリジェンスを行う際や、新規事業展開をする際の実現可能性の検証を行う際に、専門調査・アドバイスをしてもらうことになります。

事業計画・中期経営計画の策定

≫ 経営企画の本丸業務

　経営企画業務といえば、「**事業計画**」や「**中期経営計画**」の策定を挙げる人も多いでしょう（※事業計画と中期経営計画は、会社によって呼び方や定義が違うだけで、基本的には同じものと理解していただいて問題ありません。以後は両者をまとめて"事業計画"と表現します）。

　事業計画は、会社全体の中長期戦略や数値計画をまとめたものになり、まさに会社がこれから進んでいく方針そのものです。経営者が最終的に責任を持って作成するものですが、非常に広範囲かつ大量の全社経営情報を収集するため、経営企画がサポートしながら作成していくこととなります。

≫ 事業計画の目的

　事業計画の目的はいくつかありますが、大きく分けると主に以下の4つになります

> ### 事業計画の目的
> ① 経営者自身の目標の言語化・経営スキル向上
> ② 従業員に対する社内目標の明確化
> ③ 融資や資金調達
> ④ 株主へのIR

　いずれも重要な目的ですが、経営企画としては主に②をトリガーにして事業計画を立てることが多いでしょう。年度が始まる前や、会社の重要な節目の際に、新たな目標を従業員に明確化し、ベクトルを同じ方向に向けてもらうために事業計画をつくります（中期経営計画の場合は、3年ないしは5年といった、一定のスパンで作成タイミングがあります）。

⫸ 事業計画の構成

　事業計画とはどのようなものでしょうか？　この言葉自体は、経営や数値に関連する仕事をしている方ならよく聞くかと思いますが、事業計画は実務的には大きく以下の2つの構成に分かれます。

◎事業計画の主な構成◎

定性面 戦略・組織方針	**戦略および組織視点で将来計画を語ったもの** ミッション・ビジョン、市場環境分析、ターゲット市場、自社の強み・弱み、参入障壁と競争優位性、拡販戦略、投融資計画、組織図、組織強化施策を表現するもの
定量面 財務収支計画	**数値面で将来計画を語ったもの** 通常は3～5年程度の将来数値計画をB/S、P/L、C/Fの財務三表で表現し、最終的には目指すべき企業価値評価まで表現します

　業界やステークホルダーによっても、それぞれの構成についての呼び方が異なったり、作成の責任者やポイントも異なりますので、この2つを混同しないように注意しましょう。当然ですが、両者は連動している必要があり、定性面で語っているストーリーが定量面で表現されていないような不整合が起こらないように留意しましょう。

◎事業計画は将来方針を定性面と定量面で表現するもの◎

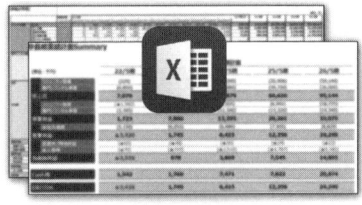

定性面

「事業計画」「中長期経営計画」
「ピッチスライド」「プレゼン資料」…　　**←　呼び方　→**

CEO、経営企画室長　　**←　作成責任者　→**

一貫したストーリー・戦略・ビジョン　**←　ポイント　→**

定量面

「予算計画」「収支計画」
「事業計画」「中長期経営計画」…

CFO、経営企画室長

柔軟なシナリオメイク・ケース分け

﹥﹥事業計画の作成スケジュール

　事業計画作成のスケジュールやプロセスは、会社の規模などによっても異なりますが、以下の各要素を決めながら進めていくことになります。

◎事業計画作成の要素◎

要　　素	内　　容
トップダウン目標の設定	・最終的な利益／企業価値目標の設定 ・ミッション・ビジョンの決定
競争環境分析	・外部環境分析 ・市場分析、市場規模把握 ・ベンチマーク（競合）分析 ・ターゲット市場セグメンテーション ・Key Success Factor把握
自社分析	・強み、弱み／課題の把握 　― 事業ポートフォリオ分析 　― 機能別／事業別分析 　― 組織力分析
機能別・事業別の基本戦略＆アクションプラン立案	・機能別・事業別で将来アクションを計画 　― 1年単位と3～5年単位に分ける
投融資計画	・テコ入れ領域への投資配分 　― CAPEX（設備投資）を中心に計画 ・必要投資に対する調達計画
組織計画／人員計画	・各機能・事業部での基本戦略とアクション計画から逆算で、採用計画を立案 ・評価・育成・人材強化プランも織り込む
KPI／目標数値設定	・アクションプランを具体的なKPI数値に落とし込む
各機能／事業部別の損益計画化	・各機能／事業部ごとにP/Lを作成
将来財務三表の作成	・合算P/Lを作成したうえで、全社B/SとC/Fを連携
トップダウン目標との調整	・積み上げで作成した財務三表に対して、当初のトップダウン目標と比較し、最終調整する

　数十名程度の組織規模であれば1カ月以内で作成可能ですが、100人規模程度であれば最低1～2カ月、1,000人規模の大会社や上場会社であれば、最低3カ月はかかるプロセスだと考えて、スケジューリングをしましょう。

ミッション・ビジョン・バリューづくり

≫ ミッション・ビジョン・バリューとは？

　人事評価制度でも触れましたが、ミッション・ビジョン・バリュー（以下、頭文字を取って「MVV」といいます）は、会社の根幹をなす存在意義であり、向かうべき方向です。

ミッション・ビジョン・バリューの内容

- ミッション（M）：会社が社会に果たすべき使命
- ビジョン（V）：会社が将来目指したい姿・ありたい姿
- バリュー（V）：会社が大事にする価値基準・行動指針

MVVそれぞれの関係性を示すと以下になります。

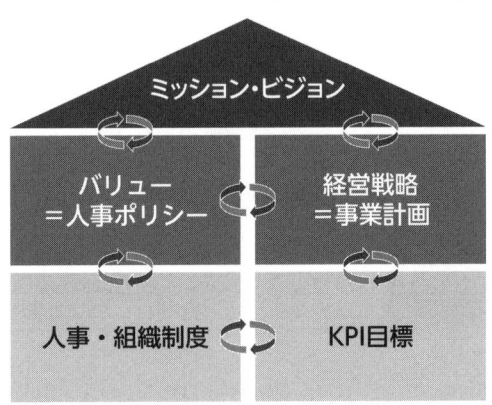

◎MVVと組織・事業戦略の関係◎

組織サイド　　　事業／戦略サイド

ミッション・ビジョン

バリュー
＝人事ポリシー

経営戦略
＝事業計画

人事・組織制度

KPI目標

管理会計を考える際は、経営レベルでの目的・戦略を
理解しながら、設計することが重要

　会社経営における最上位概念が、**ミッションとビジョン**になります。ミッション・ビジョンは会社によっては「**経営理念**」や「**社是**」「**パーパス**」と表現する場合もあります。ミッション（社会に果たす使命）とビジョン（ありたい姿）は、見る視点が社会から（会社の外からの視点）なのか会社内からなのかが違うだけで、本質的には共通項も多いため、従業員へのメッセージのわかりやすさを考慮して、両者をまとめて表現するときもあります。

　ミッション・ビジョンの下にくる概念が**バリュー**です。より詳細にいうと、バリューは組織側の視点を強く表現しています。価値基準や行動基準なので、組織のなかにいる人たちにどのように動いてもらいたいか、何を大事にしてほしいかを示したものです。「**人事ポリシー**」も、バリューとほぼ同様の概念です。バリューはカルチャー形成に非常に強い影響を与えるため、組織の強さ・方向性を決定づけるものになります。

　一方で事業計画とは、いわゆる事業・戦略面における経営方針を表現したものになります。ミッション・ビジョンが5年、10年といった長期の理想や目標を表現したものである一方、それをより直近も含めた時間軸で、現実の事業環境・競争環境を踏まえて、具体的な計画・数値まで落とし込んだものになります。

◎著者の会社（コンダクトグループ）のMVVと事業計画◎

組織サイド　　　　　　　　事業／戦略サイド

【ミッション】
コーポレートを、彩り、奏でる
【ビジョン】
いつも変革の先で待つ存在へ

【バリュー】
1. 楽しさの追求
2. ゼロベース思考
3. プロフェッショナリズム

【事業計画】
・サービスラインは、経営支援、会計、HRを中心に展開
・最新業種やスタートアップを中心

【人事・組織制度】
・役割と分掌
　―クライアントサービス：――
　―会計プロフェッショナル：――
　―HRプロフェッショナル：――

【KPI目標】
・○○年後に、顧問先○○件へ
・利益は○○年後に、○○万円

MVVおよび事業計画は、会社経営やバックオフィス業務の至るところで参照していく重要な概念・計画になるので、それぞれの関連性を理解しておくと、各業務のやりやすさや精度・解像度が上がります。

これらは、概念めいた表現になるので、例えば以下のように具体的に考えてみると、それぞれがつながっていることがわかると思います。以下は卑近な例で恐縮ですが、著者の会社（コンダクトグループ）のMVVを示します。

>> 著者の会社のMVVの例

著者の会社のミッションは、「コーポレートを彩り、奏でる」です。コーポレートとは管理部門やバックオフィスを総称した呼び方です。これらの部門で働く方々が活躍することで、さまざまな会社でその価値を感じてもらえるような社会を実現するという使命を持っています。

ビジョンの「いつも変革の先で待つ存在へ」というのは、コーポレートのあるべき姿として、会計財務、経営企画、人事労務といったさまざまな領域は、どうしても後追い・後処理を行う部署になってしまうのですが、そうではなく会社が成長・変革しようとしているときに、常にその先で待ち伏せして提案ができるような存在になりたい、という姿を表現しています。

この大きなミッション・ビジョンの下で、組織側の方針として、バリューができ上がります。バリューは、いずれもバックオフィスにかかわる方々が苦手な行動を入れています。バリューを大事にしながら皆が行動することで、今までの「事務作業」と軽視されがちだったバックオフィス業務を変え、ミッション・ビジョンに近づけるチームとカルチャーができ上がるからです。

さらに、このバリューを大事にしたうえで、人事組織制度ができ上がります。組織図・職務文書においては、「クライアントサービス／会計プロフェッショナル／HRプロフェッショナル」……という職種をつくっていこう、という感じに定まっていきます。弊社では、通常のクライアントワークを行う専門ファームよりも、クライアントに対面する職種により広い権限を渡しており、そのあたりにもバリューが反映されています。

一方、事業面や戦略サイドを見てみると、ミッション自体が「コーポレ

ート全体」を捉えているので、創業当初からサービスラインを狭くせずに広くして、総合的なワンストップサービスをモットーとしています。中小ファームであれば、会計やHRなど狭い領域でサービス展開するのが多数派ですが、弊社グループでは、会計・HR・経営の広い領域を扱うサービスライン（商品戦略）をつくっています。かつそのターゲットも、最新業種やスタートアップ・ベンチャーを中心にしています。それらのターゲットではコーポレート全体をまとめる機能が重要視されているため、そのニーズと弊所サービスがマッチングするためです。

　以上の説明から、将来に向けた拡大戦略としては、例えばバックオフィスの法務や総務領域に新たにサービスラインを広げていくことも、「コーポレート」というミッションと整合性や親和性が十分にあります。

　このように、ミッション・ビジョンは、**「商品ラインナップ＝戦う領域＝事業ドメイン」すら決める非常に重要な根本概念**だということが、おわかりいただけましたでしょうか。

≫ MVVの決め方

　それではMVVはどのように決めていけばいいのでしょうか。言うまでもなく、最終決定者は経営者なので、経営者が自己や経営陣との徹底的な対話を繰り返し、ステークホルダーからの期待も考慮したうえで決める必要があります。

　経営企画としてMVVにどのように関与するかといえば、経営者が考える機会をセッティングすることが基本です。次ページの図表に掲げたMVV作成のプロセスでは、すべて経営者や経営陣を巻き込みながら、経営企画は事務局的な立ち位置でファシリテーションをするといいでしょう。

◎ミッション・ビジョン・バリューのつくり方◎

分　類	プロセス・ステップ	説　明
MVV共通 **（事業／組織分析）**	事業の課題・ペイン（弱点）・トレンドを把握する	・その業界が何を課題にしていて、将来的にどうなっていくのかを予想する
	現在の会社の事業上の課題を把握する	・会社が事業をするうえでの課題を理解することが、将来向かいたい方向性につながる
	現在の会社の強み／弱みを把握する	・顧客からの声・インタビュー・ブランドイメージなども参考にする
	現在の会社のカルチャーを把握する	・従業員からのヒアリングや日々のコミュニケーションも参考にする
ミッション・ビジョン	経営者の原体験を振り返る	・経営者が事業をしたい理由（Why）を徹底的に洗い出す ・MVは経営陣が心の底から納得できる、10年変わらない目標にしなければならない
	ミッション・ビジョンとして言語化する	・事業／組織分析をしたうえで、経営者の想いを組み合わせて、ミッション・ビジョンにまとめる
	正式なMVステートメントとしてまとめる	・インパクトのあるキャッチコピーを入れたい場合などは、コピーライターに依頼するのもあり
バリュー	事業で活躍できる人材像・性格・スキル要件を言語化・リストアップする	・活躍できない／評価されない人材像も合わせて定義すると対比がしやすく、言語化しやすくなる
	行動基準としてグルーピングし昇華して、まとめる	・共通した特徴を見つけて、3〜7個程度にまとめる ・漏れなくダブりなく整理する
	正式なバリューステートメントとしてまとめる	・インパクトのあるキャッチコピーを入れたい場合など、コピーライターに依頼するのもあり

6-6 経営企画の各業務③

管理会計とKPI管理

≫ 管理会計とは？

「**管理会計**」とは、意思決定のための会計・数値管理のことです。経理財務の章（第2章）で解説した業務も会計ではあるのですが、経理財務の使う会計は主に「**財務会計**」と呼ばれ、同じ会計でもその内容は全く異なります。管理会計は主に経営企画が取り扱う領域になります。

財務会計は原則として「会計基準や税法でルールが定められている会計」になりますが、管理会計はその領域・輪郭が非常に不明確で、いうなれば「**数字を扱えばすべてが管理会計**」といっても過言ではありません。

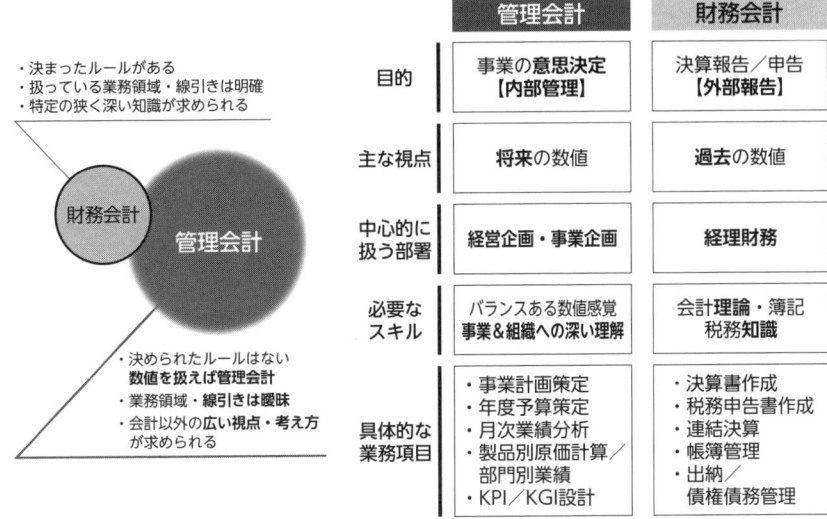

◎管理会計と財務会計の違い◎

		管理会計	財務会計
	目的	事業の意思決定【内部管理】	決算報告／申告【外部報告】
	主な視点	将来の数値	過去の数値
	中心的に扱う部署	経営企画・事業企画	経理財務
	必要なスキル	バランスある数値感覚 事業&組織への深い理解	会計理論・簿記 税務知識
	具体的な業務項目	・事業計画策定 ・年度予算策定 ・月次業績分析 ・製品別原価計算／部門別業績 ・KPI／KGI設計	・決算書作成 ・税務申告書作成 ・連結決算 ・帳簿管理 ・出納／債権債務管理

財務会計
・決まったルールがある
・扱っている業務領域・線引きは明確
・特定の狭く深い知識が求められる

管理会計
・決められたルールはない **数値を扱えば管理会計**
・業務領域・線引きは曖昧
・会計以外の広い視点・考え方が求められる

管理会計とは、財務会計と同じく会計数値を扱うが、その特徴はさまざまな点で異なる

≫ 管理会計の種類

　管理会計にさまざまな領域がありますが、最低限知っておくべき領域は以下になります。

◎管理会計の領域◎

管理会計の例	説　明
KPI管理	事業／組織の両方の視点から、経営管理において重要となる管理指標を作成する
予算編成	年度／半期／四半期ごとに予算目標を立てることで、経営のPDCAを回す
業績分析	実績結果に対して、予算／計画／過去と対比して分析を行い、業績の要因を数値で把握し、改善アクションにつなげる
部門別／プロジェクト別損益管理	これまで全社単位でしか業績を把握できなかった状態から、部門やプロジェクト別で業績の見える化を行うことで、より詳細な分析・改善アクションを可能にする
損益分岐点分析	コスト構造を、変動費と固定費に分解し、売上と損益の関係性を分析する
原価計算	製品を製造するために必要な原価を、決められたルール・ポリシーで計算し、コスト集計をする

≫ KPI管理

　上の表のなかでも、どの業種の会社であっても必ず経営企画がマスターしなければならない管理会計が「**KPI管理**」です。

　KPI（Key Performance Indicator）は「**重要業績指標**」とも呼ばれ、経営者や現場に目標数値として設定し浸透させ、経営の**PDCAサイクル**（Plan-Do-Check-Actionのサイクル）を回していくためのツールになります。

　KPIはいくつかのステップを踏んで設定されます。ここでは、まずロジックツリー分解で経営数値を分解（STEP1）し、次にその数値を各領域に割り合てて（STEP2）いきます。

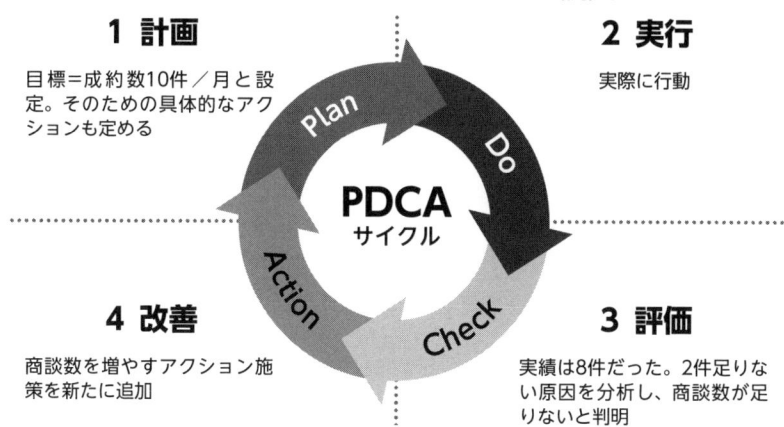

◎KPIはPDCAを回すためのツール（例）◎

1 計画

目標＝成約数10件／月と設定。そのための具体的なアクションも定める

Plan

2 実行

実際に行動

Do

**PDCA
サイクル**

Action

4 改善

商談数を増やすアクション施策を新たに追加

Check

3 評価

実績は8件だった。2件足りない原因を分析し、商談数が足りないと判明

➤➤ KPIの設定STEP1：ロジックツリー分解

　KPIを設定する際には、「**ロジックツリー**」という手法を使います。ロジックツリーとは、売上や利益という大きな全体数字を、論理的に1つひとつ分解していく手法のことです。

　具体例で見てみましょう。次ページの図表では、売上高については、販売台数と販売価格に分解しています。さらに販売台数は、AエリアとBエリアに分けています。これら1つひとつの数値がKPIになります。

　ロジックツリーのポイントは、「**漏れなくダブりなく**」＝**MECE**（Mutually Exclusive and Collectively Exhaustive）であることです。次ページ図表の例でいうと、AエリアとBエリアのほかにCエリアも存在するならば、Cエリアの販売台数も漏らさず追加することで、販売台数の合計が全社数値と一致しなければいけない、ということです。

　また利益を算出するには、売上高から製造原価や販管費といったコストを差し引く必要があるため、同じようにコスト側についても分解する必要があります。

KPI	目標数値	
売上高	X x x	
販売台数	X x x	
Aエリア 販売台数	X x x	❶
Bエリア 販売台数	X x x	❶
販売価格	X x x	
商品別 販売価格	X x x	❷
製造原価	X x x	
製造変動費	X x x	
原単位／歩留まり	X x x	❸
原材料価格	X x x	❹
為替レート	X x x	
製造固定費	X x x	
人件費	X x x	❺
設備費	X x x	❻
販管費	X x x	
広告宣伝費	X x x	
マーケ顧客獲得単価	X x x	❼
マーケ獲得顧客数	X x x	❼
その他経費	X x x	
最終利益	X x x	❽

STEP２で割り当てる

≫ KPIの設定STEP２：組織への割当て

　数値を分解してKPIを決めても、それだけで満足してはいけません。KPIは現場の目標数値なので、各組織に目標を割り当てる必要があります。

　例えば、上の図表の売上高に関するKPIを見てみると、Aエリアの販売台数KPIは、営業部の中のエリアAのチームに割り振られることとなり、当該チームが責任を持ってPDCAを回していくこととなります。

　一方で販売価格については、企画本部の商品企画部に割り当てられているとします。この場合、商品の価格自体は、商品企画時点で決まることとなるため、実際に商品販売をする営業部ではなく、商品企画部が責任を持つべきであると、この会社では考えるからです。

　このように売上高であっても販売台数と販売価格に分解し、それぞれ違う部署に責任を割り当てることで、現場の納得度の高い目標が設定できることとなります。KPIを理解せずに、「売上高全体については営業責任で

ある！」などと雑に決めてしまうと、価格に責任を持てない営業部から不満が出たり、商品企画部が真剣に価格設計をしなくなるなど、組織のあらゆるところで非合理やデモチベーションが起こってしまいます。

◎STEP 2：各組織への割り当ての例◎

STEP 1 で定めたKPIと連携（❶〜❽）

Column　KPIは経営企画で最も重要な経験!?

KPIは、経営企画の業務において、実にさまざまな場面で登場します。「事業計画・中期経営計画」「予算編成」「設備投資意思決定」「人事評価制度」「コスト合理化」など、数値が関連する業務のほとんどでKPIをどう設定するかという論点が出てくるので、「数字あるところにKPIあり！」と言っても過言ではないかもしれません。

KPIというのは、現場の人にわかりやすく落とし込んだ数値のことです。すべての業界・すべての部署において、事業を行ううえで大切にしている数値概念が存在しています。製造業であれば、「歩留り」「稼働率」「リードタイム」、ITのSaaS業界であれば、「Life Time Value」「顧客獲得コスト（CAC）」「解約率／チャーンレート」、コンサルティング業界なら「人月単価」「Availability」などなど……。これらの現場管理で用いられてい

る情報は、突き詰めていくとすべてKPIという言葉で数値指標に置き換えることができます。

　曖昧な言葉のまま実務を行っている現場に対しても、KPIは強力なツールとして役立ちます。例えば「生産性を高めなければいけない」というのは誰しもが使う言葉ですが、「生産性」とは何でしょうか？

- 「フル稼働前提で、1つの設備が1時間に生み出すキャパシティ」なのか？
- 「1時間あたりに工場全体・ライン全体で生み出す生産数量」なのか？
- 「1時間あたりに生み出す限界利益の金額」なのか？

　その解釈が同じ製造課で働いている人たちの間でも違っているということは往々にしてあります。これを明確に分解・定義していき、現場と経営の目標目線を合わせていくことがKPI管理の本質であり、KPIは現場のすべてのアクションと目標をつなげていくツールになります。

　実はKPIは日常の場面で訓練することができます。例えば、買物をしてレジに並んでいたら、その前に並んでいる人たちの買物金額と、待ち人数と時間を測ってみてください。

　「1人当たりの平均買物金額×〔営業時間÷（自分にレジが回ってくるまでにかかった時間÷自分の前のレジ待ち人数）〕×レジ数」

　これでそのスーパーの1日の大体の売上高を概算することができます。上記の計算式の1つひとつがまさにKPIそのものです。自分がレジに並んでいる間に多少頭を使えば、すべてをすぐに把握できる数字であって、KPI管理の訓練がすぐにできます。KPIはまさに経営管理の王道であり、経営企画としての経験を積みたいと思う人は、常日頃から数字と現場をつなげる訓練をしてみることをおススメします。

投資意思決定

>> 投資意思決定とは？

投資意思決定は、①大規模なキャッシュ投下して、②数年以上の中長期の期間で回収を目指す、という特徴をもった投資プロジェクトの意思決定をすることです。例えば以下のようなケースが挙げられます。

- 新しい製造ラインを導入するために、設備を購入する
- 新しい商品を企画して、市場に投入する
- プロジェクトファイナンスを行い、発電所を建設する
- 新しい事業部を組成し、新規事業を展開する

経営企画では、このような大規模プロジェクトを判断する際に、経済性を試算し、評価・判断する役割を求められることになります。

>> 投資意思決定はファイナンス理論の理解から始める

投資意思決定を考える際には、ファイナンスを中心とするいくつかの基本知識を理解しなければいけません。ここではページの都合上、以下の①～⑤について、それぞれを簡潔に紹介します。投資意思決定におけるファイナンス理論を理解するためには、「企業価値評価」に焦点を当てた書籍を、1冊でいいので読んでみることをおススメします。

ファイナンス理論の基本前提知識

① 時間価値の概念
② ハードルレート＝WACCの概念
③ Cash is King
④ 増分・差額の考え方
⑤ NPVとIRR

>> ① 時間価値の概念

　中長期での意思決定を行う際には、必ず「**時間には価値がある**」という
概念を理解しなければいけません。

今もらう100万円の価値　＞　1年後にもらう100万円の価値
今支払う100万円の価値　＜　1年後に支払う100万円の価値

　感覚的にでもいいので上記の考え方を理解できますか？　今手元に100
万円あるならば、例えばそれを株式投資運用すれば、平均のリターン（＝
期待リターン）が5％だとすると、1年後には平均すると105万円に増え
るので、今の100万円は1年後の105万円と同じ価値であるということです。
　支払側でも同じように考えられ、今支払う100万円は、もし仮にそれを
支払わなければ、運用して1年後には平均して105万円に増えるはずなので、
今支払う100万円は1年後に支払う105万円と同じ価値だということです。

期待リターンが5％だとすると、

今もらう100万円の価値　＝　1年後にもらう105万円の価値
今支払う100万円の価値　＝　1年後に支払う105万円の価値

　さらに2年後を考えてみると、1年後の105万円に対してさらに5％の
期待リターンがあるので、105万円×（1＋5％）＝110.25万円の価値にな
る（複利）ということです。

今もらう100万円の価値　＝　2年後にもらう110.25万円の価値
今支払う100万円の価値　＝　2年後に支払う110.25万円の価値

　投資意思決定では、1年後、2年後……と将来の長期にわたってキャッ
シュフローが発生するため、「**各年度に発生するキャッシュフローを、期**

待リターン＝時間価値で割り返して、すべてを現在時点での価値に置き直して、現在時点のキャッシュフロー合計額で評価」するというルールがあります。

　この割り返して現在の価値に戻したキャッシュフローのことを、**DCF**（**割引後キャッシュフロー**：Discounted Cash Flow）と呼びます。

▶▶ ② ハードルレート＝WACCの概念

　先ほどの時間価値を、会社に資金提供する株主や銀行の視点に置き換えて考えてみましょう。例えば、株主や銀行も100万円の資金提供をしたとして、投資をする以上は会社に100万円以上のリターンを期待します。

　資金の流れを、経理財務の章で説明したB/S（126ページ参照）を使って考えてみましょう。

　株主や銀行からの資金調達は、B/Sの貸方側（右側）に表現されます。一方で、B/Sの借方側（左側）はその調達した資金を投資に変換して計上されることになります。大きな設備を購入して固定資産として計上する例を考えてみるとわかりやすいでしょう。そして投資を行った後は、その投下資本を活用して、調達したキャッシュを超える分の追加キャッシュを新しい投資事業で得ようとします。その後は、資金を提供してくれた株主や銀行に、リターンとして配当や利子を還元していくことになります。

投資の循環

❶　株主や銀行から資金を調達し（B/Sの右側が増え）
❷　その資金を使って事業投資し（B/Sの右側から左側に流れ）
❸　事業を回すことでキャッシュを増加させ（B/Sの左側が大きくなり、右側に流れる）
❹　株主や銀行にそのリターンを乗せてお返しする（B/Sの右側が減る）

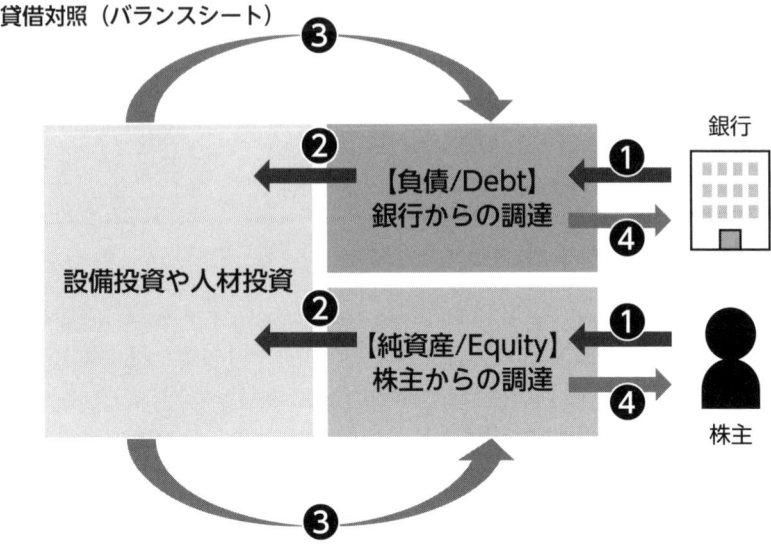

◎投資が循環するイメージ◎

貸借対照（バランスシート）

設備投資や人材投資

【負債/Debt】
銀行からの調達

【純資産/Equity】
株主からの調達

銀行

株主

それでは、株主や銀行はどの程度の追加リターン（企業側の目線でいうと追加コスト）を期待するのでしょうか？　これは業種によって異なりますが、計算式は以下の通りです。

出資者によって期待されるリターンの違い

- **株主資本コスト =** リスクフリーレート＋リスクプレミアム × β 値
- **負債コスト =** 銀行金利

株主資本コストは、正確には**CAPM**（**資本資産価格モデル**：Capital Asset Pricing Model）という方法で算出しますが、ここではその用語のみを簡単に紹介します。

CAPMで用いられる計算要素

リスクフリーレート：安全資産の利率。10年物の国債利回りを用いる
リスクプレミアム：株式市場全体へ分散投資した際の期待リターン
β値：その会社が個別に持つリスク係数

さらに、会社の視点で見ると、資金調達者からの期待リターンは、それぞれ株主と銀行の調達額と期待リターンの加重平均になります。この加重平均した期待リターン（コスト）を、**WACC**（**加重平均資本コスト**：Weighted Average Cost of Capital）と呼びますので、これも覚えておきましょう。

WACCの計算の仕方

$$\text{WACC}(\%) = \frac{株主資本}{株主資本＋有利子負債} \times \frac{株主資本}{コスト}(\%) + \frac{有利子負債}{株主資本＋有利子負債} \times \frac{負債}{コスト}(\%) \times (1-税率)$$

このWACCこそが資金提供者が求めるリターンであり、言い換えると会社が事業投資によって最低限必要とされるリターン＝**ハードルレート**ということができます。ですので、投資意思決定をする際にはWACC＝ハードルレートを超えるようなリターンを得られるかどうかで判断します。

≫ ③ Cash is King

会社の業績判断をする際は、利益で考えることが多いと思いますが、**投資意思決定では、利益ではなくキャッシュで判断します**。利益とは、P/Lで表現され、経理財務の章でもあったように、「発生主義」「費用収益対応の原則」のルールに基づいて、現金主義の「収支」から会計上の言葉である「利益」に修正された結果になります。

"Cash is King"とは、そういった会計上のルールを排除して、「**中長期的に見て純粋にキャッシュを生み出せるか否かを判断することがファイナンス上は正しい**」とする考え方です。

ですので、中長期の投資意思決定をする際は、必ずキャッシュで判断するようにします。よくある例でいうと、減価償却費は投資意思決定においては考慮しません。減価償却費はキャッシュアウトは一切しない費用であって、会計上のルールで按分した結果、発生する費用であるからです。

≫ ④ 増分・差額の考え方

投資意思決定で、最後に重要な考え方は、「**増分や差額で常に考える**」

ということです。ある1つの投資に対しての意思決定判断を行う際には、「**意思決定の前後で変化した部分"のみ"で評価する**」というルールに従う必要があります。

◎既存工場ラインに、新設ラインの投資を行う場合の増分・差分◎

	投資前	投資後	増分・差分
投資額合計	300万円	450万円	＋150万円
売上（キャッシュインフロー）	100万円	150万円	＋50万円
コスト（キャッシュアウトフロー）	70万円	110万円	＋40万円
キャッシュフロー合計	30万円	40万円	＋10万円

　この場合、もともと300万円投資していた工場に、追加で150万円の投資を行って、合計450万円投資した工場となるのですが、この新設投資の評価は、増分である「投資額150万円に対して、毎年10万円のキャッシュフローが得られる」という状態に対して判断が行われます。

　実務上、間違えて投資後の合計売上とコストである150万円と110万円の差額である40万円のキャッシュフローで評価して、過大評価になってしまうことがあるので十分に注意しましょう。

≫ ⑤ NPVとIRR

　最後のルールは、最終的な判断をどの数値を見て評価するかについてです。これはNPVないしはIRRという基準数値を用いて判断します。

NPVとIRR

- NPV＝Net Present Value（現在価値の合計額）
　初期投資額も含めた、投資の全期間の割引後キャッシュフローを合計した数値。プラスになっていれば、当該投資はGoとなる

- IRR＝Internal Return Rate（内部収益率）
　NPVをゼロにするようなリターンのことで、この収益率がWACC（ハードルレート）を上回っている場合は、当該投資はGo

となる

>> シートを用いて経済性試算を実施する

実際の意思決定においての経済性試算は以下の順序で行います。

意志決定における経済的性試算の出し方

- 売上やコスト、投資額などの各種条件情報を、現場と協議しながら把握
- シミュレーションシートを用いて、NPV／IRRまで試算
- NPVが正になるか、IRRがWACCを超えるかを判定

シミュレーションシートは、横軸に時間を取り、縦軸にキャッシュフローを取ったシートです。決まったフォーマットはないのですが、キャッシュフローとWACCを入力したら、DCFやNPV／IRRが自動計算できる関数が組み込まれたスプレッドシートを用意しましょう。なお、投資を評価する期間は、会社や投資内容によって異なります。原則的には、**その投資がキャッシュフローを正常に生み出せる期間を評価期間にするべき**です。

10年前後のスパンで計算する企業が多い傾向はありますが、投資によっては、もっと計算期間設定を長くしたり、逆に短くしたりする場合もあります。また、その投資が永続的にキャッシュフローを得られると判断される場合は、評価期間後の永続価値計算も加味することがあります。

>> 投資意思決定の留意点：数値だけで判断できない情報を重視

投資意思決定において経営企画が評価サポートするのは、経済性（数値）の部分が中心になりますが、数値だけでは正しい意思決定はできません。

数値で表現しにくい定性的なビジネス情報も多く存在しますし、試算した数値自体も楽観的か悲観的に見るかに見るかで、大きく変わってしまいます。経済性試算で算出された数値はあくまで1つの判断基準であって絶対ではない点に常に留意しましょう。

◎シミュレーションシートの例◎

■P/Lキャッシュフロー （単位：百万円）

	0年目	1年目	2年目	3年目	4年目	5年目	6年目	7年目	8年目	9年目	10年目
売上高		100.0	110.0	121.0	133.1	146.4	161.1	177.2	194.9	214.4	235.8
材料費		65.0	71.5	78.7	86.5	95.2	104.7	115.2	126.7	139.3	153.3
包材費		1.5	1.7	1.8	2.0	2.2	2.4	2.7	2.9	3.2	3.5
人件費		5.0	5.5	6.1	6.7	7.3	8.1	8.9	9.7	10.7	11.8
物流費		2.0	2.2	2.4	2.7	2.9	3.2	3.5	3.9	4.3	4.7
補修費		2.5	2.8	3.0	3.3	3.7	4.0	4.4	4.9	5.4	5.9
消耗品費		1.0	1.1	1.2	1.3	1.5	1.6	1.8	1.9	2.1	2.4
UTY費		2.8	3.1	3.4	3.7	4.1	4.5	5.0	5.5	6.0	6.6
減価償却費		20.0	20.0	20.0	20.0	20.0	0.0	0.0	0.0	0.0	0.0
共通費/間接費		3.0	3.3	3.6	4.0	4.4	4.8	5.3	5.8	6.4	7.1
コスト合計		102.8	111.1	120.2	130.2	141.2	133.4	146.7	161.4	177.5	195.2
営業利益(=EBIT)		-2.8	-1.1	0.8	2.9	5.2	27.7	30.5	33.5	36.9	40.6
実行税率(%)		30.6%	30.6%	30.6%	30.6%	30.6%	30.6%	30.6%	30.6%	30.6%	30.6%
税引後営業利益		-1.9	-0.7	0.6	2.0	3.6	19.2	21.1	23.3	25.6	28.1

■キャッシュフロー計算

	0年目	1年目	2年目	3年目	4年目	5年目	6年目	7年目	8年目	9年目	10年目
税引後営業利益		-1.9	-0.7	0.6	2.0	3.6	19.2	21.1	23.3	25.6	28.1
投資額	-100.0										
減価償却費		20.0	20.0	20.0	20.0	20.0	0.0	0.0	0.0	0.0	0.0
運転資本増減		-10.0	-1.0	-1.0	-1.0	-1.0					
FCF	-100.0	8.1	18.3	19.6	21.0	22.6	19.2	21.1	23.3	25.6	28.1

■B/S

	0年目	1年目	2年目	3年目	4年目	5年目	6年目	7年目	8年目	9年目	10年目
運転資本 残高	0.0	10.0	11.0	12.0	13.0	14.0	14.0	14.0	14.0	14.0	14.0
固定資産 簿価	100.0	80.0	60.0	40.0	20.0	0.0	0.0	0.0	0.0	0.0	0.0
投下資本 合計	100.0	90.0	71.0	52.0	33.0	14.0	14.0	14.0	14.0	14.0	14.0
投下資本 収益率		-2.2%	-1.1%	1.1%	6.1%	25.7%	137.3%	151.0%	166.1%	182.7%	201.0%

■割引現在価値(DCF計算)

割引率/WACC 10.0% 目標ハードルレートを記入

	0年目	1年目	2年目	3年目	4年目	5年目	6年目	7年目	8年目	9年目	10年目
現価係数	1.000	0.909	0.826	0.751	0.683	0.621	0.564	0.513	0.467	0.424	0.386
DCF	-100.0	7.3	15.1	14.7	14.3	14.0	10.8	10.8	10.8	10.8	10.8

NPV(Net Present Value) 19.7 →プラスなら経済性あり

IRR(内部収益率) 13.8% →割引率より高いなら経済性あり

Column 投資意思決定は、事業計画や予算管理と組み合わせると真価を発揮する

　投資意思決定の評価の仕方は、財務会計に考え方が慣れていると少し違和感を抱く手法になります。経理財務畑であると、収益性の判断は、利益＝P/Lで判断する機会が多いのですが、何より慣れないのは「期間で区切らない」という点です。

　会計というのは基本的には「期間を区切って評価する」モデルです。企業が永続するという前提で、意図的に期間（決算期）という区分を持ち出して、1年ごとに利益を確認するという手法を採ります。

　一方で、投資意思決定は、プロジェクトや事業単位で評価します。そこには期間の概念はなく、そのプロジェクトや事業がトータルで生み出すリターンで評価します。期間の概念がないため、利益＝P/Lの概念はなくキャッシュフローで判断するのも当然になります。

　2つの関係性を見ると、縦横の網の目が紡がれているということに気づかれるのではないでしょうか？

　企業の活動というのは、横軸に時間を取って、縦軸にプロジェクト／事業を並べると、横軸で評価をするのが利益＝P/Lで、縦軸で評価するのが投資意思決定、という網の目の関係性になっています。

　つまり、どちらの評価手法が優れている・正しい、ということではなく、企業活動を両方の視点で評価することができれば、より正確で緻密な評価ができるということです。経営企画はこのように視点を柔軟に変えて、物事を正しく見る力が求められている部署かもしれませんね。

◎投資意思決定と会計上の利益との関係性◎

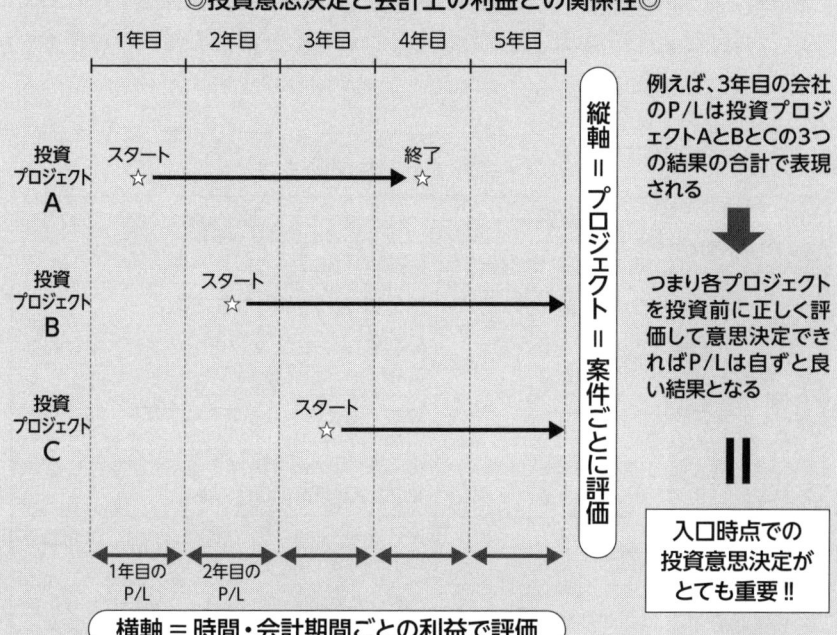

M&A推進

　M&A推進は、経営企画にとっての花形業務ですが、なかなか出会うことのないレアな業務でもあります。

≫ M&Aの関係者と経営企画の役割

　M&A（Mergers and Acquisitions）は会社1つを丸ごと再編する行為であり、複雑な論点が数多く発生します。そのため、高度な知識や専門性が求められ、実に多くの関係者や専門家たちが関与します。

◎M&Aに関する主な関係者◎

	関係者	説　明
当事者	買い手企業（譲受企業）	M&Aで買い手側となる企業
	売り手企業（譲渡企業）	M&Aで売り手側となる企業
仲介／FA	仲介会社	M&A案件を紹介マッチングさせ、中立的な立場で、取引交渉を進める
	FA（ファイナンシャルアドバイザー）	譲渡／譲受におけるアドバイザー。契約した企業側の味方となって、M&A全体のまとめ役・窓口となって推進する。FAが存在しないままM&Aが進む場合もある
専門家	弁護士	法務面からアドバイスを行ったり、法務面でのデューデリジェンスを行う
	公認会計士／税理士	会計・税務面からアドバイスを行ったり、会計・税務面でのデューデリジェンスを行う
	社会保険労務士	労務面からアドバイスを行ったり、労務面でのデューデリジェンスを行う
	コンサルティングファーム	ビジネスデューデリジェンスを行ったり、M&A後の統合業務（PMI）でのサポートを行う
金融機関／その他関係者	金融機関	M&A時の融資サポートを行う
	ファンド他	ファンドは株式と引き換えに資金提供を行う

　経営企画はM&A業務においては、主に社内側の窓口や意思決定の推進役として活動することとなります。M&A仲介やFA（ファイナンシャルアドバイザー）と似たような機能を経営企画も持ちますが、M&A仲介やFAのミッションは、相手企業との窓口・調整機能や、M&Aノウハウや相手企業の情報提供機能がメインになります。

　一方で経営企画がM&Aノウハウに精通している会社であれば、経営企画を中心にM&Aを進めていくこともあります。その場合、M&A仲介やFAは相手企業や相手FAとの最低限の窓口業務を行います。

❯❯ M&Aのプロセス

　M&Aはプロセスが長いことも特徴の1つです。M&Aプロセスは以下のようになります。

◎M&Aのプロセス◎

プロセス	主要タスク
戦略策定	■現状分析および課題の把握 ■M&Aの効果およびシナジーの検討
ターゲットの選定	■ターゲットのスクリーニング ■絞込みおよびコンタクト
初期開示情報の検討	■秘密保持契約書の締結 ■初期的バリュエーションおよびストラクチャーの検討 ■その他重要論点の洗い出し
基本合意書の締結	■基本合意書に関する交渉・合意 ■社内承認
デューデリジェンスの実施	■デューデリジェンスチームの組成 ■マネジメントインタビュー・サイトビジットの実施 ■発見事項の整理および契約書諸条件への影響・交渉方針の検討
株式売買契約書等の締結	■株式売買契約書および付随契約書に関する交渉・合意 ■機関決定 ■プレスリリース・IRストーリーの作成
クロージング	■付随契約書の交渉・最終化 ■クロージング手続きの実施 ■株式の所有権移転手続きおよび対価の支払
買収後統合プロセス	■価格調整の実施 ■シナジー実現に向けた統合プロセスの開始

≫ 買収価格の決め方

　M&Aでまず最初に理解しておくべきことは、買収価格の決定方法です。買収価格は主に以下の3つの要因で決まります。

買収価格を決める要因

❶ 売り手側の事業計画に基づくスタンドアローン評価
❷ デューデリジェンスによる評価修正
❸ 統合により期待されるシナジー

◎買取価格のモデル◎

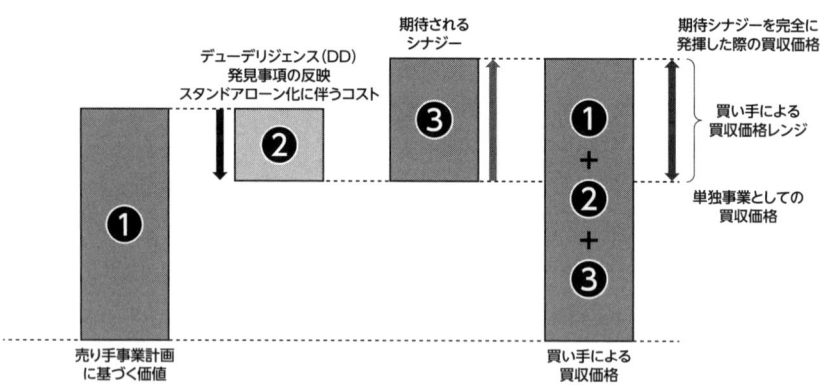

　さらに、❶については、大きく3つの方法による評価があります。

スタンドアローン評価のアプローチ手法

A）インカムアプローチによる企業・事業評価
B）マーケットアプローチによる企業・事業評価
C）コストアプローチによる企業・事業評価

　実務的には、インカムアプローチとマーケットアプローチがより理論的に優れている方法であり、これら2つを組み合わせて評価する場面が多い

です。コストアプローチは、小規模な非上場企業やオーナー企業など、インカムアプローチとマーケットアプローチが使用できない限定的な場面で用いられます。

◎各評価方法のメリットとデメリット◎

評価手法	説　明	メリット	デメリット
インカムアプローチ	生み出すキャッシュフローに基づき評価する【DCF法】	・最も理論的な方法 ・将来の超過収益力を反映できる	・計算のブレが生じやすい ・主観が入りやすく客観性に欠ける
マーケットアプローチ	同種業界の指標を用いて評価する【マルチプル法】	・客観性が高く市場評価を反映しやすい	・対象類似業種が存在しない場合もある
コストアプローチ	B/Sの純資産額に基づいて評価する【純資産法】	・現時点での清算価値を評価できる ・計算がしやすい	・将来収益力は反映されない ・評価が低くなる傾向がある

≫ デューデリジェンスの実施

「デューデリジェンス」（以下「DD」と表記します）は基本合意を締結した後に、買い手側が売り手側を各視点で詳細調査する手続きのことです。DDの目的は大きく2つあります。①企業価値＝買収価格を修正すること、②M&A時の重大なリスクを把握することです。

2週間から1ヵ月程度で、ビジネス・法務・財務・人事・ITといった視点で、それぞれの専門家が実施することになります。

DD時には、非常に多くの資料やコミュニケーションのやり取りが発生します。経営企画の立場では、DDを実施する専門家や、M&A仲介・FAから要求される資料を提出したり、売り手側の企業に対するインタビューに同席したり、DD結果レポートを受け取ったりと、DD期間中は非常に多くの実務・調整業務に追われることとなります。

DDはスピードが命です。経営企画での作業がボトルネックになると、M&A取引全体に遅れが生じる原因にもなりかねませんので、スムーズな対応を心がけましょう。

≫ 買収後の統合プロセス（PMI）の実施

　長い検討を経てM&Aが無事に成立したとしても、それはM&Aの「ゴール」ではなく、あくまで「スタート」です。M&A成約の後には、経営企画の大きな業務の１つである**PMI**（Post Merger Integration：買収後の経営統合）が始まります。

　M&Aの成功確率は実はわずか３割前後といわれており、その多くは予想していたシナジーを得られないまま終わってしまいます。ですので、買収後に目標としていたシナジーを確実に実現させるための重要な業務がPMIです。

　PMIでは、売り手側の経営現場に入り込み、グループ経営体制への移行、カルチャー統合、組織変革、事業シナジーのモニタリングと実現など、あらゆる経営管理を変革していく行為になります。カルチャーや歴史が全く異なる会社同士が、同じ傘の下に入るわけですから、グループ経営は一朝一夕ではうまくいきません。生々しい経営現場に向き合って、泥臭く改変していく地道な業務遂行が求められるのです。

≫ 100日プランの策定と実行

　PMIでは、「**100日プラン**」と呼ばれる、買収後100日間で行うべき統合タスクを網羅した計画を作ります。100日プランでは主に以下の項目が設計されます。

100日プランの主な事項

- 現状分析・現状把握
- PMIタスクチームの組成
- 統合後ビジョン／変革方向性の策定と共有
- 職務分掌、組織体制、レポートラインの改善
- 人的リソース強化、制度見直し、モチベーション向上施策
- 売上シナジー、コストシナジーの実行開始
- クイックヒット（すぐに効果が得られやすい施策のこと）の実現

6-9 経営企画の各業務⑥

プロジェクトマネジメント

▶▶ プロジェクト推進は経営企画の基本業務

経営企画は、反復性のあるルーティン業務は少なく、とにかくプロジェクト業務が多い部署です。社内横断や社長直下での特命プロジェクトを任されることも多く、どのプロジェクトも、過去と同じ内容をなぞればできる業務ではありません。

プロジェクトのテーマ・内容自体は千差万別ではありますが、各種の横断・特命プロジェクトを推進するにあたっては、**プロジェクトマネジメント**は基本業務として常に反射的にできるようにしておくことが重要です。

▶▶ プロジェクトマネジメントは初期仮説から始まる

プロジェクトを推進するためには、まずはその目的・論点を明確にするところから始めましょう。どんなプロジェクトにも、以下の構造は変わらず存在します。

プロジェクトが結成される理由

- 何かしらの課題があること
- 課題に対して、解決して達成したい目的＝論点があること
- 日常の延長線上の方法では解決できないこと。具体的には……
  - ▶複数の関係者を巻き込みチーム力を発揮する必要がある
  - ▶予算をかけて投資しなければいけない
  - ▶スケジュールを組んで、計画的に進める必要がある　など

プロジェクトを成功させるためには、**プロジェクトが始まる前の段階から**これら**プロジェクト**の**全体企画をつくってしまう**ことをおススメします。

プロジェクトマネジメントに関するプロである熟練の経営コンサルタン

トは、このスキルが突出して長けています。プロジェクトが始まる前の簡易的な初期ヒアリングのみを行っている状態でも、課題把握をおおむね完了させ、問題解決の仮説の方向性が6～7割はすでにでき上がっている状態がほとんどです。

一方で、課題の解決方向性の初期仮説を立てることができない場合、そのプロジェクトでは解決できない課題がすでに見つかっていたり、十分な予算やスケジュールがなかったりと、失敗確率が増える要素が多く転がっているケースが散見されます。

そういったときには、当該プロジェクトは諦めて、別プロジェクトにスピーディーにテコ入れ・シフトすることも検討しなければいけません。それくらい事前の準備・仮説は重要です。

≫ プロジェクト体制とコミュニケーションの設計

プロジェクトの成否は、誰が参加するか・コミットメントを引き出せるかで大きく変わります。以下に挙げるようなプロジェクトの体制とコミュニケーションの頻度や相手は、最初にしっかりと設計しておくと進捗がスムーズになります。

プロジェクトの体制で最初に設計しておくべきこと

- 参加者全員が集まる会議と頻度
- 担当チームごとの分科会の実施と頻度
- 最終責任者に審議する会議（ステアリングコミッティ）と頻度

また、IT面では参画メンバーが共通ツールを用いて、コミュニケーションや進捗管理をできるように環境整備を行いましょう。

プロジェクトの規模が小さければ、各詳細タスクや進捗表（「WBS」や「ガントチャート」と呼びます）をスプレッドシートで管理することも可能ですが、経営企画が扱うような横断型テーマであれば関係者も多いので、コミュニケーションや進捗、議論結果が同じ目線で共有され、見える化されていることは非常に重要です。

第 **7** 章

バックオフィスDX

バックオフィスDXとは

▶▶ バックオフィスでDXを進める

　DX（デジタルトランスフォーメーション）という言葉が流行語のようにもてはやされてから10年以上が経っています。さらには2020年からのコロナ禍でリモートワークが余儀なくされたことを契機に、デジタル化を強制的に進めた会社も多くあったことでしょう。

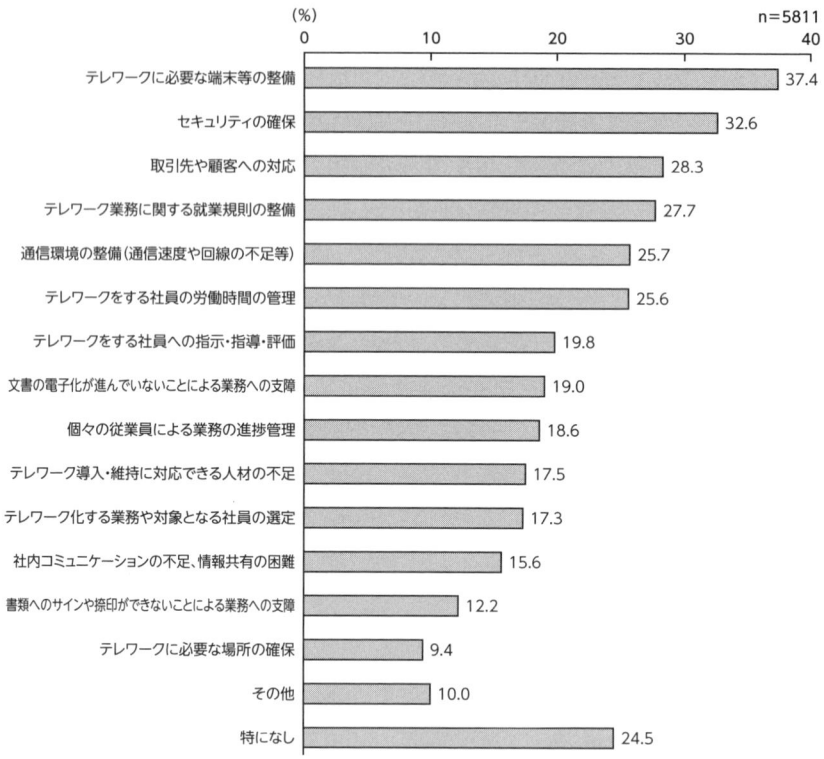

◎テレワーク導入にあたっての課題◎

課題	(%)
テレワークに必要な端末等の整備	37.4
セキュリティの確保	32.6
取引先や顧客への対応	28.3
テレワーク業務に関する就業規則の整備	27.7
通信環境の整備(通信速度や回線の不足等)	25.7
テレワークをする社員の労働時間の管理	25.6
テレワークをする社員への指示・指導・評価	19.8
文書の電子化が進んでいないことによる業務への支障	19.0
個々の従業員による業務の進捗管理	18.6
テレワーク導入・維持に対応できる人材の不足	17.5
テレワーク化する業務や対象となる社員の選定	17.3
社内コミュニケーションの不足、情報共有の困難	15.6
書類へのサインや捺印ができないことによる業務への支障	12.2
テレワークに必要な場所の確保	9.4
その他	10.0
特になし	24.5

n=5811

出典：総務省「テレワークセキュリティに係る実態調査（2023年3月）」

　一方で、デジタル化・DX化についてはその実現を難しく感じている企業も少なくはありません。例えば、DX化の1つの目安となるリモートワークに関する調査を総務省が行っていますが（テレワークセキュリティに係る実態調査〔2023年〕）が、そこではテレワークが進まない理由として、「必要な端末等の整備」「セキュリティ確保」「就業規則の整備」「労働時間の管理」「文書の電子化」などを課題と感じている企業が少なくないことがわかります（左ページ図表参照）。

　このような課題には、バックオフィス部門が大きく影響しているのがおわかりでしょうか。ほとんどの課題は、各バックオフィスが本来業務のなかで主体的に取り組むことで解決可能なものばかりです。つまり「**バックオフィスDXが進む＝バックオフィスがDXノウハウを保有する＝会社全体のDXが進む**」といっても過言ではありません。

◎DX推進の壁は、バックオフィスによって解消できる◎

DXの課題	主管部門
端末の整備、セキュリティの確保	総務、法務
テレワーク就業規則の整備、労働時間の管理、テレワーク対応人材の確保	人事労務
文書化	バックオフィス全般
社内コミュニケーション・情報共有	総務、人事労務

　一方、バックオフィスで働く人たちが自らDXを強力に推進していくためには、DXの正しい理解をしなければいけません

DXの目的や課題を理解しておく

- なぜDXをするのか：DXの目的の理解
- DXを進めるうえでの乗り越えるべき壁や課題の把握
- 具体的なDX取組み施策
- 各DX取組みの進め方・優先度順位の考え方

≫ バックオフィスが行うべきDXとはどんなものか

　皆さんのなかには、社長や経営陣から「この時代はITが大事だ、とにかくバックオフィスもDXを考えて改革しなさい」と毎日言われている人も少なくないのではないでしょうか。DXは魔法のような言葉として用いられることも多く、曖昧で具体性がなかなか見えてこないものです。まずはバックオフィスDXの具体的な取組み内容をしっかりと理解しましょう。

◎バックオフィスDXの具体的な取組み内容◎

DX対応	内　容
ペーパーレスの推進	紙での稟議申請、押印承認、資料作成など、ホウ・レン・ソウに関連するあらゆる紙資料を排除し、デジタル化する
クラウド型ツールの活用	オンプレミス型から、クラウドサーバーでの運用を行い、インターネット環境さえあれば、どこでもITツールが使える環境を導入する
電子申請の活用	主に役所の申請において、e-TaxやeLTAX、e-Gov、GビズIDを活用することで、電子申請を行う
RPAの活用	Robotics Process Automationのこと。ロボットに定型化された業務の業務手順を覚えさせることで自動化すること
AI-OCRの活用	レシートや請求書をスキャン読み取りし、AIに処理させる。自動学習機能により、読取判断精度が向上していく
AIチャットの活用	ChatGPTに代表されるAIチャットサービスを用いて、問い合わせ対応などに活用する。メール文章作成やExcel関数、他部署からの質問回答、企画文書の壁打ちなど、さまざまな用途で活用できる
ワークフロー・申請フローの電子化・一貫化	経費申請や請求書承認、有給休暇・残業申請などの各種が一本化された電子システムで申請・承認が可能となるフロー設計をする
ノウハウ・マニュアルの電子化	社内業務マニュアルやノウハウを電子管理することで、誰でもアクセスできるようにする
リモートワークの推進	在宅・リモートワークでの作業環境を整備することで、柔軟な働き方の推進、業務効率化、採用力強化などの効果が得られる

7-2 バックオフィスを取り巻くAI化とDX②

なぜバックオフィスDXが求められているのか

≫ 技術の台頭による業務代替

　2014年にオックスフォード大学のマイケル・A・オズボーン博士による「雇用の未来」という論文が公表されました。10年後になくなる仕事として「データ入力：99%」「給与計算係：97%」「一般事務：96%」など、バックオフィスに関連する仕事が高い比率を占めており、IT技術の進展によってなくなる業務として世間の印象が強まりました。

　本書を執筆している現在（2024年）、論文が公表されてから10年経ち、バックオフィスのすべての雇用がなくなっているわけではありませんが、状態は徐々に進行しています。2023年5月に、世界経済フォーラムで公表された「仕事の未来レポート2023」によると、今後5年間でテクノロジー進展・デジタル化を背景に、全世界の雇用の2％に相当する1,400万件が失われるという予測がなされました。なかでも「経理、給与計算」「総務秘書」「データ入力」は最も雇用が失われる職種のTOP3となり、いずれも25%以上の雇用が失われるという、衝撃的な調査結果が出ています。

　つまり、バックオフィス関連の業務は、デジタル化によって人の作業が不要になる業務の筆頭として、構造変化を避けることはできません。

≫ バックオフィス業務の本質

　ただし、デジタル化を悲観するだけではなく、この避けられない流れにどう乗っかり、対処していくかが重要です。

　ここでバックオフィス業務の本質を考えてみましょう。本書ではバックオフィスの機能や業務内容をここまで伝えてきましたが、その本質は「標準化」と「複雑化」です。

　バックオフィス業務には大きく分けて、単純でルール化しやすくボリュームが多い「標準化」をしていくべき業務と、反対にヒューマンスキルと会社の戦略を理解しながら「複雑化」することで付加価値を生むべき業務

が混在しています。

　もう少し具体的に分類すると、4つに分けることができます。まず、バックオフィス業務を考える分類として、2つの軸の存在を考えます。

- 部門・機能横断で考えるべき仕事か否か（**単体領域か複数領域か**）
- 経営判断のための業務か、オペレーション推進のための業務か（**経営判断かオペレーションか**）

　そして2つの軸によって、「標準化業務」「専門化業務」「汎用化業務」「複雑化業務」に仕事の性質が分かれます。皆さんがバックオフィス実務を行う際には、無意識ながらにそれぞれの領域での性質の異なる業務を大なり小なり行っています。

　「標準化こそが最大の使命」「専門性を高く持つべき」「経営者と同じ目線で仕事をすべき」など、バックオフィスや管理部門の業務に携わる人たちは、書籍やSNSなどでさまざまな意見に触れています。バックオフィスはいくつかの性質を持った仕事を包含しているため、さまざまな意見が生まれるのはもっともなのです。

◎バックオフィス業務の4領域◎

分　類	内　容	具体的な業務
標準化業務	バックオフィスの個別領域のなかで、繰り返し行われる業務が多く、効率化がしやすい業務	データ入力、単純記帳、入退社処理、申請手続き、電話受付など
専門化業務	その領域での専門性が高く、高度な知識と長く培われた経験を通して、判断する業務	会計基準策定、内部統制ガバナンス、評価制度策定、デューデリジェンスなど
汎用化業務	部門横断でのコミュニケーションや仕組み化が必要であり、属人的で柔軟、ジェネラルな対応が求められる業務	業務フロー設計、全社イベント、採用広報など
複雑化業務	全社の広範囲に影響を与え、経営陣と一体となって判断を行う業務。標準化せず、あえて複雑化することでその付加価値・意思決定の価値が向上する業務	事業計画、人事ポリシー、M&A、新規事業スキームなど

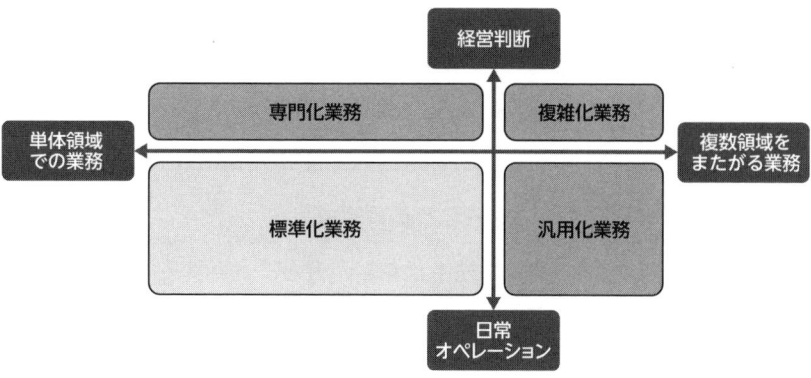

◎バックオフィス業務の分類図◎

経営判断

専門化業務　　　　　複雑化業務

単体領域での業務　　　　　　　複数領域をまたがる業務

標準化業務　　　　　汎用化業務

日常オペレーション

　ここでのポイントは、上図のそれぞれの面積の大きさが示すように、「**標準化業務**」**の比率がバックオフィス業務のかなりを占める**ということです。標準化業務はいわゆる典型的な「守りの業務」で、全体業務工数の7〜8割程度を占める業務です。一方で、「攻めの業務」は、標準化業務以外の業務で、全体的には2〜3割程度の比率です。なかでも全社的な経営判断にかかわる「複雑化業務」は、体感的には全体の5％以下ではないでしょうか。

　先ほど挙げた仕事のなかで、将来なくなるものとして表現されているのは、言わずもがな「標準化業務」になります。7〜8割の業務工数を占める部分に対して、ITによる自動化を行うことで、より人間でなければできない複雑化業務に向けて組織を変化させていくことがバックオフィスDXの本質です。

あるべきバックオフィスの方向性

- **標準化**：DXを用いて、ITに業務を任せていく
- **専門化**：深い専門性・ノウハウをチーム全体で構築する
- **汎用化**：バックオフィスと他部署を絡めて、業務を効果的・効率的につなげる
- **複雑化**：複雑な経営判断ができる人材を育成する

バックオフィスDXに
立ちはだかる壁

≫ DXを阻む原因①：人依存の業務体制

　DXはバックオフィス業務を効率化する一方で、バックオフィスでDXを進めていくのは骨の折れるプロジェクトになります。進みにくい原因はいくつか考えられますが、バックオフィスという業務や部署の性質を鑑みる_{かんが}とよく理解できます。

　バックオフィスで働く人であれば、業務効率化、つまり生産性の向上については、毎日といっていいほど考えていることです。DX自体を意味のない施策や疎ましい施策などと考えている人はほとんどいないでしょう。

　ただし、DXを阻む根本的な原因の1つは、「**"生産性"を業務単位ではなく人単位で考えてしまう**」という潜在意識にあります。皆さんの会社でも、次のような会話や人を見聞きしたことはないでしょうか？

> △　「Aさんはとにかく処理が正確で間違いがない」
> 　　「Aさんは何でも知っていて、聞けば大体のことがわかる」

　Aさんはきっと職場ではベテランで信頼感のある人なのでしょう。しかしこのような状態は、**実はDXを進めるにあたっては、気を付けなければいけないサイン**でもあります。以下のような会話がなされているのが、実はもっと良い状態です。

> ○　「Aさんがつくったやり方に従えば、処理が正確で間違えない」
> 　　「Aさんがつくった○○を見れば、大体のことがわかる」

◎主語を「人」から「仕事」に変える◎

これまでのバックオフィスの典型	DX化されている状態
●人が主語になっている状態 「人に」「仕事を」割り当てる	●仕事が主語になっている状態 「仕事に」「人を」割り当てる ⇩ 「仕事に」「ツールを」割り当てる ことも可能になる
・Aさんは、とにかく処理が正確で間違いがない ・Aさんに聞けば大体のことがわかる	・Aさんがつくった仕組みに従えば、処理が正確で間違いがない ・Aさんがつくった○○を見れば、大体のことがわかる

　どちらもAさんが貢献していることは間違いありません。一方で「主語」は違います。最初の例は、主語は「Aさん」であり"人"です。一方で、後者の例は、主語が人ではなく、"仕事"や"仕組み"になっていることがわかります。

　Aさん個人の目線で見ると、Aさんは良かれと思って、社内のことをよく調べ、今の業務を自分なりの工夫で効率化できる方法を考えています。そして、徐々に社内で評価され、頼られる人になっていきます。ところが、その傾向が加速すればするほど、"人"が主語になる状態が継続され、人単位で個別最適化された属人業務が強化される可能性も高まります。

　このような**人依存の体質はDXにおいて大きな障害となる**ので、まずはこういった行動に対しての評価を見直して、仕事や仕組みに焦点を当てる状態に変えていかなければいけません。

≫ DXを阻む原因②：一貫性の原理とリスク回避判断

　もう1つの原因は、「業務変化への拒絶」と「リスク判断」です。バックオフィスはルーティン性の高い業務を、決まったタイミングで、大量に処理します。人間は同じ業務を行っていくと、自分がこれまでやっていたことを肯定しようとする「**一貫性の原理**」が働きます。

　「初志貫徹は美しい、朝令暮改・前言撤回は他人に迷惑をかける」など、人はこれまで実際に行っていた行動や自分が与えられている役割とは異なる言動をとることを嫌います。これはある種の本能なので、それに抗うた

めには強い意志や理由が必要です。

　この原理に、都合よく組み合わされる恐れがある理由が、「**リスク回避**」です。つまり、「デジタル化はセキュリティ上リスクが高いので止めましょう」といった理由です。もっともらしいながらも、「これまでのやり方を変えるのは手間もかかるし嫌なので理由をつけておこう」というバックオフィス側の本心から発している可能性もあり得ます。

　バックオフィス業務の特徴である「機密情報を扱うために慎重に導入を判断すべき」というリスク回避の視点は、合理的で正しい評価です。一方で、リスク回避という理由を盾に、DXや変化すること自体を否定していないかどうかについては、冷静かつ客観的に判断する必要があります。

　本当にリスク回避を理由にDX化しない判断をするならば、それぞれの比較検討を行い、リスクを上回るリターンがあるかどうかまで徹底的に検討すべきです。

　このようにDXを阻む原因に、バックオフィス業務の特性・特徴が表れやすく、注意しなければいけません。

≫ DXは人の能力の否定でも、過去の否定でもない

　DXを進める際には、「人の本能と抗って戦っている」＝「**人のマインドセットをどう変えるかが成功のカギ**」という意識を持つことが**重要**です。

　また、DXをするにあたっての大事な視点として挙げられる「属人性の排除」「過去からの変革・決別」とは人の力を無視したり過去を否定したりすることではありません。そのような意識を持ってしまったり、これまでのバックオフィス自体を否定したりすると、たちまちにDXは失敗してしまいます。

　DXが進む世界においても、人の力は重要です。これまで多くの標準化業務を人の手で行っていたとしても、より新しい複雑化への道へ進まなければ、バックオフィスの人々は生き残れない時代になりつつあります。

　その変化の第一歩は、DXコンサルタントや外部顧問が土足でやってきて、自社のこれまでのバックオフィスを否定してゼロから築くことではありません。これまでの業務を理解しているバックオフィスの人々の協力なくして、改革はできないのです。

◎バックオフィスDXに関するよくある間違った考え方◎

間違った考え方	➡	あるべき考え方
DXは人の力を排除することである	➡	人自体を否定することではなく、1人だけで頑張ってしまっていることを排除して改善するプロセスである。チーム全体が役に立つ仕組みの共有や標準化をするためには、ITを使いこなす人の力が必要
DXは過去を否定することから始まる	➡	日々新しく変わるIT技術や事業環境に応じて変化をしていくプロセスである。今回DX化によって業務を刷新したとしても、新しい技術が開発されれば、今回変えた部分も当然にアップデートされる

Column　バックオフィスDXプロジェクトで感じる「人」の強さ

　著者の会社では業務改善プロジェクトを行うことがありますが、最近の業務改善系の取組みは、ほぼ必ずといっていいほどデジタル要素やDX文脈の改善が含まれます。そこでの重要な視点は、「業務の意味を理解する」ことです。

　プロジェクトを行う際は、「現状プロセスの整理と背景理解→課題の整理→あるべき姿の設定→課題解決の方法づくり」という順序になるのが通常ですが、プロセスの整理と背景理解をする際には、バックオフィス現場の1人ひとりから業務内容を細かくヒアリングし、プロセスの整理・見える化を行います。

　ここで「なぜこの業務をこのような形で行っているのですか？」と聞いたときに、「なぜかはわからない」「昔からルールになっているからそうやっている」「○○さんから引き継いだときからそうなっている」と答える方が7～8割を超えるくらいはいます（マンガのような話ですが本当にこのように答えます）。

　もったいないと感じるのは、「人」に焦点を当ててしまっている点です。DXに限らずですが、業務改善を行う際の絶対的ルールは「業務に焦点を当てる」ことです。人に焦点を当ててしまうと、「○○さんの引継ぎが悪かった」「過去にルールをつくった○○さんが悪い」という印象を与えてしまいますし、本人も「自分は悪くない」という他責思考に陥ってしまい

ます。

　ですので、業務改善プロジェクトの初期ヒアリングでは「人として良い
か、悪いか」から「業務として最適か、改善できるか」という考え方に切
り替えられるかどうかという点も、一緒に確認させていただくことがあり
ます。

　さらに、それができるキーパーソンにDX化プロジェクトに一緒に参画
してもらうことで、成功確率が大きく上がります。バックオフィスDXで
うまくいく例／うまくいかない例を見ていると、こうした視点の変化が重
要だということを考えさせられます。

≫ バックオフィスDXの効果

　バックオフィスDXの効果は非常に大きいものです。一筋縄ではいかな
いからこそ、競合他社との差別化の手段としても機能し、バックオフィス
から社内全体のDXを生み出せるという、革命的な取組みでもあります。
具体的な効果を挙げてみましょう。

効果その１：業務の大幅な工数削減、付加価値業務へリソース展開

　DXで最も直接的に期待される効果は、標準化業務に対する工数削減です。
今まで人の手で行っていた単純作業の一部は、ITに自動化することで、
その業務自体がなくなります。

　ただし、単に業務をITに置き換えるだけでは十分な効果は得られません。
そのリソースを人の手や頭脳でなければできない業務（複雑化業務、専門
化業務、汎用化業務）にシフトすることで、DXの本当の価値が発揮され
ます。つまり、**DXは単なる業務削減という趣旨ではなく、バックオフィ
ス部門として担っていた業務全体の定義・ミッション・付加価値やあり方
そのものを変えていくという趣旨で行われるものです。**

効果その２：バックオフィス組織の自己成長

　「ITツールを活用する＝標準化をする」ということは、①ITの理解を深
めて、②自分ではない誰か（ITツール）に、③業務を設計して切り分け

てわたす、ということになります。

　お気づきかもしれませんが、この業務は中間マネジメントそのものです。中間管理職の人は自分自身がプレーヤーとして業務成果を上げるのではなく、部下やスタッフをマネジメントしてチームパフォーマンスの最大化を目指します。つまり、**DXを推進する際は、「チームプレイの精神」を叩きこまれるのです。**

　バックオフィスでチームプレイ能力が上がっていけば、必然的に中間マネジメントや仕組み化ができる人材が内部で育ちます。DXプロジェクト経験を経て、「バックオフィス組織の器」そのものが大きくなり、個々人ひいては組織全体が成長していく効果が得られます。

効果その３：バックオフィス人材の不足が解消される

　DXを推進するということで過度な人材採用をする必要性が減ります。昨今では、経理や人事などの領域で、深いスキルと経験を培った人材は極端に不足しています。標準化業務のような代替可能な業務をできる人材はいますが、事務的業務をただひたすらこなせてもバックオフィス人材とは言い切れません。

　DXにより、バックオフィス業務で必要となる人材の定義を明確にし、人材募集の選択と集中を図ることで、採用活動の効率化を実現することができます。

　また、人が集まりやすくなるという採用促進効果もあります。DX推進というのはバックオフィスにかかわるすべての人々にとって超えるべき大きな課題であり、そういった取組みをしている企業に入りたいと考える人材は少なくありません。DXの取組み自体を採用広報としてPRしたり、募集要項に載せたりすることで、志の高いバックオフィス人材が応募してくる確率が高まることも、DX推進の大きなメリットとなります。

効果その４：組織全体が変革型カルチャーが醸成される

　バックオフィスDXは全社DXの入り口になり得ます。

　例えば、従業員全員が関与するような経理・決済ルール、給与計算システム、チャットシステムなどは、すべてバックオフィスが主導で管理していくツールです。それらがDX化されれば、必然的に全社レベルでDXが進

む流れやきっかけを生み出すことができます。

バックオフィスにおいてDXのノウハウがたまっていくということは、社内の至るところで発生するDX／IT系プロジェクトのPMO（プロジェクトマネジメントオフィス）としての機能を、バックオフィスが果たせることにもなります。

DXの本質は、「経営環境に合わせた変革カルチャー・マインドの醸成」です。変革へのドライブを自ら推進できるバックオフィスは、非常に価値の高い存在であるといえるでしょう。

7-4 クラウド型ITツールの導入①

クラウド型ITツールとは

▶▶「どこでも」×「誰でも」×「リアルタイム」

「クラウド型ツール」を語るときに、対比される言葉が「オンプレミス型ツール」です。オンプレミスというのは、①PCにインストールしなければ使えず、②自社専用サーバーを持っているか他社レンタルサーバーを借りている、システムのことをいいます。

一方、クラウド型ツールのメリットは、以下の2つと考えておけばいいでしょう。

①「どこでも」使える

インターネット環境とPCやスマートフォンさえあればどこでもITツールが使えるため、場所の制約による業務生産性の低下を防げます。

一方、オンプレミス型で社内ツールにアクセスする場合、従来型の方法ではVPN（Virtual Private Network）という方法で会社のローカルネットワークにアクセスして使用するやり方もありますが、ネットワーク構築の一手間があり、情報システム部門のない中小企業では簡単に導入できるものではありません。

②「誰でも」「リアルタイムに」共有できる

サーバーやデータがクラウド上に存在するため、インターネット環境を通して、自分が入力して保存したデータは、その場ですぐ別の人がリアルタイムで情報を見ることができます。この特徴は複数人やチームが同時に作業する場合は不可欠です。

クラウドを難しく考える必要はありません。実は皆さんが使っているスマートフォンも、クラウドの仕組みを使って多くのサービスを提供しています。そう考えると、「なぜビジネスの場面だけ、オフィスに来て専用の

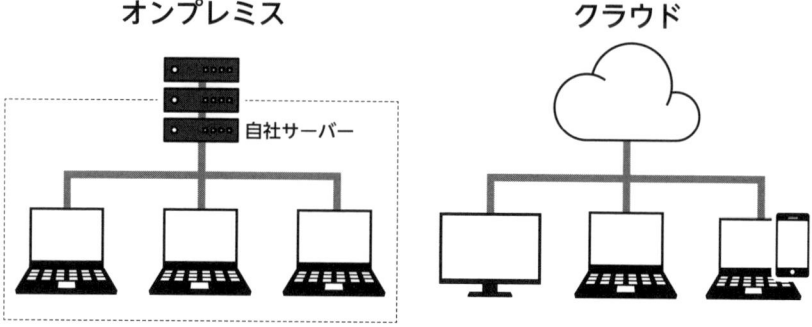

◎オンプレシス型とクラウド型のツールの違い◎

オンプレミス　　　　　　　　クラウド

自社サーバー

端末から仕事をしなければならないのか？」という疑問も湧いてくるでしょう。ビジネスにおいても、オンプレミス型の環境以外の選択肢が当たり前の時代になってきています。DX化によってクラウドツールを「どこでも」「誰でも」「リアルタイムに」使用できるという点は、必ず共通の認識として持っておきましょう。

　ところで、このようなクラウドツールのことを、サービス側の特徴を捉えた言葉として、「**SaaS**」（Software as a Service、「**サース**」もしくは「**サーズ**」と読みます）と表現することがあります。「SaaS型ツール」と表現する場合は、意味合いが多少違いますが、基本的にはクラウドツールと同じ言葉だと思っていただいて大丈夫です。

≫ バックオフィスクラウド型ITツールの一覧

　バックオフィスにおけるクラウド型ITツールの一覧を次ページに示しておきます。

　バックオフィス系のクラウドツールは、開発会社によってそのサービス領域の広さが異なります。例えば、freeeやマネーフォワードは当初は会計システムが中心でしたが、今は総合パッケージ型に近くなっており、人事労務や電子契約といった領域にも広く展開しています。一方で、個別領域に特化しているサービスも各種存在しています。

　また、特定の業界や業種に特化したようなツール（「バーティカルSaaSツール」ともいいます）もあり、今の時代は非常に多くのクラウドツールに囲まれているということは頭の片隅に入れておきましょう。

◎バックオフィスの主なクラウドITツール◎

領 域	項 目	サービス例
経理財務	会計システム	マネーフォワード会計、会計freee
	請求書発行システム	マネーフォワード請求書、会計freee、バクラク請求書発行、Misoca、board、BtoBプラットフォーム
	債務支払システム	マネーフォワード債務支払、会計freee、バクラク請求書受取、BtoBプラットフォーム
	経費精算システム	マネーフォワード経費、会計freee、バクラク経費精算、Concur、楽々精算
人事労務	給与計算システム	マネーフォワード給与、ジョブカン、人事労務freee
	勤怠システム	KING OF TIME、ジョブカン、Touch On Time、マネーフォワード勤怠、人事労務freee
	人事評価／タレントマネジメントシステム	カオナビ、HARMOS、jinjer人事、タレントパレット、SmartHR
	労務申請システム	SmartHR、マネーフォワード社会保険、オフィスステーション
	年末調整システム	マネーフォワード年末調整、人事労務freee、SmartHR
法務	契約書管理	クラウドサイン、Docusign、マネーフォワード契約、freeeサイン
	契約審査／チェック	LegalForce、GVA assist、LeCHECK
	商標取得システム	Toreru、Cotobox
総務	データストレージ	Googleドライブ、Teams、Dropbox、Box
	チャット	Teams、Slack、チャットワーク、LINE WORKS、Google Chat
	Wiki／ナレッジ共有	Confluence、Notion、Kibela、esa、NotePM
	ワークフロー	バクラク申請、チームスピリット、ジョブカン、サイボウズ

≫ SaaS型ツールは常に進化する

　開発会社からの目線で見ると、SaaS型ツール（クラウド型ツール）は、「アップデートや機能追加がサービス提供後も容易に行える」という特徴があります。これは、ソフトウェアをダウンロードしてもらうオンプレミス型とは違い、クラウドサーバーを開発会社側で管理しているため、サービス提供を開始した後もデータを変えることができるためです。

　私たちユーザー側は、**SaaS型ツールはアップデート・機能追加が時間とともに進んでいく**、ということを覚えておく必要があります。ツールを使おうとする際に、営業担当者から機能を聞いたりしますが、それはあくまで現時点での機能です。将来的な機能追加も考えて、中長期的な観点でシステムを選ぶという目線も持っておくといいでしょう。

※なお、オンプレミス型のイメージとしては、昔よく見られた、インストール用のCD-ROMが開発会社からユーザーに配布され、それを各自のPCにインストールするイメージを持ってもらえるといいかと思います。この場合、開発会社側が機能をアップデートしたら、そのたびにユーザーにCD-ROMを配布して、インストールし直さなければいけない、ということになります。クラウド型であればこのプロセス自体が不要になります。

≫ 他領域との連携もアップデートされる

　SaaS型ツールで機能がアップデートされると、各社・各領域で異なるツール間での連携方法もアップデートされ、利便性が高くなっていく、ということも大きなポイントです。他領域との連携は、バックオフィスツールにおいては非常に重要な課題です。例えば、以下のような領域同士を連携することができれば、業務効率化が大きく進むことになります。

- 給与計算システムで計算した結果を、会計システムにおいて仕訳データに変換して入力する
- 勤怠システム上で集計した勤怠結果を、給与計算システム上での労働時間集計や残業代計算に用いる
- 請求書システムで発行した請求書の内容を、会計システムにおいて仕訳データとして入力する
- 人事評価システムで出た結果を、契約書管理システムにおいて条件変更通知書として出力する

7-5 ▶ クラウド型ITツールの導入②

クラウド型ITツールの選び方

　前項で述べたように、バックオフィスのクラウドツールは非常に多くの領域で存在していて、複数領域で展開しているツール提供会社もあれば、個別領域に特化しているツールもあります。慣れないうちは特に、どれを選べばいいかわからなくなることも多いでしょう。そこで、ツール導入には以下のようなステップを踏むといいでしょう。

クラウドツール導入時のステップ

1　**自社の現在解決したい課題をまとめる**
　クラウドツールを導入したい理由を明確に言語化します

↓

2　**各社の問合せページから、サービス資料を収集する**
　先入観を持たずにできるだけ多くの会社から資料を集めましょう

↓

3　**各サービスの比較表を作って、メリット・デメリットをまとめる**
　各社でも機能一覧表などを提供していますが、同じ基準で比較してくれないため、自社ならではの比較表をつくることが重要です

↓

4　**自社が大事にしたいポイントと比較表を比べてみる**
　比較表を作るだけでは意思決定はできません。ステップ1でまとめた課題をもとに必ず自社が大事にしたい機能＝目的をクリアに定めて、それを達成できるようなシステムを最終的に選びます

　ステップ2と3において各サービスの情報を集めて比較する際には、次のようなポイントを比較するといいでしょう。

① ツールの利用料＋導入費

　クラウドツールの料金体系は、基本料金と従量課金で構成されていることが多いです。クラウドツールは一般的には初期導入費が低コストで済むことがメリットの1つなので、契約初期はそこまで費用が大きくなることはないでしょう。一方で、将来人数や売上の規模が大きくなってくると、加速度的にコストが増加する可能性もあります。導入検討の際には、あらかじめ3～5年後のコスト予想を、概算でいいのでシミュレーションしておきましょう。

② 今回必要とする主要機能

　各サービスが持つ機能を単純に並べるのでなく、ポイントは「自社にとって大事な機能を順に並べる」ことです。

③ 操作性・デザイン性・使いやすさ

　操作性・デザイン性・使いやすさを総じて「UI／UX（ユーザーインターフェース／ユーザーエクスペリエンス）」ともいいます。使う側にとって操作が直感的に理解しやすいか、使っていてストレスを感じないか、システム全体や個別ページのデザインが良いか、ページの読込みや移動が重くないかなど、ユーザー体験として良いかどうかを確かめます。

④ オプション機能

　今回の検討において、「最重要ではないけれど、あったら便利」という機能を並べます。②だけで優劣が付きにくい場合は参考情報になります。

⑤ 今後のサービス拡充度合い

　できれば、そのサービスがコア機能だけをそろえている状態なのか、十分に開発が進んでいる状態なのかを理解しておきましょう。開発会社が、「創業してどのくらいの会社か」「会社として注力しているサービスか」「何名で開発体制を組んでいるか」「リリース開始からどの程度経っているか」「資本力はあるか」などの状況を調査・ヒアリングしてみましょう。その後の機能追加・アップデートの充実度やスピードが見えてきます。

クラウド型ITツールを用いる際のルール

クラウド型ITツールを実際に使い始める際のルールについても、ここで触れておきます。

≫ ルール①：根本的な思想・基本機能はフル活用すること

クラウドツールはさまざまな機能がありますが、各ツールには基本的な思想が存在します。例えば、代表的なクラウドツールである会計システムを提供するfreeeとマネーフォワードの大手2社は、どちらも以下の機能を強調しています。

- 銀行口座やクレジットカード情報と連携すること
- 仕訳の自動入力機能を活用すること
- AI-OCR機能によるチェック機能があること

まず大前提として、このようなソフトが持っている「基本思想≒中心となるコア機能」についてはフル活用しないとそもそものクラウドツールとしてのメリットを活用できません。

もちろん、それ以外にもさまざまな機能を持ち合わせているので、それらも活用するのが当然望ましいのですが、上の例でいえば、銀行口座と連携せずに、銀行で通帳に記帳して通帳を見ながら手入力でクラウド会計ソフトに伝票記帳をしているのであれば、せっかくのクラウドツールも宝の持ち腐れとなってしまいます。

≫ ルール②：導入ハードルを下げて「まずは使ってみる」

「まず手に取って試してみること」はクラウドツールを活用するときには特に大切です。

DX化の本質は「経営環境に合わせた変革カルチャー・マインドの醸成」

と表現しましたが、クラウドツールは前に述べた通り、機能が日々変わっていきます。

　システムを使う環境に身を投じれば、必然的に変化していく環境に触れていくことになりますし、反対にその環境に触れていなければ変化を感じる機会自体が減ってしまいます。

　ですので、まず使ってみることが大事です。クラウドツールの多くはこういった導入ハードルを下げるための無料トライアル期間や初回キャンペーンなどを用意していますので、実際に触れて使用感を試してみることを推奨します。

≫ ルール③：最適な業務フローを考えながら導入すること

　クラウドツールを使い始めると、徐々に「今のままのやり方で導入したとしてもうまく使いこなせない」ということに気づくことも多いはずです。

　クラウドツールを導入するとIT自動化やダブルチェックの省略化など、これまでの業務フローとは異なるやり方を考える機会に出会います。

　業務フローを改め、変える機会としてもクラウドツールを活用してみましょう。なお、業務フローに関しては次項にて詳細を説明します。

7-7　クラウド型ITツールの導入④

業務フローの理解と設計

≫ 業務フローを自ら設計する力が求められている

クラウドツールを導入するためには、ただ単純に導入するのでは足りず、**業務フロー設計**を行う必要があります。

ITツールを新規導入・変更する際には、必ず変えたい業務が存在します。その課題に従って、新しいツールを使いながら、変えたい業務を具体的にどのように変更するかを検討し進めていくことになります。

加えて、前後も含めた業務全体を理解し、どのような人がかかわっていて、どのように変えればいいのかということを設計していく力が必要になります。

つまり、クラウドツール導入には「**業務フロー設計力**」が必要なのです。

≫ 業務フローを設計するとはどういうこと？

業務フロー設計とは、5W1Hに従って、業務を分解・設計することをいいます。

業務フロー設計のポイント

- Why：何の目的で（達成したい目的・論点の設定）
- What：どんな業務を（業務の内容）
- Where：どこで（リモートなのか、事務所なのかなど）
- Who：誰が（役割分担）
- When：いつ（スケジュール・期限）
- How：どういう方法で（コミュニケーション、ツール、文書）

具体的な成果物は、次ページの図表のようになります。

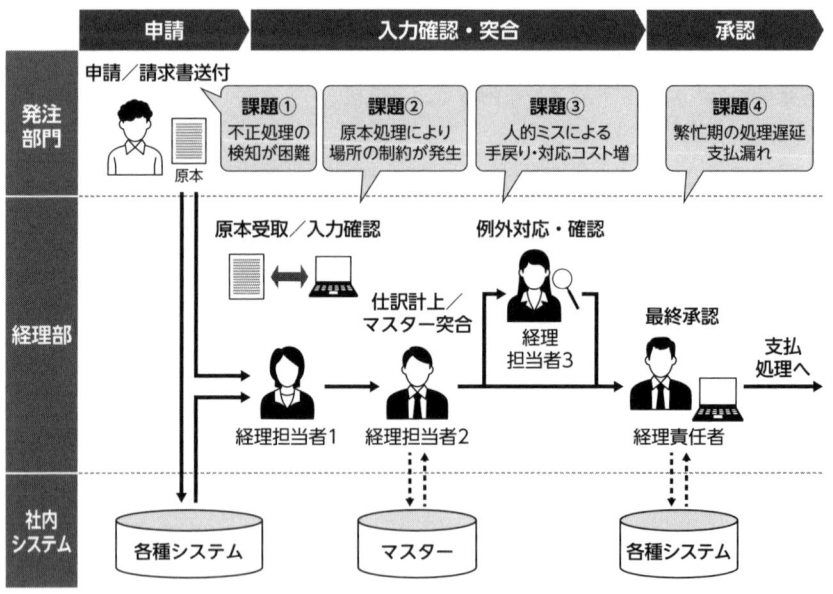

◎支払業務のフロー設計の例◎

業務フロー改善のステップ

業務フローを改善する際には、以下のステップで考えましょう

[1．抜本的な目標・計画を決める]

改善により達成したい目標（定量目標＋定性目標）を決め、そのための体制やスケジュールを計画します。

[2．現状の業務フローを整理する]

現状の業務フローを他部署へのヒアリングもしながら整理します。自部署だけでなく他部署も含めた全体業務目線で見える化します。

[3．現状の業務フローの中から、課題・問題を発見する]

整理したフローにおける課題点を見出します。問題発見の際には、例えば、業務改善のフレームワーク「ECRS（「イクルス」と呼びます）」を使うなどしてもいいでしょう。

```
┌─────── ECRS（イクルス）のフレームワーク ───────┐
│ Eliminate（排除）：業務自体をなくして効率化            │
│ Combine（結合）：他の業務を一緒にして効率化           │
│ Rearrange（再配置）：順序入替え・担当変更等で効率化      │
│ Simplify（簡素化）：シンプルな方法に変更して効率化       │
└──────────────────────────────────────────────────┘
```

4．それぞれの課題に対する解決方法を設計する

　新たなツールを導入することで業務フローの効率化を図ります。すべての対策ができればそれに越したことはありませんが、多くの解決方法がある場合は、優先度をつけて対策を検討します。

5．実際の具体的な変更内容を各部署へ説明する

　業務に影響を与える関係者に対して、アナウンス・説明を行います。各部署から出てくる重要な意見は、改善点として業務設計に反映します。

6．課題の解決を実行する

　実際の実務で変更を進める場合、計画通りにいかないことが多く発生します。その場合は、うまくいかなかった原因をスピーディに分析し、突き詰めて計画を修正していきます。この修正サイクルはすぐに終わるものではなく、繰り返し続けることで、実務が定着していきます。

≫ 業務フロー設計＝ITシステムを「使う」側への入り口

　業務フローは、先の図を見てもわかる通り、「**システム外も含めたすべての関連業務を考えること**」になります。ITシステムを業務フローの一部として考えているため、「業務フロー設計＞ITツール導入」という関係性になります。つまり、**業務フローを設計する力は、単純にITシステム導入をする力よりも1つ上位の力**ということになります。

　業務フロー設計は、バックオフィスの標準化業務を超えた「**汎用化業務**」を行うこととなります。業務フローを設計するためには、自部署・自領域を越えて他の部署も含めた広範囲での業務影響を考え、全体最適化の思想・目的を持って、あるべき業務をつくっていくことが求められるのです。

341

業務フローの設計は、バックオフィスに限らず、どの部署でも必要なものです。

クラウドツールの導入は、まさにバックオフィスの付加価値業務の1つである業務フロー設計に踏み込むための一歩となります。ツール導入の際には1つ上の視座を持って、前向きに挑戦してみてはいかがでしょうか。

Column ▶ 税理士や社労士のシステムを使うことのデメリット

まだバックオフィス機能が十分に育っていない中小企業では、会計系や人事系システムを自社で持たず、税理士や社労士が事務所で使用しているシステムを用いている場合があります。

経営管理という目線で考えた場合には、この方法には大きなデメリットがあり推奨しません。

- 取引先与信、融資や助成金、調査などの場合にすぐさま社内データが取り出せない
- 自社でメンテナンスしておらず、経営管理意識が下がる。結果として、会社や経営者が成長しにくくなる
- 仮に税理士や社労士を変えることになった際に、新任専門家への引継ぎミスが起こると、大きな経営損失となる

実は、クラウド型ITツールの「どこでも」「誰でも」「リアルタイムに」という特徴は、まさに上記のデメリットをすべて打ち消すものとなっています。

ですので、会計や人事の専門家に仕事を頼もうとする場合も、バックオフィスメンバーの場合と同様に、「クラウド型システムを活用できているか」という視点も、しっかりと確認しておくといいでしょう。

7-8 リモートワークへの対応①

リモートワークの効果

⫸ 場所を問わない環境構築と、多様性の受容と活用

　DXを推進するにあたっては、リモートワークは切ってもきれない関係になります。DXのなかにはペーパーレス化・電子化も含まれ、最終的には「場所を問わず業務が可能な環境が実現される」ことが目標になるからです。

　つまり、DX化が推進された場合、リモートワーク環境を強力な武器・ツールとして活用することが可能となります。「出社かリモートワークかの選択肢を会社が用意できる」ことは、多様化する働き方のニーズに応えることにもなるのです。

⫸ 多様化する働き方と、優秀な人材の定義の変化

　人口減少、失われた30年、終身雇用制度の崩壊、年金制度の崩壊と老後2,000万円問題、女性の社会進出、フリーランス時代の到来、コロナ禍による社会変化……。日本という国が大きく変化しているなかで、働き方自体も大きく変わっていることは言うまでもありません。

　労働人口減少・フルタイム社員の減少のなかで、成果の出せる能力のある人材は不足しています。能力ある人材はどの企業も喉から手が出るほどほしがっており、自社もあらゆる手を使って探さなければいけません。

　それでは能力のある人材や成長ポテンシャルのある人材は、一体どこにいるのでしょうか。

　一昔前であれば「1つの企業で総合職としてさまざまな部署や業務経験を積み上げて、生え抜きで昇進していく」人が優秀な人材像でした。いわゆる「キャリア組」と呼んでもいい方々でしょう。

　もちろん今でもこういった人材は活躍していますが、現在の社会環境では「さまざまに変化する環境で、自分で考え行動し、経験やスキルを新たに積み上げ成果を出せる人」に優秀な人材の定義が移り変わっています。

キャリア組の方々もさまざまな部署や業務を経て成果を出してきた人ではありますが、その対象がもっと広くなっているのです。

例えば、内閣府が2023年10月に公表した「新しい資本主義実現会議（第23回）」では、**リスキリング**（＝環境変化による学び直し）を積極的に行う人ほど、年収が高いという結果も報告されています（下の図表を参照）。

◎リスキリングと年収の関係性◎

年収別の割合　(n=7,539)

	リスキリング層 学び直しをしている	趣味学習層 趣味の学習だけしている	口だけ層 自ら学び直す意欲はあるが実際に学習はしていない	不活性層 自ら学び直す意欲はなく実際に学習もしていない
2000万円以上	41%	11%	21%	27%
2000万円未満 1500万円以上	38%	15%	21%	27%
1500万円未満 1000万円以上	28%	9%	28%	36%
1000万円未満 800万円以上	28%	12%	25%	35%
800万円未満 700万円以上	24%	11%	25%	40%
700万円未満 600万円以上	23%	10%	28%	40%
600万円未満 500万円以上	22%	8%	28%	43%
500万円未満 400万円以上	20%	10%	27%	43%
400万円未満 300万円以上	13%	8%	28%	51%
300万円未満 200万円以上	12%	8%	32%	49%
200万円未満 100万円以上	7%	8%	34%	52%
100万円未満	8%	7%	32%	53%

※内閣府：「新しい資本主義実現会議(第23回)基礎資料」をもとに作成

それでは変わりゆく環境で経験や学びを経て成果を出せる人とはどのような人かを考えてみましょう。

経験や学びを経て成果を出せる人の例

- 会社でバリバリ活躍していたが、結婚・出産育児・介護といったライフイベントを機に、フルタイムから働き方を変化させた人
- 過去に一定の成果を上げ、その経験をもとにフリーランスとして独立活動をする人
- 一念発起して、起業をして新たに挑戦する人
- 家族等の事情で海外へ移住し、職場を退職せざるを得なかった人
- 高い志を持って、学生時代から会社にもインターンとして所属して事業経験を積もうとする人

　これらの人々の共通点は、「さまざまな**目的や諸事情＝自身のまわりの環境変化がありながらも、勤労意欲や学習意欲がある**」ことです。そういった人が活躍できる手段の１つが「リモートワーク環境」なのです。

　リモートワークの推進を、一番目に見えやすい効果である業務効率化としてとらえる傾向もありますが、それだけでは本質を見誤ります。リモートワークの本質は、「**多様性というカルチャーの受容**」であり、「**採用力・採用ブランディングの強化**」「**モチベーションの向上**」ひいては「**事業の成長速度と安定性の向上**」につながるという意識を持って取り組むべきです。

ペーパーレス化・電子化の実現

　リモートワークを実現しようとすると、必ずといっていいほど、ペーパーレス化・電子化の実現がセットで議論されます。紙やファイルなどがオフィスに物理的に存在する状態であれば、押印作業などのためにオフィスに出社しなければいけません。そのため、リモートワークを進めるにあたっては、どのようにペーパーレス化と電子化を実現するかという検討が必要です。

　バックオフィスにおいて、ペーパーレス化・電子化すべき事項は以下のようなものが挙げられます。

◎バックオフィスにおいてペーパーレス化・電子化すべき項目◎

領域	項目	対策
経理財務	銀行での窓口振込	・インターネットバンキングの契約と活用 ・窓口振込／コンビニ振込から、口座振替／クレカ払い／請求書振込への変更
	小口現金での支払	・小口現金払い→立替経費＋振込処理（仮払も併用）の活用 ・クレジットカード／コーポレートカードの活用
	紙の伝票を用いた会計記帳と承認	・紙を出力した伝票による承認を廃止し、システム内での起票＆承認を徹底
	紙での請求書発行	・請求書システムの導入と、取引先への一斉メール送信 ・請求書発送業務のアウトソーシング活用
	紙での請求書受領と支払承認	・債務支払システムを導入し、システム内で証憑アップロード＆承認を徹底 ・システムから振込データ（全銀／CSVデータ）を作成し、ネットバンキングへ振込データを取り込み、一括振込を実施
	紙での経費精算申請	・経費精算システムの導入と、システム内での承認フローへ変更 ・カメラ撮影・スキャンデータによるエビデンス提出への変更

	紙での税務申告書類・決算書の届出	・e-Tax、eLTAXの活用またはそれらにデータ連動している税務申告システムの導入
労務	オフィスや事業所での紙のタイムカード入力	・勤怠システムの導入とPC・スマホでの打刻方法の導入 ・チャット等による出退勤報告、業務報告
	給与天引の所得税・住民税の納付	・e-Tax、eLTAXの活用またはそれらにデータ連動している税務申告システムの導入
	社会保険・労働保険の申告	・労務申請システムの導入ないしはe-Govの利用
	従業員情報や給与明細情報の紙保管	・入退社書類のデータ提出 ・雇用契約書の電子締結システム導入 ・給与計算システムの導入
法務	書面での契約書締結	・電子契約システムの導入
共通	社内外のコミュニケーション	・チャットシステム、バーチャルオフィス、ボイスチャットシステムの導入
	紙での稟議申請	・ワークフローシステムの導入
	証憑・資料のキャビネット保管	・データストレージの活用 ・各バックオフィスシステム導入によるシステム内での書類保管

　ペーパーレス化・電子化を進めるためには、数多くのバックオフィス領域でのシステム導入や業務変更が必要とされます。すべてを同時並行で変更していくのは時間がかかり、難易度も高くなります。以下の2つの条件を考慮して、優先度の高い順に導入を検討していきましょう。

ペーパーレス化・電子化すべき優先度が高い項目

① 紙を出力する枚数や、出社して処理している分量が多い業務
② バックオフィスだけではなく他部署も巻き込んで行っている業務

リモートワークにおける
デメリットと注意点

　リモートワークの最大の注意点は、一言で言うと「個々人の能力に依存しやすく、組織が成長しづらく強くなりづらい」ことです。

　対面コミュニケーションが減ることが主な根本原因となりますが、コミュニケーションでの相互作用が少なくなることによる弊害が各所で生まれてきます。

≫≫ 組織の学習プロセスが減少する

　組織メンバーが何かを学習し成長する際には、対面のコミュニケーションが必要なときがあります。

　他者の印象に与える影響は、話の内容自体からはわずか７％しかなく、それ以外はノンバーバルな聴覚や視覚情報から受けているという研究結果があります（メラビアンの法則）。

　これはあくまで第一印象時の限定された状態での結果なので曲解してはいけませんが、「人に何かを効果的に伝える際には内容だけではなく、対

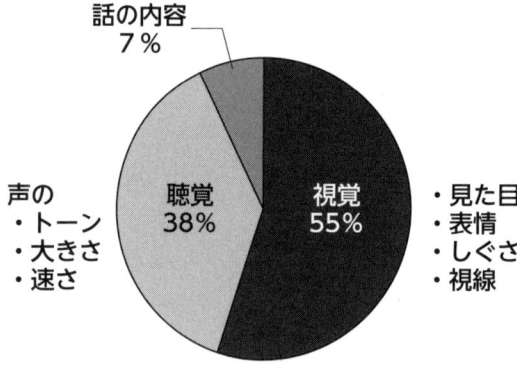

◎メラビアンの法則◎

話の内容
７％

声の
・トーン
・大きさ
・速さ

聴覚
38%

視覚
55%

・見た目
・表情
・しぐさ
・視線

人がコミュニケーションにおいて影響される割合

面でしか伝えられないノンバーバルな情報も重要」ということになります。

リモートワークが行き過ぎた場合、こういった効果的な対面インプット学習の時間や機会が減ることとなり、結果として組織が成長しにくくなるというデメリットが出ることに注意しなければなりません。

>> テキストコミュニケーションが苦手な人が損をしてしまう

リモートワークにおいて「テキストコミュニケーションスキル」は必須です。

チャットツールや電子上の文書作成の比重が大きくなるなかで、整理してわかりやすく伝えるスキルであったり、対面コミュニケーションより大げさに絵文字活用や文面工夫をして感情表現が伝わりやすくしたりなどのスキルです。

対面コミュニケーションは非常に便利な方法であるがゆえに、これまで何気なく対面でバーバルとノンバーバルを組み合わせて豊富に伝達・補足できていた情報が、テキスト上ではたちまち伝わらなくなり、コミュニケーションがうまくいかなくなることがあります。

特に、営業系の人は対面で商談を行うことが多いため、テキストコミュニケーションには慣れていないケースも多く、対面環境では発揮できていた本来の良さを引き出せない場面も多く見られることとなります。その場合はその人にとってはストレスフルな環境になるため、仕事のモチベーションが低下してしまう可能性もあります。

>> 定性評価が難しくなり、不平不満を生む可能性も

リモートワーク環境での限界として、細かな仕事の進め方や考え方、プロセス、挙動を見て、その人を評価することができないという点があります。それゆえ、評価の方法にどうしても成果主義の要素を一定程度は含めざるを得なくなります。

成果主義型の評価が向いている業務であればそれでもいいのですが、特にバックオフィスの場合は、成果が見えにくい部署であるため、必ずしもその人の能力を正しく評価できているか不明確になることもあります。

≫ うつ病・精神病の増加リスク

　リモートワークには、メンタルヘルスへの悪影響も存在します。これは先に伝えたような、人事評価の難しさやテキストコミュニケーションへの対応など、対面だけの場合よりも考えなければいけないことが多くなり、悩みを抱きやすいことや、過重労働になりやすい傾向、対面コミュニケーションが少なくなることによる孤独感などが原因として挙げられます。

　実際に、コロナ禍でリモートワークが増えた際には、うつ病などの精神病になる人が増加しました。厚生労働省が定める「テレワークにおける適切な労務管理のためのガイドライン」では「過重労働対策やメンタルヘルス対策を含む健康確保の措置を講じる必要がある」ともしています。今や従業員の健康管理は、会社の当然の義務として求められているのです。

　なお、こういった弊害を解消するための、リモート環境下におけるコミュニケーション活性化については、7-14（359ページ）にて詳細を説明します。

7-11 リモートワークへの対応④

リモートワーク導入時の準備

▶▶ バックオフィスはリモートワーク推進のキープレーヤー

　リモートワークを推進するためには、その推進体制・役割分担も欠かせませんが、バックオフィスはリモートワーク推進のキープレーヤーとなります。総務省の「テレワークセキュリティに関する実態調査」（2023年3月公表）では、リモートワーク推進時に課題となる情報セキュリティをどの部署が担当するかというアンケートに対して、経営企画や総務部門と回答した企業が最も多く40.7%存在しました。もちろん、情報システム部などのIT専門部署が存在するのが理想的ですが、バックオフィスはペーパー

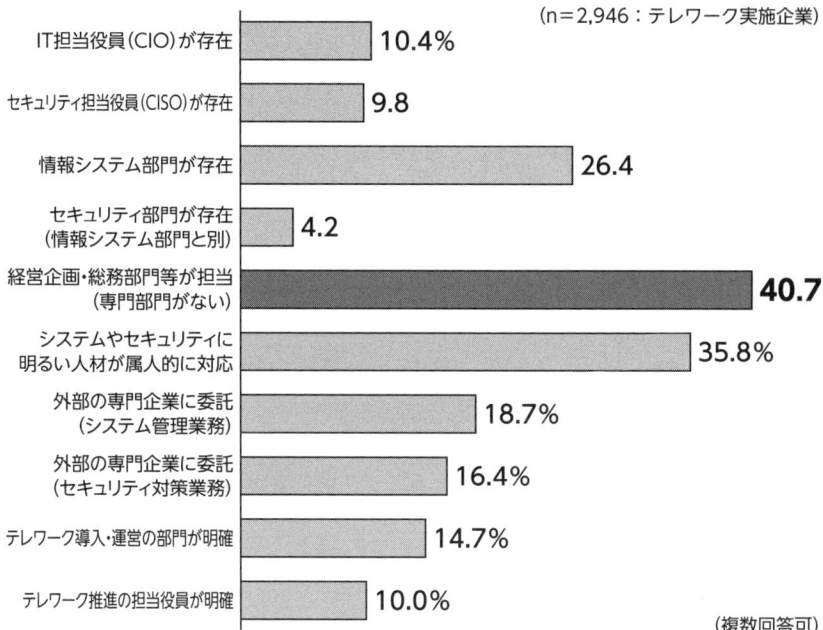

◎情報セキュリティ対策に関する組織体制◎

(n＝2,946：テレワーク実施企業)

項目	割合
IT担当役員(CIO)が存在	10.4%
セキュリティ担当役員(CISO)が存在	9.8
情報システム部門が存在	26.4
セキュリティ部門が存在（情報システム部門と別）	4.2
経営企画・総務部門等が担当（専門部門がない）	40.7
システムやセキュリティに明るい人材が属人的に対応	35.8%
外部の専門企業に委託（システム管理業務）	18.7%
外部の専門企業に委託（セキュリティ対策業務）	16.4%
テレワーク導入・運営の部門が明確	14.7%
テレワーク推進の担当役員が明確	10.0%

(複数回答可)

総務省：「テレワークセキュリティに係る実態調査（2023年3月）」より作成

レス化・システム導入などさまざまな面でDX化に関与しなければならないので、当然の結果でもあります。

　情報システム部やCIO（IT担当役員）が存在しない組織において、リモートワークの推進体制を組成する際は、プロジェクトチームを発足させます。事務局やプロジェクトマネジメントを行うメンバーには、全社的な視点を持ったバックオフィス人材を引き抜いてチームを組成することをおススメします。

≫ リモートワーク導入の際のルール策定

　リモートワークを新たに導入する際には、ペーパーレス化・コミュニケーション対策だけではなく、導入時の制度やルールの整備、セキュリティ対策を行う必要があります。

● テレワーク規程の作成

　リモートワーク時の基本ルールを定めます。具体的には、リモートワークの目的、対象者、服務規律、労働時間、連絡体制、機器貸与、情報管理、費用負担・手当などです。

　テレワークのモデル就業規則が厚生労働省から公表されているので参考にしましょう。なお、テレワーク規程は就業規則を構成する項目となるので、労働基準監督署への届出も必要となります。

● 健康管理、長時間労働の対策ルール

　リモートワーク特有の健康リスク対策としてルール化をします。厚生労働省の「テレワークの適切な導入及び実施の推進のためのガイドライン」を参照しながら作成しましょう。

　例えば、「メール送付の抑制等やシステムへのアクセス制限等」「時間外・休日・深夜労働についての手続き」「健康相談体制の整備」「コミュニケーション活性化」などです。

● 情報セキュリティ対策

　リモートワークにおいては、会社情報を社外に持ち出したり、外部環

境から社内情報にアクセスすることとなるため、情報漏洩には十分に注意しなければいけません。

例えば、「ICT構成方式の検討」「端末へのログイン認証」「シングルサインオンによるパスワード管理」「HDDデータの暗号化」「ウィルス対策ソフト」「覗き見防止フィルター」などが対策として挙げられます。

≫ リモートワーク時のQ&A

リモートワークの規程整備や労働法遵守をする際に、よくあげられる質問をまとめてみましたので、下の表も参考にしてください。

◎リモートワークに関してよく出る質問◎

Question	Answer
労働時間管理が難しいです。リモートワークの場合、1日8時間と固定するような事業場外のみなし規定は適用できるのでしょうか。	事業場外のみなし労働時間が適用できるのは、「通信可能な状態ではなく、具体的な指示を受けられない状態」であることが必要です。 インターネットでチャット通信が可能な場合は、これに適さないという解釈になるため、その場合はみなし労働時間制度は適用できません。
費用負担はどのようにすればよいでしょうか。	インターネット代や、ポケットWiFi支給、自宅用モニター支給などについてはテレワーク規程によって定めておきましょう。水道光熱費などの生活費は基本的には負担しないことのほうが一般的です。
リモートワーク後も通勤定期代を払う必要はあるのでしょうか。	就業規則によって変わります。毎月／3カ月／半年ごとに定期代相当額の支給になっている場合は、実費支給にするよう規程を変更しましょう。通勤手当をなくす代わりに、リモートワーク手当を支給して対応するケースもあります。
リモートワークの場合、どうしても中抜け時間が多くなります。その場合の取扱いや勤怠システム上の入力方法はどうすればいいですか。	中抜け時間は休憩時間になるので、労働時間からは控除して勤怠報告しましょう。休憩時間を1日に複数回入力できる勤怠システムを選ぶようにしましょう。また、休憩時間を加味して、退勤時刻を繰り下げる取扱いも可能です。
リモートワーク中に事故に遭ったら、労災保険は適用されるのでしょうか。	リモートワークであっても、事業主の支配下にある間（＝労働時間中）によって生じた事故・災害は、業務上の災害として労災保険給付の対象となります。ただし、業務時間内であっても私的行為で起こった事故・災害は対象外になります。

ノウハウ化と
コミュニケーション活性化

≫ バックオフィスDXにおける最後の重要対策

ITツールの導入やリモートワーク推進を行っていくなかで、最後に解決すべき課題は、「ノウハウ化」とそれにまつわる「コミュニケーション活性化」になります。

「強い会社とは何か」という問いには、ビジネスモデルや成長フェーズ、組織モデルによってもさまざまな回答があり得ますが、その回答の1つは「ノウハウ蓄積とそれを続けることによるブランド化」です。

今まで述べてきたバックオフィスDXのポイントをまとめると以下のようになります。

バックオフィスDXのポイント

- バックオフィスDX化においては、業務自体や仕組みに焦点を当てて、人依存の業務体質から抜け出さなければいけない
- 標準化業務中心の状態から抜け出し、仕組みをつくり、業務全体を設計し、クラウドツールを筆頭にITを使いこなす人材に変わっていく必要がある
- 標準化業務の先に待つものは、①専門性の発揮（専門化業務）、②部署横断での仕組み構築（汎用化業務）、③経営判断への関与（複雑化業務）である
- DXの一環であるリモートワーク推進は、そういった能力のある・変化ができる人材を採用する機会を与える
- 一方で、リモートワークでは、組織成長や人事評価、健康管理上の観点から、コミュニケーション上の課題への対策が必要である

ここで列挙したことから、

① 業務や仕組み・専門知識・部門横断での経営サポートをするためのノウハウ化・ナレッジ化
② それを促進するためのコミュニケーション活性化

この２点がDX化における最後の重要対策として考えられます。

≫ なぜ「ノウハウ化」と「コミュニケーション活性化」なのか？

　バックオフィスDXの目的を今一度振り返ると、それは「人による付加価値業務へのシフト」です。つまり、標準化業務をIT化によって代替してバックオフィス工数に余裕ができていたとしても、複雑化業務を行うための土台ができていなければ、その本当の目的は達成されないままです。

　ノウハウ化というのは、個人単位ではなく、組織単位で全員が継続的に成長していくための体系化・言語化されたノウハウ＝ブランドそのものをつくる行為です。

　コミュニケーション活性化は、そのブランド構築のために、そこで働く人々が個人のため・チームのために自ら楽しんで自律的に行動する仕組みとして機能します。

ノウハウ化とはどういうこと？

≫ ノウハウ化の事例

　ノウハウ化は非常に地道な作業です。ノウハウとは会社がこれまで活動してきた過程や結果をすべて積み上げたものであり、会社の強さそのものです。

　ノウハウには見えるものと、見えないものがあります。

　例えば、フランチャイズチェーン展開をしている飲食店について考えてみましょう。本部会社は今まで培ったノウハウをマニュアルという形でFCオーナーに提供し、チェーン店の看板・ブランド名を提供することで、ビジネス展開をしています。マニュアルのなかには以下のような項目が含まれます。

飲食店チェーンのマニュアルに記載されている内容の例

- 食材の仕入ルートと調達方法
- 開発したメニュー
- 店舗デザイン設計
- 接客対応マニュアル
- スタッフの採用方法・教育方法
- 収支管理、目標管理方法
- 出店場所の集客力や競合調査
- 過去出店場所での成功・失敗事例

　これらはすべてこれまで本部会社が培ってきたノウハウであって、長年の業歴のなかで1つひとつ生み出し、修正しながら構築しています。

　フランチャイズというビジネスモデルは、このノウハウ自体を体系化・言語化して収益や競争力の源泉としているのです。つまり、「ノウハウ化

自体こそが、経営を支える最終的な土台になる超高付加価値業務」である
ともいえます。

　フランチャイズビジネスでは、ノウハウ化は通常は、文書化して提供さ
れます。つまり、文書化するという行為がノウハウ化の重要な要素になる
のです。

≫ 文書化して、蓄積する

　ノウハウの文書化の仕組みは、クラウドツールを用いて構築しましょう。
いわゆる社内wiki機能を持ったツールであれば好みで選べばいいですが、
最近で言うとConfluence、Notion、Kibela、esa、NotePMなどのツールが
挙げられます。

　これらは、誰かが文書を作成したらクラウドに蓄積し、必要なときに自
由に検索・閲覧したり、外部に共有したりできるツールです。

◎社内ノウハウとして蓄積する項目◎

ノウハウを構成する情報	説　明
これまで経験したプロジェクト情報	各種プロジェクトに対して、その目的・進捗・体制・成果物・資料などを記載。今後のプロジェクト展開の参考にする
事業に関連する法令や事業環境	各種の法令や事業環境、市場環境などの情報を記載。アップデートや改正があれば順次更新して周知
業務遂行に必要なスキル・知識のデータベース	その業務を行うにあたっての必要知識やスキルを説明。解説形式やFAQ形式、対応事例の形などさまざまな形式で記載
社内各種規程	就業規則や決裁規程、人事規程、会計規程などを開示
業務一覧＆マニュアル	部署の業務を整理したリストとともに、各業務の実施方法・マニュアルを記載
ミーティング議事録	社内外で実施したミーティング情報をチーム内で共有

　これらの文書化を行うことで、組織に新しく入ってくるメンバーが業務
をイメージしたり、必要な情報を取捨選択したりできるなど、チーム自体

の底上げにもつながります。

❯❯ カルチャーとしてノウハウ化をする

　ノウハウ化の推進にとって最も重要な要素は「**習慣化**」です。言語化とは以下のようなことを指すもので、非常に大変な作業です。

- 何となく口頭で伝えていた内容を、言葉で論理的に説明する
- 業務をやりっぱなしではなく、言葉や文章として残す
- 自分だけのことではなく、チーム全体への貢献意識を持つ

　これらのことを自然にできる人はほぼ皆無でしょう。であれば、ノウハウ化、ひいてはブランド構築のためにするべき行為は、**メンバー全員が文書化・言語化する習慣をつくり出す**ことです。

ノウハウ化のためのコツ

- いきなり大きいことをやるのではなく、小さな情報からまず書いてみる
- 続けること自体が評価や賞賛につながる仕組みをつくる
- ノウハウ化・ブランド構築の重要性を繰り返し伝え続ける
- 責任者を設定して、常にケアする

7-14　DXとコミュニケーション③

コミュニケーションを
活性化するしかけ

≫コミュニケーション活性化の効果

　ノウハウ化と並ぶもう1つのDX化対策は、コミュニケーション活性化です。コミュニケーション活性化によって、以下に挙げるような効果が得られ、挙げたDXやリモートワークでの課題を解消する土台になります。

コミュニケーション活性化のメリット

- **人が生み出す力を感じる**：人が相互作用することでその価値を感じ、DXによって人が要らなくなるという先入観・誤解を解消し、自身が発揮すべき付加価値に気づく
- **人となりの理解**：相手の理解をより深めることで、人事評価の不公平感の解消や、テキストコミュニケーションが苦手な人に対する安心感を与える
- **精神病・うつ病の対策**：チームで働いている、誰かの役に立っているという感覚が支えになり、モチベーションにつながる
- **ノウハウ化の進展**：チームを理解し、他者や組織に対する貢献の価値ややりがいを見出すことでチームスピリットを醸成し、ノウハウ化が進む

≫対面コミュニケーションとのバランス

　コミュニケーション活性化の仕組みで重要なのは、「メリハリとバランス」です。リモートワークやDXと対面コミュニケーションは、ある意味、相反する効果を持ちます。対面コミュニケーションを増やそうとして強制出社日を増やせば、リモートワークの良さである「多様性のなかでの選択肢」を減らすことになります。

両者のメリットを享受できるようなメリハリとバランスがキーポイント
です。バランスを取るために、DXを活用したしかけをつくることも可能
です。

　またしかけをつくる際には、「**仕事の常識から少し外れてみる**」「**コミュ
ニケーションを業務として捉えすぎない**」「**エンターテインメント性を楽
しむ感覚を持つ**」という視点を考えておくことも大事です。例として以下
のようなものが挙げられます。

リモート環境でのコミュニケーション対策の例

- バーチャルオフィスツールの導入と積極活用
- 社内での部活動やサークル活動
- 月に一度のオフラインイベント企画
- 部署を越えたシャッフルランチの実施
- 評価期間より短いサイクルでの1on1の実施
- チャット雑談部屋の作成
- 業務報告のオープン化・共有化
- メンバー紹介機会の拡充

　それぞれ、具体的にみていきましょう。

バーチャルオフィスツールの導入と積極活用

　バーチャルオフィスツールとは、会社の職場環境をイメージした仮想空
間をインターネット上に表現し、そのなかでミーティングをしたり雑談を
したりすることで、あたかも実際にオフィスで働いているような環境をつ
くり上げるツールのことです。サービス例としてはGatherやoViceなどが
挙げられます。

　オフィス空間は自由にカスタマイズ可能で、サービスによっては自身の
アバターもカスタマイズできて、RPG（ロールプレイングゲーム）感覚で
職場にいるイメージを持たせることもできます。

　ただし、バーチャルオフィスを導入しただけでは皆がコミュニケーショ
ンや雑談を開始してはくれません。中心となる人物を巻き込んで、「雑談

をすることは良いこと。当たり前のようにそこかしこで発生している」という状態にして、それを皆が理解する必要があります。時間がかかる取組みになります。

社内での部活動やサークル活動

　社内の部活動やサークル活動は、業務時間外の集まりの機会を与えます。社外活動を通して、参加者同士の人となりや性格を理解して、部署間コミュニケーションを活性化させることができます。

　部活動やサークル活動も、名ばかり集団にならないよう、定期的な活動実態が重要です。会社として福利厚生費として活動費用を予算化したり、社内報やオープンチャットで活動結果を共有したりするなどし、活動している様子が見える化されるようになると、よりその効果が高くなります。

月に一度のオフラインイベント企画

　オフラインイベントは、リモートワーク環境にとって最もシンプルなコミュニケーション不足解決策の1つです。イベントでは、できるだけ交流を中心とした内容を盛り込むとよく、日常業務とは少し違ったテーマでのグループディスカッションや交流会などで、相互コミュニケーション回数が増えるしかけを用意します。

部署を越えたシャッフルランチの実施

　シャッフルランチは、部署間や上司部下関係の垣根を越えてランチの場をつくることで、コミュニケーション促進や、業務への刺激を提供することが目的になります。

　外の部署や立場の違う人の意見を聞き自由に交流するなかで、新しい出会いや社内メンバー同士の理解が深まります。人間関係にメリハリができることで、会社で働く意義を新たに見出したり伝えることもできます。また、自身の業務の意味や他部署の役割を理解する機会にもなり、自発的に業務への改善意識を持つようになるなど、モチベーションの向上にもつながります。

　実施する際には、部署や職階のバランスを考えて、なるべく毎回違う刺激を得られる参加者構成になるように配慮してメンバーを組みましょう。

また全員が平等に参加できるように、費用についてもできるだけ会社負担で実施することを推奨します。

評価期間より短いサイクルでの1on1ミーティングの実施

　1on1ミーティングは、上司部下間での最も密度の高いコミュニケーション機会となります。通常の対面コミュニケーションが多い組織であれば、評価期間ごとの面談でも問題はありませんが、リモートワークを中心としている場合は、1on1ミーティングの頻度を高くすべきです。

　その内容も人事評価やフィードバックのような上司→部下へのコミュニケーション中心ではなく、部下→上司への相談を増やせるようなテーマで話すように心がけましょう。

チャット雑談部屋の作成

　チャットは、リモートワークにおいて中心となるコミュニケーション手段です。チャットのようなテキストだとどうしても業務と関係あることを話さなければいけない空気感が漂ってしまいますが、業務とあまり関係ない雑談ルームをつくることで、各人の現状や日々感じたこと、困っていること、プライベートで行っていることなどを気軽に書き込み、互いに知ることができます。

　雑談部屋なのでルールを決めること自体がナンセンスではありますが、参考までにどのようなことを話すのかの事例も参考にしてみてください。

雑談ルームで話すことの例

- 個人でふと思った業務の疑問
- 大事だと思ったメモを書き残す
- 仕事と直接的な関係や優先度が低い情報
- 週末の過ごし方の予定
- 業務や業務外で勉強や学んだ情報
- 直接助けを呼ぶほどではないが少しだけ困っていること　など

業務報告のオープン化・共有化

　業務の終わりに、日報といった形で情報を皆に伝えるのもコミュニケーション活性化につながります。

　リモートワークでは、同じ部署の人ですらその日に何をやっていたのかが見えにくい状況になるので、近くにいる相手や他部署のメンバーが何をやっていたのかを知る良いきっかけになります。

　あくまでコミュニケーション目的ですので、業務日報をつくること自体に時間をかけ過ぎると本末転倒になってしまいます。分量が多くなりすぎないよう注意しましょう。日報の内容の一項目として、業務内容だけではなく、その日感じたことなど、個人見解を自由に書くスペースを設けるのも効果的です。

メンバー紹介機会の拡充

　規模が大きく、異動や入退社の多い会社であれば、社内メンバーの紹介機会を増やすことで、部署内や部署間コミュニケーションにつなげることが可能です。

　例えば、社内報をつくっている場合には、社員紹介ページの分量や対象者を増やして、より充実したコンテンツをつくり、人となりを知ってもらうこともできます。

　また、社員名簿や社員自己紹介ページがあれば、そのなかに記載されている項目を氏名や部署だけではなく、経験職種・前職情報・資格といった業務に関係する情報を盛り込んだり、趣味や休日の過ごし方・性格などのプライベートな側面を盛り込んだり、Q&A形式の内容を盛り込んだりと、読みたくなりそうなページづくりにこだわってみてもいいでしょう。

第 8 章

「戦略型バックオフィス」 の実現へ

バックオフィスと経営者の間の「壁」

本書の最終章である第8章では、バックオフィスが今後の激動の経営環境のなかで進むべき方向性である「**戦略型バックオフィス**」への変革について示していきます。

>> バックオフィスに対するネガティブイメージ

少しうがった見方も含まれる点もありますが、経営者やフロント部門のなかには、バックオフィスに対して以下のようなネガティブなイメージをお持ちの人もいるのではないでしょうか。

◎経営者やフロント部門がバックオフィス部門に抱きがちなイメージ◎

細かい作業をする	法律やルールを守る部署
売上を生み出さず、コストがかかる部署	事務を中心とした仕事
細かいことを指摘する	そもそも何をやっているかわからない
現場のことはあまりわかっていない	書類のチェックが中心

残念ながら、私の長いバックオフィス経験でも、このようなマイナスイメージを持たれる人は少なからず存在しています。そして、このようなイメージが、ビジネス全体・会社全体にも、次ページ上に掲げるような大きな悪影響を与えることがあります。

ここで挙げた悪影響は、①もともとのバックオフィスに対する期待値の低さ、②バックオフィス側の品質低下の、両面からの問題が挙げられます。前者は経営者やフロント部門といった組織内メンバーの問題であり、後者はバックオフィス自体の問題です。

バックオフィスに対する偏見から生まれる悪影響

- 単純作業や付加価値の低い業務が回ってくる
- バックオフィス人材の待遇・年収水準が下がる
- 現場や経営者からの連絡・報告が事後になり、後処理に忙殺される
- バックオフィスの体制が薄くなり、対応スピードや品質がさらに悪化する
- バックオフィスから発信すべき業績情報・人事情報を組織メンバーが把握できず、意思決定を誤る
- 組織メンバーのガバナンス意識や自浄作用が低下し、法律違反・コンプライアンス違反を起こす

≫ やらなければいけないことが多いバックオフィス

　一方で、バックオフィスが抱える仕事は、本書で書いてきた通り、大小さまざまな業務がたくさん存在しています。日々のルーティン業務もこなし、知識を常にインプットし、法改正やルール改定に伴う対応をし、スポットでくるプロジェクトワークに対応し、デジタル対応もしなければいけない……。やることは盛りだくさんなわけです。

　では、なぜ評価されないのか？　簡単に言うと、「期待に応えていない」からです。バックオフィスに限らず、そもそもビジネスにおいて、**付加価値・サービス満足度を高めていく方法とは、「相手の期待値を超えて、サービスを提供すること」**です。

バックオフィスは
価値が低い業務なのか？

≫ バックオフィスの役割の本質

　組織内でのバックオフィスへの期待値が低い、もしくは低く見られていることは、多くの企業でよくありますが、本当にそうなのでしょうか？本書で伝えてきたバックオフィスが果たす役割は、以下のように列挙することができます。

バックオフィスの役割の本質

- 経理財務機能により、業績・数字が見える化され、資金が供給されキャッシュフローが回る
- 人事労務機能により、良い人材の採用が継続し、組織メンバーが育つ
- 法務機能により、取引先との契約や座組み・スキームが固まり、ガバナンスやコンプライアンスが守られる
- 総務機能により、組織メンバーが安全・安心に、モチベーション高く働ける
- 経営企画機能により、事業戦略策定やM&Aが進み、ダイナミックな経営アクションが可能になる

　このような機能・ミッションが会社経営にとって軽視される理由は全くないことは明らかです。

　また、バックオフィス組織のトップ、例えばCFO（最高財務責任者）、CHRO（最高人事責任者）、CLO（最高法務責任者）、CAO（最高総務責任者）、CSO（最高戦略責任者）といったポジションが軽視されている組織を、少なくとも私は知りません。

　それでもなぜ、バックオフィス全体が軽視される傾向があるのか？　そのメカニズムをきちんと解明する必要があるようにも思えます。

8-3 バックオフィスが抱える構造的課題③

バックオフィスが軽視される
メカニズム

≫ キャリアプランの断絶

　まず1つ目のバックオフィスの軽視理由が、「**キャリアプランの断絶**」です。昔ながらの会社組織においては、CFOやCHROといったバックオフィスCXOを目指す「キャリア組・総合職」と、事務処理を行う「事務職」が断絶していました。その人数比率はキャリア組・総合職が2〜3割であり、事務職は残り7〜8割を占めるルーティン作業部隊として集中管理されていました。この作業分担や組織構造が、いわゆる「**前時代型バックオフィス**」です。

　キャリア組から外れた人たちは、成長をあきらめ、事務職として社員人生を終えていくような分断されたキャリアプランが多く存在していました。バックオフィスの7〜8割を占める事務作業をやる人のイメージが、他の部署にとってのバックオフィスイメージとして認識されていたわけです。

≫ コストセンターとしての位置づけ

　もう1つの大きな課題が、バックオフィス=「コストセンター（収益を生まずにコストのみ発生させる部門）」という考え方です。コストセンターかプロフィットセンター（収益を生み出す部門）かの重要な分岐点は、目標の持ち方とモチベーションの発生源泉です。

　プロフィットセンターでは、コストをコントロールするだけではなく、収入を生むことがより重要であるため、収入側の業績目標・KPI目標が設定され、それを達成することで、評価されモチベーションが向上していきます。一方でコストセンターは、コスト側のKPI目標が設定され、コストを低減させるための活動が評価される管理がなされます。

　ここでポイントとなるのは「活動量に対する考え方の違い」です。営業やマーケティングのようなプロフィットセンターでは、収益を生むことが大事なので、活動量を増やしてコスト以上の収入を発生させなければいけ

ません。一方で、コストセンターの大きなコスト項目は人件費そのものなので、コスト目標を達成しようとすると、必然的に「活動量そのものを減らす」というインセンティブが働きます。

≫ 終わりを見せた「前時代型バックオフィス」

　一方で、このような「前時代型バックオフィス組織」に限界がきています。この流れに楔を打つ変革の1つが、バックオフィスDXです。詳細は第1章と第7章で説明した通りですが、バックオフィスDXにより、事務作業を行う人材の価値が極端に低くなるなかで、より深い「専門化」スキルを持つか、仕組み化や標準化を設計できる「汎用化」スキルを持つかのいずれかが、人材の最低条件として求められてきています。

　また、「専門化業務」「汎用化業務」、ひいてはその先の「複雑化業務」にたどり着くためには、コストセンターの考え方だけでは通用しなくなります。

　コストセンターにおけるコスト最適化は、主に「標準化業務」に対して行われるものであり、DX化によって残った標準化業務以外の付加価値業務について、別の基準で判断・評価をしていかなければならない時代がすでに到来しているのです。

　これに1つの解決策を提示するのが「**戦略型バックオフィス**」です。

◎バックオフィスに求められる機能と評価方法の変化◎

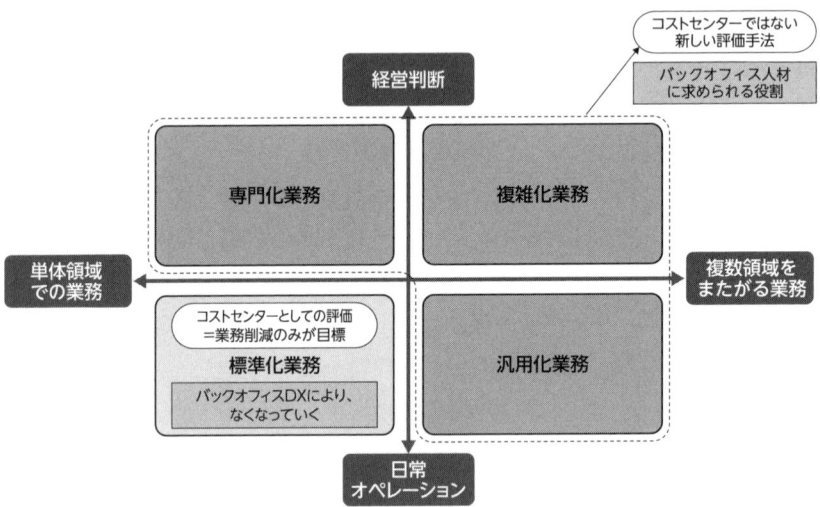

8-4 「戦略型バックオフィス」の実現①

経営者に寄り添う 唯一の存在になるために

▶▶ 経営者が乗り越えるべき課題

　「戦略型バックオフィス」を考えるにあたり、バックオフィスとは少し離れて、経営者について少し書いてみましょう。

　「戦略」という言葉は経営者なくしては語ることのできない言葉です。筆者はこれまでの自身の経営経験や、経営コンサルティングファームでのコンサルティング、公認会計士・税理士・社会保険労務士としての知識、スタートアップやプライム上場企業での実務経験といった複合的スキルを組み合わせて、さまざまな経営者に対して経営戦略の伴走支援を行ってきました。

　そのなかで、経営者が、事業を成長させていく際に必ずぶつかる壁、悩み、そして乗り越えるべき共通の課題というものがいくつか存在することがわかってきました。

課題①　経営者は孤独であるということ

　経営者には、相談できる相手がいません。外部のメンターを付ける経営者も少なくありません。そういった対策を取ったとしても、やはり自社の事業を本当に理解し、同じレベルの責任を感じ、一緒に考えてくれるパートナーは存在しません。

　オーナー企業であれば、経営者は代表取締役であると同時に株主でもあります。このような権利と責任を持った存在は他にはいません。大企業や上場企業であれば株主や金融機関といったステークホルダーに対する責任が生じますが、こちらも、対等な立場で責任を負える存在は経営者以外いません。

　何かを間違えたとき・うまくいかなかったときには誰のせいにもできないのが経営者という立場なのです。特に、人材採用などの個人の感情にかかわる事柄、給与条件などの重要な個人情報にかかわる事柄、経理情報の

ような会社のキャッシュや財務・法的問題などに触れるような事柄は、なおさら相談できるパートナーがいないのです。

課題②　会社の器は、経営者の器以上に大きくならないということ

「経営者の器＝会社の器」ともいわれます。経営者が成長しなければ、会社も一生大きくならず、小さいままという意味であり、経営者が会社のステージが上がるのとともに成長していく過程を表す言葉でもあります。

「なぜ経営者の器が大きくならないのか」という疑問に対してはさまざまな理由がありますが、多くの経営者を見る限り、以下の傾向が見えてきます。

経営者の器が大きくならない主な要因

- 視野を広く保ち、常に学んでいこうという姿勢がない
- 人に対する興味が薄く、周りの人が辞めていく
- カネ勘定に疎く、行き当たりばったり
- 自分の中のビジョンがないか、あっても弱く、人を惹きつけられない
- 将来よりも、過去や目の前ばかりを見ている
- 最後はすべて自分で責任を負う、という覚悟が足りない

これらはすなわち「リーダーシップの欠如」という言葉でも表すことができます。「リーダーシップ」とは「将来を見通し、メンバーを導いていく力」のことといって差し支えありません。

リーダーが将来を正しく見通せなければ、メンバーを正しい方向に導いていくことはできません。**会社が成長していくために、経営者は「将来を見通す力」と「皆を導いていく力」の2つを常に試されている**のです。

▶▶ バックオフィスは経営者の課題解決役になり得る

経営者は常にこの2つの課題にさいなまれており、その重圧で経営者が潰れてしまい、組織の成長が止まってしまう会社も多くあります。

一方で、バックオフィスが携わるさまざまな業務は、いずれも会社全体

の構造を司る機能を持っています。人事情報、業績数値、法的スキーム、組織活性化、中長期経営計画などは、いずれも会社全体の枠を設計するものです。「会社全体の枠」とは、つまり会社の器を決めていく作業に他なりません。

積極採用をして組織が大きくなれば経営者は器を大きくせざるを得ません。より大きな資金を引っ張りたければ会社と経営者の与信を増やさなければなりません。ゆえにバックオフィスのアクションは、経営者が成長すべき器に大きな影響を与えます。

そして、**重要な機密情報を握るバックオフィスは、経営者の本当の悩みにアプローチできる唯一の存在**なのです。中小規模のオーナー会社において、経理が番頭として重要情報を管理しながら、社長の右腕として活躍している姿をよく見かけます。そういった人材は、経理以外の他のバックオフィス機能も果たしているケースがほとんどです。

≫≫「戦略型バックオフィス」の特徴

「戦略」という言葉は、ビジネスにおいては業界分析や市場分析、競合分析、セグメンテーション・ターゲティング・ポジショニングなどの文脈で使われますが、それらはあくまで戦略のフレームワークや行動のことです。**戦略とは本質的には、「中長期的な目線で」「取るべき選択と捨てる選択を決め」「変化に合わせて既存の構造を変えること」**です。

「戦略型バックオフィス」とは、まさにこれらを成し遂げるバックオフィスのことです。その特徴は大きく以下になります。

戦略型バックオフィスの特徴

1 経営者と同等な、あるいはそれを超えた視座を持って、

2 現場の構造を変えるための意思決定アクションを進め、

3 変化に合わせてバックオフィス組織の構造を変える

それぞれについて、次項から詳しくみていきましょう。

経営者を超える視座を持つ

>> 経営者が持つべき視座

　経営者はどのような視座で業務をしているのでしょうか。それは一言で言えば、ステークホルダーに対しての貢献です。ここでのステークホルダーとは、従業員・株主・金融機関・取引先などのことで、経営資源を提供してくれるこれらの存在に対して、金銭や金銭以外のさまざまなリターンを返していくことが、ステークホルダーに対して経営者が果たすべき責任です。

>> 2つ上の視座を持つ

　「仕事をするときは自分の立場から見て、2つ上の視座を持ちなさい」という金言があります。本当に良い仕事をしたいなら、1つ上の直属の上司の考え方を理解することだけでなく、さらにその上の上司の考え方を理解しなさい、という意味です。自分の上司は、その上の上司に貢献することを考えて仕事をしているからで、自分から見て2つ上の上司の気持ちがわからなければ、直属の上司に貢献ができないからです。

　バックオフィスもこの言葉と同じように考えます。バックオフィスが経営者を支える存在だとして、経営者のさらに上にいる存在は誰でしょうか。そう考えると結論は「**経営者が貢献しようとしている相手であるステークホルダーの視点を考えなさい**」ということになります。

>> 経営者の悩みを知り、中長期的な視点の醸成へ

　本書では、各バックオフィス業務を紹介する際に、各業務の関係者として、ステークホルダーの解説を必ずしてきました。

　ステークホルダーの視座に立つということは、経営者の悩みを理解・共感することにつながります。その理解は、実はバックオフィスにしかできないことなのです。本書で説明をした通り、バックオフィスは非常に多く

のステークホルダーに囲まれています（53ページ図表参照）。フロント部門の関係者は顧客やビジネスパートナーが仕事の中心相手となりますが、バックオフィスは行政・取引先・株主・従業員・金融機関などほぼすべてのステークホルダーを相手にした業務を行うため、それらを正しく理解する必要があります。

それぞれのステークホルダーの視点を知ることは、経営者が貢献を果たそうとしている相手と同じ視座に立つことと同義になります。**経営者と同じ視座に立てる可能性のある存在を挙げるとすれば、「多くのステークホルダーと会話するバックオフィス」**しかいないのです。

ステークホルダーの要求は多種多様です。例えば従業員についてだけでも、給与水準、労働時間、モチベーション、働く幸せ、成長機会の提供など多くのことを会社に求めています。各ステークホルダーの多くの要求が集まってくる中心が経営者なのです。バックオフィスは、その重圧を共有して理解し、対策を一緒に考えることが求められます。

経営者が悩むバックオフィス課題の一例

経営者が重圧を感じる業務について、バックオフィスが解決できる部分についてもう少し具体化してみましょう。次ページの図表で掲げた事項は、370ページで挙げた業務分類のなかで、いずれも経営者と一緒に考えるべき「複雑化業務」の一部になります。

ビジネス側との融合

本書を読んでいただく前であれば、多くの人が、「これら複雑化業務はバックオフィス業務なのか？」と感じていたのではないでしょうか。

これらは、バックオフィスがこれまでのノウハウや知識をフルに集結させることで、初めて主体的に考えることができる業務になります。

もう少し深く考えてみると、これらの業務は「ビジネス側の業務に大きく踏み込んでいる」ことがおわかりいただけると思います。

例えば、事業計画書をつくろうと思えば、ビジネス最前線にいる人たちとの情報連携は欠かすことができません。ビジネスに対する正しい理解と構造整理のうえで、バックオフィスもビジネス側と混然一体となって、ともに策定していかなければ、本当に納得のいく事業計画書はできません。

つまり、バックオフィス業務は、突き詰めていけばいくほど、①「経営者の発想に近くなっていく」、②「ビジネスと混然一体化していく」という特徴があり、これこそが付加価値の高いバックオフィス業務の本質なのです。

◎バックオフィスが経営者とともに解決していくべき業務◎

具体的業務の例	説　明	求められる経営能力・バックオフィス能力
事業計画の策定	銀行や投資家、従業員に向けて、ミッション・ビジョンや方針を具体化・言語化して、定量的かつ定性的な計画に落とし込むこと	・会社の実務まで理解しながら、全部署を巻き込んでいく力 ・数字や戦略を正しく理解する力
財務諸表の調製	ステークホルダーに好印象を与えるようなB/S、P/L、C/Fを戦略的につくること	・金融機関や投資家の思想・ニーズへの理解力 ・ビジネス現場を巻き込み、財務諸表を狙った数値に、事前から収束させていく力
人事評価・モチベーションの仕組み化	会社や目指すべきミッションに貢献した人材に対して、1人ひとりが納得のいく評価方法を構築する	・バリューや人事ポリシー、事業戦略を理解する力 ・評価制度やモチベーション理論に対する正しい知識
オフィス環境づくり	働く人材がモチベーション高く、相互にコミュニケーションを活性化させるしかけづくりも含めて、オフィス選定・ファシリティ選定を行う	・カルチャーづくり、モチベーション理論、ファシリティマネジメントに対する正しい知識 ・業者等と交渉し、有利な条件を勝ち取る力
ビジネススキーム設計	法的リスクも考慮しながら、新しいビジネス展開において、座組みや取引条件を、ビジネスパートナーと設計すること	・参入業界における正しい法制度の理解 ・ビジネスパートナーのニーズを理解する力＋交渉力

Column ▶ 自身の業務の「プラスアルファ」へ踏み込んでみよう

　バックオフィスが経営者の視座を持って本来の価値を発揮するための第1歩として、「自身の業務にプラスアルファを足す」ことから始めてみてはいかがでしょう。

　例えば以下のようなアクションが考えられます。

通常の業務	→	プラスアルファのアクション
月次の帳簿を締めた	→	業績分析を自分なりにしてみて、仮説を出してみる
就業規則をつくる	→	会社の人事ポリシーを改めて考え直すかどうか上司に提案する
消耗品の棚卸発注リストをつくる	→	棚卸資産管理表として、経理と共有して月次決算に役立てる
売買契約書をレビューして、営業にコメントを返す	→	営業部が法務に確認しなくても、パターンごとに判断して使える契約フォーマットをつくる

　これらの行動は、いつも定例業務を受け身で行っているだけでは、なかなか身につきません。業務を始める前や終わった段階で意識することで初めて、プラスアルファのアクションが起こせます。アクションをするための切り口はいろいろありますが、以下を参考に行ってみるといいでしょう。

- 経営者にとって役立つことを提供する
- 現場・フロント部門にとって役立つことを提供する
- バックオフィス同士で、横断で役立つことを提供する
- バックオフィス内でより専門性を深めた視点で考えてみる

構造を変えるための意思決定をともに進める

≫ 構造的な意思決定をしていくこと

　経営者の仕事の大部分は「意思決定をすること」です。目の前の実務を行うのは社内の他のメンバーでもできますが、経営の方向性を決める意思決定は経営者にしかできない仕事です。

　意思決定には性質があります。その性質は、①会社に与える重要度と、②その事態の緊急度の2つの軸で構成されます。

◎意思決定の性質◎

　これらのなかで、特に厄介な性質をもつのは「**重要度が高いものの緊急度が低い意思決定**」です。なぜ厄介かというと、緊急度が低い＝すぐ解決が必要ではないという性質を持つものの、重要度が大きいため、何もしないと事業や組織が徐々にダメになっていくからです。

　人間とは、目先の対応や火消しに追われることで安心感を得る生き物で

す。少しくらい忙しいほうが生きがいや健康を得られ、やることが全くない状態が続けば精神や健康を病んでいくことになります。

　一方で、将来への対応をすることは本能とは異なる行動を取る＝余分なエネルギーを消耗する行為です。たとえ後で役立つと言われていても、子どもの頃の夏休みの宿題のように、どうしても後回しにしてしまうのです。つまり、「目の前のことを優先する」という人間の本能に逆らう努力が必要な行動であり、このような意思決定を進めることは困難が伴います。

　「重要度が高いものの緊急度が低い意思決定」は、影響度が大きいがゆえ、全社を巻き込んでの業務になりますし、短期的な目線ではなく、中長期的に会社にとって本当に必要な解決策を考えることになります。ただし、意識したからといって、実行ができるわけではありません。

　であるからこそ、バックオフィスは経営者が1人でいると避けてしまいがちなこの意思決定を、ともに進めていく覚悟が必要なのです。

▶▶ プロジェクトを縦横無尽にしかける

　この緊急度は低く重要度が高い意思決定は、その多くが「プロジェクト型」で業務が進んでいきます。「プロジェクト型」とは、通常の組織として行うのではなく、その業務プロジェクト達成のために、時限的に全社からチームメンバーを組成して、役割分担しながら進めていくスタイルのことです。

　このプロジェクト型業務を、バックオフィスが社内の至るところでしかけることができたら、経営者の行うべき「エネルギーが必要で、つい避けてしまいがちな厄介な意思決定」をともに進めていくことができます。

　プロジェクト型業務については、苦手に感じるバックオフィスの人もいるでしょう。バックオフィスは、定期性のある業務が7〜8割を占める部署でもあるので、プロジェクト型のような、不定期でいつ始まるか・終わるかが定まっていない業務には慣れていない面もあるからです。

　プロジェクト型業務は、バックオフィスのなかでは経営企画が最も慣れている仕事ですので、具体的な業務の進め方は、経営企画の章の部門横断プロジェクトの項（6-9、315ページ）を改めてご参照ください。

◎バックオフィスが主導できるプロジェクト業務の例◎

DX推進プロジェクト	社内のあらゆる業務に対して、システム化・IT化を推進し、業務効率と生産性向上を図る
業績管理と評価方法の改善プロジェクト	事業のKPI・業績指標を整えるとともに、各部署の評価指標を再定義する
全社コミュニケーション活性化プロジェクト	カジュアル・オフィシャル問わず、コミュニケーションの頻度と横断の幅を広げ、社内の強いカルチャーを形成する
内部統制構築プロジェクト	経営体制や統制環境、IT活用、業務フロー改善を通して、コーポレート・ガバナンスを強化する
グループ会社管理プロジェクト	グループ全体での、営業・税務・法務・業績・人事等の各領域での経営資源最適化を目指し、グループ間での取引・対価・出向等のルールを決定する

環境に合わせた バックオフィス組織の変化

≫ 環境やフェーズに合わせてバックオフィス組織をデザインする

　「戦略型バックオフィス」を実現するためには、強いチームの実現が必須です。バックオフィス業務が果たすべき機能が多岐にわたる点は説明した通りですが、より重要なのは、「**経営環境や成長フェーズ、組織全体戦略に合わせて、バックオフィス組織をデザインする**」という発想です。

　例えば、会社規模がまだ小さくバックオフィス組織が初めて組成された段階では、一般的にはバックオフィスチームの専門性や汎用性が高くない状態です。ごく少人数のバックオフィスメンバーがさまざまな業務を兼務しながら、ITと人力を組み合わせて業務解決していくことも多いでしょう。

　業務量としては、経理財務、人事労務、総務での領域が、初期のバックオフィス業務としては比重が高くなる傾向があり、経営者と一体になって行っていく複雑化業務は非常に限られた領域で行われます。

　創業初期の資金不足の状態であれば、融資のような資金調達が重要視され、経理財務領域における複雑化業務が一部存在する、というような形です。

◎バックオフィスが組成されてすぐの組織デザインの例◎

	標準化業務	専門化業務	汎用化業務	複雑化業務
経理財務	高	中	低	中
人事労務	高	—	—	—
法務	中	中	—	—
総務	高	—	中	—
経営企画	—	—	低	—

一方で、少しずつ事業や組織が成長していくと、バックオフィスのあり方はあらゆる方向性に分岐していきます。

　有名な例ですと、ゲーム開発で有名な任天堂は、いわゆるIP（知的財産権）がその事業戦略上のコア・コンピタンスであるため、バックオフィス機能としては法務部が非常に専門性の高い組織として君臨します（「任天堂の最強法務部」ともいわれます）。

　他の例としては、優秀な人材が売上を生み出すようなコンサルティングビジネスにおいては、採用ブランディング活動が非常に重視され、人事労務が経営者と一体となって活動することもあります。

　このように事業や組織の成長に合わせて、①会社のビジネスモデルや経営環境の特徴、②成長による変化、の2点を織り込んだうえで、バックオフィスにとって必要な重要機能と重要業務を戦略的に定義していくことが重要となります。

◎安定期フェーズでのバックオフィス組織デザイン（法務強化の例）◎

	標準化業務	専門化業務	汎用化業務	複雑化業務
経理財務	低	中	中	低
人事労務	低	低	中	低
法務	低	高	中	高
総務	―	低	中	低
経営企画	―	低	中	高

▶▶ バックオフィスの組織デザインに合わせた人材設計を

　重要な点は、バックオフィスデザイン全体を俯瞰したうえで、自社の状況とその変化に合わせて、適材適所でバックオフィスメンバーを配置していくことです。

　第1章で説明しましたが、バックオフィス業務は特徴がそれぞれ異なり、すべての業務を実行可能なスーパーマンは存在しません。それゆえに、各人の成長方向性やキャリアプランも考えたうえで、必要な人材をダイナミ

ックに配置し、経営環境の変化に応じて各人が大きく成長することで、新しい経営環境に適応していくためのバックオフィスノウハウを積み上げていくことが、何よりも重要です。

　バックオフィスで人が事務作業だけを行う時代は終わりました。これからは新しいバックオフィス組織を戦略的に育て、つくり上げることを目指す必要があるのです。

索 引

さ

植西祐介（うえにし　ゆうすけ）

公認会計士、税理士、社会保険労務士。コンダクトグループ代表/株式会社コンダクト代表取締役。1985年埼玉県生まれ。一橋大学商学部卒業後、2007年4月から住友化学株式会社にて経営企画・経理・管理業務を担当。2012月2月から新日本有限責任監査法人にて製造業/飲食/商社等の複数業界の会計監査・内部統制監査業務を経験。2016年6月からボストン・コンサルティング・グループでM&A/中長期経営計画立案/オペレーション改善等の経営コンサルティング業務に従事。2018年2月からは株式会社プレースホルダ(現 株式会社リトプラ)にて、取締役(CFO)に就任。現在は士業としての活動のほか、自身の経験をもとに、中小企業やベンチャー、スタートアップ企業等へのバックオフィス支援業務を積極的に行っている。YouTubeチャンネル「バックオフィスの道」も好評配信中。

バックオフィス業務のすべてがわかる本

2024年7月10日　初版発行

著　者　植西祐介 ©Y.Uenishi 2024
発行者　杉本淳一

発行所　株式会社 日本実業出版社　東京都新宿区市谷本村町3-29 〒162-0845

編集部　☎03-3268-5651
営業部　☎03-3268-5161　振　替　00170-1-25349
https://www.njg.co.jp/

印　刷／堀内印刷　　製　本／若林製本

ISBN 978-4-534-06114-0　Printed in JAPAN

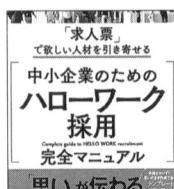